KB230859

히브리 사상으로 본 주제별 연구 시리즈 1

구속사적 관점에서 원어의 의미 풀이

구속사적 관점에서 원어의 의미 풀이

발행일	2026년 2월 27일

지은이	김현덕
펴낸이	손형국
펴낸곳	(주)북랩

출판등록	2004. 12. 1(제2012-000051호)
주소	서울특별시 금천구 가산디지털 1로 168, 우림라이온스밸리 B동 B111호, B113~115호
홈페이지	www.book.co.kr
전화번호	(02)2026-5777 팩스 (02)3159-9637

ISBN	979-11-7598-159-1 03230 (종이책) 979-11-7598-160-7 05230 (전자책)

잘못된 책은 구입한 곳에서 교환해드립니다.
이 책은 저작권법에 따라 보호받는 저작물이므로 무단 전재와 복제를 금합니다.
본 도서는 (주)북랩이 보유한 리코 인쇄 장비 등 자체 생산 인프라를 통해 제작되었습니다.

작가 연락처 문의 ▸ ask.book.co.kr

전용 게시판에 문의를 남기시면 저자에게 직접 전달됩니다.

(주)북랩 성공출판의 파트너

북랩 홈페이지와 SNS에서 다양한 출판 솔루션을 만나 보세요!

홈페이지 book.co.kr   •   **블로그** blog.naver.com/essaybook   •   **출판문의** text@book.co.kr

카톡채널 북랩

히브리 사상으로 본 주제별 연구 시리즈 ❶

구속사적 관점에서
원어의 의미 풀이

김현덕 지음

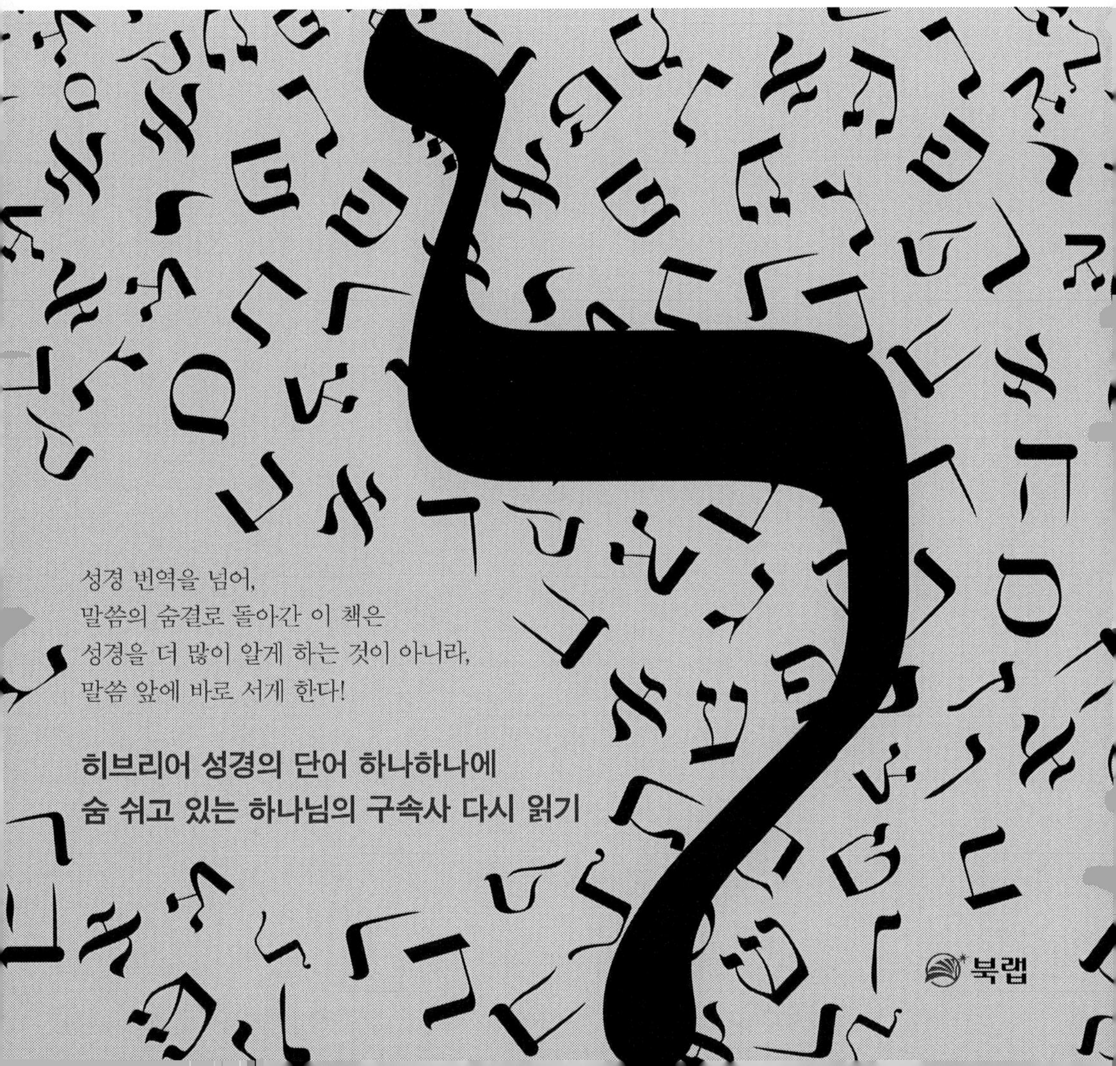

구약성경 히브리어라는 언어의 향기는 유대 민족에게 말씀을 주신 하나님의 오묘하신 뜻을 이해하고 의도를 파악하는 데 절대적으로 중요하다. 본서는 어떤 딱딱한 신학적 논문이나 이론 체계가 아니고 유대인들이 쓰는 언어와 문화 그리고 성경에 나타난 주요한 주제들을 다루어서 이스라엘 역사와 히브리 민족의 뿌리를 이해하는 데 도움을 주고자 하는 것이다. 히브리어의 단어 속에 숨겨져 있는 구속사의 의미를 알고 그 주제가 나타내려고 하는 하나님의 의도를 바로 알고 이해하려는 것이다.

예를 들면 '샬롬'(שָׁלוֹם)이라는 말이 있다. 우리는 그것을 기도, 노래, 인사로 듣고, 간단히 '평화'라고 번역하게 된다.

하지만 원래 히브리어에서 샬롬(שָׁלוֹם)은 영어 번역으로는 포착하지 못하는 비밀을 간직하고 있다. 갈등의 부재만이 아니다. '샬롬'의 진정한 뿌리를 이해하면 하나님의 약속을 읽는 방식이 완전히 바뀔 정도로 깊은 개념이다.

'샬롬'의 의미를 안다고 생각한다면 메시지의 핵심을 놓치고 있는 것일 수 있다. 번역의 결함에서 나온 것이다.

영어에서 '평화'는 종종 전쟁, 소음, 갈등이 없는 것으로 정의된다.

하지만 히브리어 성경은 부정적인 것을 다루지 않는다. '샬롬'이라는 단어의 어근은 '샬람'(שָׁלַם)에서 비롯되었으며, 완전하다는 뜻이다. 성경에서 '샬롬'에 대해 이야기할 때는 단순히 조용함을 요구하는 것이 아니라 아무것도 없고, 아무것도 깨지지 않으며, 모든 것이 정당한 자기의 위치와 자리에서 완전하게 서 있는 것이란 의미이다. 절대적인 온전함의 상태를 선포하는 것이다. '샬롬'이 있다는 것은 하나님의 눈에 완전히 회복되어야 한다는 것이다. 모든 순간을 위한 축복이다.

이 깊은 의미는 '샬롬'이 히브리어로 "안녕"과 "안녕" 모두에 사용되는 이유를 설명한다. '샬롬'은 단순한 인사가 아니라 상대방의 존재 전체에 대한 제사장 나라 만인 제사장의 직무자로서의 축복이다. '샬롬'의 인사와 함께 만나면 온전함을 가져오는 것이다. 떠날 때는 완전함을 위한 기도를 남긴다. 이는 캐주얼한 상호작용을 신성한 연결로 바꾸어 준다. 분열된 세상에서 '샬롬'을 말하는 것은 영적 전쟁의 행위이며, 질서를 말하고 혼돈으로 회복하는 것이다.

'샬롬'처럼 간단한 단어가 이 정도의 숨겨진 깊이를 가지고 있다면, 나머지 구절 아래에 무엇이 있는지 마음으로 상상해보아야 한다. 성경을 번역으로 읽을 때마다 활기차고 다채로운 현실의 흑백 사진을 보게 된다. 원어를 이해한다고 해서 믿음이 바뀌는 것이 아니라 믿음이 깊어지는 것이다. 다른 사람의 해석에 의존하는 것을 멈추고 마침내 진정으로 숨 쉬는 대로 말씀을 접할 수 있다. 번역을 지나쳐 하나님 말씀의 충만함을 볼 준비가 되었다면 성경 히브리어의 발견이 시작될 수 있다는 것이다.

　본서를 통해서 다소나마 구약을 공부하려는 신학생들과 성도들에게 도움이 된다면 그 이상 기쁨이 없겠다. 이 책의 많은 부분들이 이병렬 장로(교수)의 저서의 내용들을 인용하거나 보충 또는 재해석했다. 히브리 사고와 히브리어 향기를 물씬 풍기는 내용들이다.

　본서가 나올 수 있도록 귀한 자료도 제공해주시고 도와주시고 격려해주신 박인용 박사님과 분토교회 성도님들 그리고 북랩출판사 직원분들께 감사를 드린다.

목차

1장

기도의 방향, '카바나'(כּוּנָה, kavvanāh)

'카바나'(כּוּנָה)는 스트롱 번호는 없지만, 그 어근은 כּוּן(3559, 쿤)에서 유래했으며, '향하다, 겨누다, 의도하다, 세우다, 정렬하다, 확정하다' 라는 뜻이다.[1]

תְּפִלָּה בְּלֹא כּוּנָה – כְּגוּף בְּלֹא שְׁנָמָה

"카바나가 없는 기도는 영혼 없는 몸과 같다." [2]

기도가 일상적이라고 느껴본 적이 있는가?

같은 말, 같은 리듬, 매주 의미가 사라지고 마음이 멀어질 때까지 그것은 성경 시대까지 거슬러 올라가는 투쟁이다.

『미쉬나』와 『탈무드』에서는 "기도는 '카바나' 없이 완전하지 않다" 라고 말한다.

---

1) 김용환, 스트롱코드 히브리어·헬라어 사전, (서울: 도서출판 로고스, 2016), pp. 303-304.
2) Mishnah, Berakhot 5:1; Babylonian Talmud, Berakhot 30b.

　위대한 랍비들, 예언자들, 시편 제작자들, 그리고 왕들은 기도를 생생하고 신선하며 마음이 가득 찬 상태로 유지하는 방법에 대해 고심했다.

　하지만 그 투쟁에는 답이 있다. 기도에 의도를 담아보아야 한다. 의미 있는 기도의 핵심은 올바른 의도를 유지하는 데 있는 것이다.

　유대교 전통에서 이는 '카바나'(כּוונה)라는 단어로 요약되는데, 문자 그대로 '방향'을 의미한다. 우리의 마음과 말을 하나님께 집중함으로써, 우리는 의도와 깊이, 그리고 진실성을 가지고 기도할 수 있다.

　이것이 항상 쉬운 것은 아니다. 가장 소중한 기도조차도 그 힘을 잃을 수 있다. 그러나 진정한 '카바나'와 함께라면 각 기도는 사랑하는 연애편지를 읽는 것과 같다. 아무리 자주 다시 읽어도 모든 단어가 여전히 마음을 움직인다.

　성경 히브리어는 눈을 뜨게 한다.

　'카바나'라는 단어는 성경에 명확하게 나타나지 않는다. 그러나 성경 히브리어를 공부하면 어휘 이상의 것을 얻게 된다. 또한 더 깊은 층과 텍스트에 짜인 의도를 인식하기 시작한다. 성경에 '카바나'라는 단어는 없지만 개념은 매우 명확히 존재한다.

　예를 들면, '한나'의 조용한 기도(사무엘상 1:10-13)에서,

וְחַנָּה הִיא מְדַבֶּרֶת עַל־ לִבָּהּ[3)]

---

3)　원어성서원, 스테판 원어 성경(구약 상), (경기도: 도서출판 원어성서원, 2015), p. 1613

필자 사역

"한나는 마음속으로 말하고 있었다."

이는 소리 없는 기도이며, 외형 내면의 집중적 기도이다.

랍비 전통에서는 기도 '카바나'의 원형으로 보는 것이다.

'다윗'의 순수한 마음을 위한 부르짖음(시편 19:15, 개역개정은 14절)에서,

יִהְיוּ לְרָצוֹן אִמְרֵי־פִי וְהֶגְיוֹן לִבִּי לְפָנֶיךָ יְהוָה צוּרִי וְגֹאֲלִי׃[4]

필자 사역

"내 입의 말들이,

그리고 내 마음의 묵상이 당신 앞에서 기쁨이 되게 하소서,

오 여호와여,

나의 반석이시며 나의 구속자이신 분이여."

단순한 소망이 아니라 예배 언어이며 말과 생각이 '제물'처럼 하나님께 받아들여지기를 구하고 있다. 행위 자체가 아니라 그 행위를 향하게 하는 '내적 방향성'으로 '카바나'의 개념이 나타난다. 기도, 찬양, 고백이 '카바나' 없이도 가능하나 '카바나'가 없이는 열납되지 않는다.

소리 없는 마음의 방향, 집중, 의도가 '카바나'의 실질적 내용이다.

---

4)　원어성서원, <u>스테판 원어 성경(구약 히)</u>, (경기도: 도서출판 원어 성서원, 2015), pp. 332-333.

본문은 '카바나 없는 말은 제사가 될 수 없다'는 성경적 원형 본문이다.

『탈무드』에서는 "말을 입으로만 하지 않고 마음으로 하나님께 향하게 하는 것"이라고 정의하고 있다.[5]

'이사야'의 공허한 말에 대한 경고(이사야 29:13)에서

וַיֹּאמֶר אֲדֹנָי יַעַן כִּי נִגַּשׁ הָעָם הַזֶּה בְּפִיו וּבִשְׂפָתָיו כִּבְּדוּנִי
וְלִבּוֹ רִחַק מִמֶּנִּי וַתְּהִי יִרְאָתָם אֹתִי מִצְוַת אֲנָשִׁים מְלֻמָּדָה:[6]

필자 사역

(사 29:13) "주께서 말씀하셨다.

이 백성이 입과 입술로는 나에게 가까이 오며,

나를 공경하지만,

그들의 마음은 나에게서 멀리 떠나 있다.

그들이 나를 경외함은 사람들에게서 배워진

명령일 뿐이다."

선지자들은 '카바나' 없는 예배를 '언약파기'로 간주하였다.

성경을 원어로 더 많이 읽을수록 그 심장 박동을 더 많이 느끼고 진정한 깊이를 발견하게 된다. 단조로움에서 깨어나야 한다. 당신의 '카바나'는 무엇인가?

---

5) The Babylonian Talmud, Tractate Berakhot 30b, Vilna Edition(Vilnius: Romm Press, 1880).

6) 원어성서원, *op. cit.*, p.878.

성경 히브리어를 배우는 것은 단순히 성경에 숨겨진 의미와 더 깊은 의미를 드러내는 것 이상의 의미를 지니는 것이다. 또한 '카바나'가 당신의 삶 속으로 흘러들어오도록 하는 것이다. 단어의 의미를 제대로 이해하지 못하면 진정한 '카바나'는 뿌리를 내릴 수 없는 것이다.

'카바나'는 단순한 '의도'가 아니라 행위를 하나님을 향해 정렬시키는 영적 방향성이다. '카바나'는 랍비 전통의 발명이 아니라 히브리 성경이 요구하는 '전심으로 하나님 앞에 서는 태도'의 신학적 정식화이다.

성경의 진정한 의미를 이해하면 일상적인 공부를 활기찬 기도 생활로 바꿀 수 있다.

2장

'보다'를 뜻하는 '라아'(רָאָה)

성경에서 '보기'에 대해 반복적으로 언급하는 이유가 궁금한 적이 있는가?

성경에서 보는 것은 단순히 신체적 시력에 관한 것이 아니다. 반대로 보는 것은 거의 중요하지 않다.

가장 신비로운 예 중 하나는 야생의 청동 뱀 이야기다. 사람들은 물려서 죽었다는 것이다.

그들의 치유는 예상치 못한 곳에서 이루어졌다. 하지만 청동 뱀 자체에 관한 것은 아니었다.

'보다'라는 말의 히브리어를 살펴보자.

성경 히브리어에서 '보다'를 뜻하는 단어는 라아(רָאָה)이다. 하지만 성경에서 '보다'(רָאָה)는 거의 눈에만 국한되지 않는다. 마음과 행동으로 인지하고, 이해하고, 반응하는 것을 의미한다.

라아(רָאָה, 7200)는 '보다, 바라보다, 조사하다, 주목하다, 이해하다, 배우다, 바라보게 하다'의 뜻이다.[7]

---

7) 김용환, *op. cit*. pp. 618~619.

라아(רָאָה, 7200)는 하나님의 보낸 사자들에 의해 전달된 하나님의 말씀을 받고 이해하고 믿음으로 수용하는 것을 가리킨다. 사 6:10에서 눈으로 본다는 것은 하나님의 말씀을 듣고, 이해하고, 그에게로 돌아간다는 것이다. 한편 같은 구절에서 하나님의 메시지에 마음을 굳게 한다는 것은 눈을 감는다는 것이다(사 6:10).[8]

불타는 떨기나무를 보려고 돌아선 모세(출애굽기 3:4)부터 모리아 산에서 하나님의 공급을 본 아브라함(창세기 22:13)까지, '보는' 모든 행위는 더 깊은 믿음으로의 초대이다.

놋뱀은 믿음을 통한 치유를 하시다.

가장 인상적인 장면 중 하나는 민수기 21장에 나온다. 뱀이 사람을 물고, 사람들이 죽자 하나님께서 모세에게 놋뱀(נְחַשׁ נְחֹשֶׁת nachash nechoshet)을 들어 올리라고 말씀하셨다. 물린 사람은 모두 그것을 처다보고(רָאָה, ra'ah) 살라는 명령을 받았다.

하나님께서 불평하는 이스라엘 백성들에게 불뱀을 즉시로 보내서 물게 하신 것이다.

불뱀도 하나님이 허락하셔야 물 수가 있다. 하나님이 강력하게 불평하는 이스라엘 백성들에게 불뱀을 보내신 것이다.[9]

(민 21:6) "여호와께서 불뱀들을 백성 중에 보내어 백성을 물게 하시므로 이스라엘 백성 중에 죽은 자가 많은지라"

---

8) 이병철, 성경원어해석대사전, 바이블렉스 10.0, (서울: 브니엘연구소, 2019)

9) 이성호, 나도 원전 설교할 수 있다, "왜 불뱀을 장대에 달라고 하셨나?", (경기도: 도서출판 헤세드, 2016), p. 169.

'보내어' חִלשַׁ(7971, 샬라흐) וַיִּשְׁלַח 와우 계속법-피엘 미완 3인 남성 단수, CW. VPIZMS, '돌이키다, 옮기다, 쫓아내다, 풀어주다, 내보내다, 떠나가다, 이혼하다'의 뜻이 있다.[10]

'샬라흐'는 '풀어주다, 해방하다'를 의미하며, 역시 주로 피엘형으로 발견된다. 이때는 손님이 떠나는 것을 정식으로 허용한다는 가벼운 의미로 사용되거나(창 18:16, 창 24:54) 또는 애굽의 이스라엘과 같은 노예들(출 4:21), 바벨론 포로들(사 45:13) 그리고 구덩이의 죄수들을 풀어준다(슥 9:11)는 보다 강한 의미로 사용되었다. 시 81:12에서는 하나님이 거역하는 이스라엘로 하여금 임의로 행하도록 버려두어 그 결과를 감수하게 하셨다고 말한다.

하나님께서 자기 백성들 위에 여러 가지 형태의 재앙을 풀어 놓는다는 구절들도 피엘형이 사용된 이상, 물론 이와 동일한 범주에서 고려되어야 한다. 이것은 하나님께서 자기의 보호의 손길을 거두고 여러 가지 적대적 세력을 풀어놓는다는 의미이다(민 21:6, 렘 9:16, 암 4:10, 기타 등등).[11]

범죄 한 백성들은 모세에게 기도해 달라고 간청을 했다. 모세가 기도하니 하나님은 불뱀을 만들어서 장대 위에 매달라고 하셨다. 그것을 보면 살리라고 말씀하셨다.

> (민 21:8) "여호와께서 모세에게 이르시되 불 뱀을 만들어 장대 위에 매달
> 아라. 물린 자마다 그것을 보면 살리라."

---

10) 김용환, *op. cit.*, pp. 678-679.
11) 이병철, *op. cit.*, 7971

민 21:8의 '보면'이 라아(7200, רָאָה)이다. 문법이 CW. VQAZMS(와우계속법, 동사 칼 완료 3인칭 남성 단수)이다. 내가 직접 실행하고 보아야 한다. 그리고 단수로 기록되었다. 이것은 각자가 불뱀을 보아야 살 수가 있다는 것이다.

(민 21:9) "모세가 놋뱀을 만들어 장대 위에 다니 뱀에게 물린 자가 놋뱀을 쳐다본즉 모두 살더라."

'쳐다본즉' נָבַט(5027, 나바트) וְהִבִּיט '보다, 바라보다, 감찰하다, 우러러보다, 살펴보다'의 뜻이다.[12]

문법이 CW. VHAZMS(와우 계속법-히필 완료 3인 남성 단수)이다. 8절에서 보는 것과 9절에 보는 것에는 차이가 있다. 8절은 칼 동사(단순동사)로 자기 자신이 보는 것으로 되어 있고, 9절은 문법이 히필 동사(사역능동)로 되어 있다. 이것은 하나님께서 바라보게 한 자들만 바라보는 것이다.[13]

구원 얻을 자만 바라볼 수가 있다는 것이다. 이미 하나님께서 만세 전에 예정하시고 선택한 자녀들은 바라보게 하시는 것이다. 광야에서 불뱀에게 물리면 고열과 고통이 이루 말할 수 없는 고통이 따라온다. 그런데 고개만 들어서 보기만 해도 살아날 수 있다고 모세가 외치는데 그까짓 고개 한 번 왜 못 들겠나. 그러나 그 고개는 아무나 들어서 보는 것이 아니라는 것이다. 옆에 사람은 고개를 들어

---

12) 김용환, *op. cit.* p. 421.
13) 이성호, *op. cit.*, p. 170.

처다봄으로써 새 생명을 얻어서 기쁨으로 춤을 추고 감사를 한다. 나도 고개를 들고 싶지만 그렇지가 않은 것이다. 이 뱀은 아무나 보는 것이 아니다. 하나님께 선택받은 자들에게만 고개를 직접 들어서 보게 하시는 것이다.

구원은 이미 하나님 편에서 구원받을 자를 이미 선택했다는 것이다. 그런데 하나님은 불뱀을 장대에 달라고 하셨는데 모세는 왜 놋뱀을 장대에 달아서 높이 들어 올렸나? 우리의 문맥으로 보면 모세는 분명히 불순종한 것이다. 이유가 어디에 있을까?

모세는 장차 오실 예수 그리스도를 믿음으로 장대에 놋뱀을 달아서 들어 올린 것이다. 놋뱀은 바로 고난당하시는 예수 그리스도를 상징하고 있다. 못 뱀이 만들어지기 위해서는 놋 덩어리가 풀무에 들어갔다가 나와서 여러 번 두들겨 맞고 또 반복적으로 맞아야 놋뱀이 만들어지는 것처럼 예수님도 죄가 없으시지만 죄 많은 우리를 용서하시고 죄를 사해주시기 위해서는 반드시 죄의 대가를 누군가가 대신해야 하는 것이다.[14]

(요 3:14) "모세가 광야에서 뱀을 든 것 같이 인자도 들려야 하리니 이는 그를 믿는 자마다 영생을 얻게 하려 하심이니라."

이것은 마법에 대한 것이 아니라 신앙에 대한 것이다.
논리적으로 말이 안 되더라도 하나님을 온전히 신뢰하는 것이다.
여러 세기 후에 예수님께서는 이 이미지에서 직접 말씀하셨다.

---

14)   이성호, *Ibid.*, p. 171.

(요 3:14) "모세가 광야에서 뱀을 들어 올린 것 같이 인자도 들려야 하리니…."

그래서 그분은 모든 사람이 믿음으로 그분을 바라보도록 높여지셨다.

눈으로 볼 수 있는 것보다는, 마음이 믿기로 선택한 것을 통해 치유가 이루어진다.

단어는 같지만 의미는 다르다. 번역된 성경을 읽으면 그 단어를 이해한다고 생각할 수도 있다. 하지만 성경 히브리어에서는 같은 단어가 영혼을 뒤흔드는 다층적인 의미를 담고 있을 수 있는 것이다.

눈으로 보는 것과 믿음으로 보는 것에는 엄청난 차이가 있는 것이다.

한 사람은 사실을 보고, 다른 한 사람은 진실을 본다. 한 사람은 관찰하고, 다른 한 사람은 변화한다. 성경을 원어로 공부하면 단순히 글자를 읽는 것이 아니라, 진정으로 보게 되는 것이다.

3장

여호와께서 선택하신 이유, '하샤크'(חשׁק)

대부분의 사람들은 하나님께서 이스라엘을 선택하신 이유가 사람들이 한 대담한 신앙 행위, 아브라함의 영웅적인 행동, 또는 아마도 그들의 의로움 때문이라고 생각한다.

하지만 그것이 완전히 다른 것이라면 어떨까?

이 고대 미스터리에 대해 당신이 이해했다고 생각했던 모든 것을 바꿀 수 있는 히브리어 단어가 하나 있다.

그것이 실제로 무엇을 말하는지 알아볼 것이다.

인간의 논리를 넘어서 우리는 종종 하나님께서 아브라함과 그의 후손을 선택하신 이유가 무엇인지 궁금해한다. 그들의 성품이었을까? 믿음이었을까? 힘이었을까? 아니면 숫자였을까?

성경은 매우 다른 답을 제공한다.

רַק בַּאֲבֹתֶיךָ חָשַׁק יְהוָה לְאַהֲבָה אוֹתָם וַיִּבְחַר בְּזַרְעָם אַחֲרֵיהֶם בָּכֶם מִכָּל־הָעַמִּים כַּיּוֹם הַזֶּה:[15]

---

15) 원어성서원, *op. cit.*, pp. 1159-1160.

(신 10:15) "오직 너희 조상들만 여호와께서 그들을 사랑하셨느니라…"

여기서 핵심 단어는 "강요되다"인데, 원래 히브리어로는 חָשַׁק (하샤크)다.

חָשַׁק (2836, 하샤크)는 우리 성경에는 '기뻐하시고'로 번역되었다. 이 단어를 좀 더 살펴보면, '강하게 붙잡다, 깊이 사모하다, 사랑으로 결속되다, 선택하여 매이다, 결합하다, 집착하다, ~하기를 좋아하다, 기뻐하다, 사랑하다, 리본으로 매다'의 뜻이 있다.[16]

'하샤크'는 묶는 단어이다.

'하샤크'(חָשַׁק, Hashaq)는 일상적으로 쓰이는 단어가 아니다. 좋아하거나 존경하는 감정을 나타내는 단어가 아니다. 마치 보이지 않는 힘에 이끌리는 듯, 매달리고, 묶고, 깊이 집착하는 것을 의미한다.

출애굽기에서 성막 기둥에 은이 단단히 고정되어 있는 모습을 묘사하는 데 사용된 히브리어 단어와 동일하다.

(출 38:17) "…그리고 그 묶음(하슈케이헴)은 은으로 되어 있었다."

이건 단순한 은유가 아니다. 영원함을 물리적으로 보여주는 이미지이다.

이스라엘에 대한 하나님의 사랑은 돌과 금속이 융합된 것과 같은 힘으로 묘사된다.

즉, 깨지지 않고, 움직이지 않고, 본래부터 지속되는 것이다. 하샤

---

16) 김용환, *op. cit.*, p. 236.

크(חשק)는 아름다운 여인에게 향한 남자의 강렬한 애착을 나타내기도 한다(창 34:8). 그러나 이 여인은 기대한 바대로 살지 않을 경우 버림당할 수도 있었다(신 21:11 이하). 신 10:15에서 깊은 내적 애정은 이스라엘에 대한 하나님의 사랑을 묘사한다.

> (신 10:15) "여호와께서 오직 네 열조를 기뻐하시고 그들을 사랑하사 그 후
> 손 너희를 만민 중에서 택하셨음이 오늘날과 같으니라."

하나님께서는 이스라엘 백성의 어떤 좋은 점이나 바람직한 것 때문이 아니라, 스스로의 의지(사랑)로 그들을 사랑하셨다.

> (신 7:7)"여호와께서 너희를 기뻐하시고 너희를 택하심은 너희가 다른 민족
> 보다 수효가 많은 연고가 아니라 너희는 모든 민족 중에 가장 적으니라."

이것은 바로 히스기야가 그의 구원의 근원으로 생각한 하나님의 애정(사랑)이다.

> (사 38:17) "보옵소서 내게 큰 고통을 더하신 것은 내게 평안을 주려 하심
> 이라 주께서 나의 영혼을 사랑하사 멸망의 구덩이에서 건지셨고 나의 모
> 든 죄는 주의 등 뒤에 던지셨나이다."

이것은 사라져 버리지 않을 사랑이다. 만약 인간이 하나님을 향하여 이러한 애착을 가진다면 그는 구원받을 것이다.

<blockquote>(시 91:14) "하나님이 가라사대 저가 나를 사랑한즉 내가 저를 건지리라 저가 내 이름을 안즉 내가 저를 높이리라."[17]</blockquote>

그것은 인간 스스로는 얻을 수 없는 사랑이었다.

모세는 이렇게 분명히 밝힌다. 하나님께서 이스라엘을 택하신 것은 그들이 다른 민족들보다 더 크거나 더 가치 있었기 때문이 아니라는 것이다.

<blockquote>(신 7:7-8) "너희가 더 많았기 때문이 아니라… 여호와께서 너희를 사랑하셨기 때문이니라."</blockquote>

'하샤크'(חשק)는 행위 공로가 아니라 언약적 관계에 머무름이다.

이것이 '하샤크'(חשק)가 드러내는 것이다. 선함에 대한 보상이 아니라, 은혜의 이끌림이다. 계산된 결정이 아니라, 먼저 움직이고, 깊이 결속하며, 결코 놓지 않는 신성한 사랑으로 형성된 흔들리지 않는 유대(紐帶)이다.

십자가는 하나님이 죄인을 포기하지 않고 끝까지 붙드신 언약 사랑의 절정이다. 인간은 하나님을 놓았으나 하나님은 인간을 놓지 않으셨다.

'하샤크(חשק)'는 하나님이 자신의 백성을 구속하기 위해 스스로 묶이기를 선택하신 사랑이었다. 이것은 감정이 아니라 언약이며, 느낌이 아니라 결단이었으며, 순간이 아니라 끝까지 붙드시는 구속의 의

---

17)　이병철, *op. cit.*, 2836.

지를 나타낸 것이다.

그것은 당신이 어떻게 반응해야 할지 알기도 전에 당신을 선택하는 사랑인 것이다.

성경에도 다음과 같은 진리가 있다.

> (요일 4:10) "사랑은 이것이니 우리가 하나님을 사랑한 것이 아니요 하나님이 우리를 사랑하신 것이니라."

4장

27가지 기호와 '살세렛트'(שְׁלִשֶׁלֶת)

킷텔(Kittel)히브리어 성경의 "문장에 붙는 27가지 기호"가 있는데 그것을 '마소라 악센트'(Masoretic Accents, טַעֲמֵי הַמִּקְרָא)라고 하며 이 것은 단순한 발음표가 아니라 다음 세 가지 기능을 동시에 가진다.

마소라 악센트의 3중 기능은, ① 통사적 기능: 문장의 구조(쉼·연결·종결), ② 강세 기능: 단어의 강세 위치, ③ 낭송 기능: 회당 낭독을 위한 음악적 억양이다.

이 기호는 모두 27개로 단어(동사)에 붙어 있는데, 위치는 글자 상하 및 옆이다. 그중에 1) 분리 악센트(쉼표, 마침표) 18개가 있는데, 이것은 다시 ① 최상위 분리 악센트 2개, 즉, 실룩(סִלּוּק, Silluq, 절 문장 종결)과 아트나흐(אַתְנָח, Athnāḥ, 문장 중앙의 가장 강한 분리)가 있고, ② 2차 분리 악센트, 6개, 즉, 세골타(סְגוֹלתָּא), 자케프 가돌(זָקֵף גָּדוֹל), 자케프 카톤(זָקֵף קָטֹן), 티폐하(טִפְחָא), 레비아(רְבִיעַ), 파자르(פָּזֵר), 하위 ③ 하위 분리 악센트, 8개, 즉, 테비르(תְּבִיר), 게레쉬(גֶּרֶשׁ), 게르샤임 (גַּרְשַׁיִם), 파슈타(פַּשְׁטָא), 카르네이 파라(קַרְנֵי פָרָה), 텔리샤 그돌라 (תְּלִישָׁא גְדוֹלָה), 델리샤 크타나(תְּלִישָׁא קְטַנָּה), 에티브(יְתִיב)로 구분된다.

그다음으로 2) 연결 악센트(Conjunctive Accents) 9개가 있다. 이것은 쉼 없이 단어를 연결하고, 뒤에 오는 분리 악센트를 보조하며, 메렉(מרכא), 마흐파크(מהפך), 문나흐(מנח), 다르가(דרגא), 아자르라(עזרלא), 카드마(קדמא), 에레흐 벤 요모(ירח בן יומו), 탈샤 크타나(תלשא קטנה), 마흐파크 파슈타(מהפך פשטא)로 나눈다.

이 기호에 의해서 운률(크네셋트에서 성경을 읽을 때 우리의 시조조로 읽는 상태) 휴식 등 기호에 따라 여러 가지 역할을 한다. 이 기호가 있어서 글자의 의미가 변하는 것은 아니나 읽을 때 가장 중요한 역할을 한다. 이 27개 기호 중 '살세렛트'(שלשלת, shalshlet)라는 기호가 있다. 이 '살세렛트'(שלשלת)는 동사에만 붙는 데 글자 왼쪽에 한일자로 길게 서 있고 글자 위에는 쇠고리 모양의 표시로 된 기호가 붙어 있다.[18]

'살세렛트'(שלשלת)는 '사슬, 이어짐'의 뜻이며, 형태는 단어 위에 지그재그 모양의 길게 늘어진 악센트이다. 매우 희귀한 분리 악센트이다. 히브리 성경 전체에 단 4회만 등장하며 단순한 분리가 아니다. 내적 갈등, 주저함, 비극적 긴장을 표현하는 것이다.

'살세렛트'(שלשלת)가 붙어 있는 성경 구절에 나타난 내용보다 그 구절이 지닌 깊은 의미를 터득해서 교훈으로 삼고 설명하라는 뜻이다.[19]

이와 같은 중요한 의미를 지닌 '살세렛트'(שלשלת) 기호가 붙어 있는 성경 구절은 구약성경 모세오경에 모두 4번 나온다.

---

18)　이병렬, <u>다트 이스라엘</u>, (서울: 도서출판 교민사, 1982), p. 25.

19)　이병렬, *ibid.*, p. 25.

1. 창 19:16의 경우

וַיִּתְמַהְמָהּ וַיַּחֲזִקוּ הָאֲנָשִׁים בְּיָדוֹ וּבְיַד - אִשְׁתּוֹ וּבְיַד שְׁתֵּי בְנֹתָיו

בְּחֶמְלַת יְהוָה עָלָיו וַיֹּצִאֻהוּ וַיַּנִּחֻהוּ מִחוּץ לָעִיר:[20]

필자 사역

"그러나 그가 머뭇거리고(지체하매) 있었으므로, 그 사람들이 그의 손과 그
의 아내의 손과 그의 두 딸의 손을 붙잡았는데, 이는 여호와의 긍휼이 그
위에 있었기 때문이다.

그래서 그들이 그를 데리고 나와 그를 성 밖에 내려놓았다."

'지체하매' מָהַהּ(4102, 마하흐) וַיִּתְמַהְמָהּ 바이트마헴마하, CW,
VTIZMS, (와우 계속법-히트파엘 미완 3인 남성 단수) '머뭇거리다, 꾸물거
리다, 자신이 질질 끌다, 지체하다, 머무르다, 체류하다'의 뜻이다.[21]

문법이 재귀적 용법으로 즉, 자신이 자신에게 행하는 동작을 의미
한다. 롯이 결단을 내리지 못하고 머뭇거리고 있음을 의미한다. 소
돔성에 들어와서 재판자의 위치에 이르기까지 그토록 노력하였는데
소돔 고모라의 멸망이 임박 했는데도 롯은 천사의 말을 듣고도 자
기 자신이 꾸물거렸다는 뜻이다.[22]

이와 같이 무서운 재앙이 임박했는데도 꾸물거리며 지체한다는
것은 바로 죽음을 의미한다. 멸망의 긴박한 상황 속에서 영생의 나

---

20) 원어성서원, *op. cit.*, p. 97
21) 김용환, *op. cit.*, p. 350.
22) 한성천·김시열, <u>옥스퍼드 원어성경대전</u>, 002: 창세기 제12-25장, (서울: 제자원, 2005), p. 342.

라에 들어가기 위해서는 지체해서는 안 된다는 좋은 교훈을 오늘 우리에게 보여주고 있다. 도덕적 양심이나 주의 경고의 말씀보다 물질의 풍요를 따르는 자들에게 내리시는 경고이다. 여기서 지체하면 인생은 이것으로 끝장이 난다. 구원의 힘은 하나님께 있으나 마지막 결단은 인간이 내려야 한다. 결단의 순간에 지체하게 되면 그것으로 인생은 종말을 고하게 된다.[23]

2. 창 24:12의 경우

וַיֹּאמַר יְהוָה אֱלֹהֵי אֲדֹנִי אַבְרָהָם הַקְרֵה־ נָא לְפָנַי הַיּוֹם
וְעֲשֵׂה־ חֶסֶד עִם אֲדֹנִי אַבְרָהָם:[24]

필자 사역

"그리고 그가 말하였다(가로되). 여호와, 내 주인 아브라함의 하나님이여,

부디 오늘, 내 앞에서 (그 일이) 일어나게 하시고, 내 주인 아브라함에게 언

약적 신실함을 행하여 주옵소서."

'가로되'(וַיֹּאמַר, 바 요마르)에 '살세렛트'가 붙어 있다. 가로되는 히브리어 동사 '아마르'이다. 아마르(אָמַר)란 '말하다, 고하다, ~에 대해서 말하다, 선언하다, 명령하다, 약속하다'의 뜻이다.[25]

---

23) 이병렬, *op. cit.*, p. 27.
24) 원어성서원, *op. cit.*, p. 126.
25) 김용환, *op. cit.*, pp. 49~50

조상 아브라함이 늘그막에 얻은 독자 이삭을 결혼시키기 위해 그의 짝을 찾고자 고향에서 데려온, 신임이 두터운 늙은 종을 먼 고향 땅 메소포타미아로 보낸다. 헤브론에서 메소포타미아 하란까지는 장장 2,500여 리의 먼 길이다. 늙은 종은 인류대사의 중대한 사명을 띠고 메소포타미아에 도착한다. 지친 몸을 잠시 쉬기 위해서 나홀 성 샘가에 앉아 이삭에게 좋은 배필을 만날 수 있게 해달라고 여호와께 기도를 드린다. 그 기도의 내용이 "여호와께 가로되"이다. 즉 여호와께 부탁하는 기도이며 이삭의 좋은 배필을 만날 수 있도록 해달라는 기도이다. 그는 여호와께 고하고, 사정을 아뢰고, 아브라함과 이삭에게 기쁨을 주고, 그 집안을 일으킬 좋은 규수를 만나게 해달라고 여호와께 고한다. 그리고 극적으로 '리브가'를 만나게 된다.

중요한가를 교훈하고 있다. 인생에 있어서 결혼처럼 중요한 일은 없다. 사람이 비로소 사람이 되는 것은 결혼에서 이루어진다.[26]

3. 창 39:7-8의 경우

וַיְהִי אַחַר הַדְּבָרִים הָאֵלֶּה וַתִּשָּׂא אֵשֶׁת־אֲדֹנָיו אֶת־עֵינֶיהָ
אֶל־יוֹסֵף וַתֹּאמֶר שִׁכְבָה עִמִּי׃
וַיְמָאֵן וַיֹּאמֶר אֶל־אֵשֶׁת אֲדֹנָיו הֵן אֲדֹנִי לֹא־יָדַע אִתִּי מַה־בַּבַּיִת
וְכֹל אֲשֶׁר־יֶשׁ־לוֹ נָתַן בְּיָדִי׃[27]

26) 이병렬, *op. cit.*, p. 27
27) 원어성서원, *op. cit.*, p. 209.

"그리고 이 일들 이후에,

그의 주인의 아내가 요셉을 향해 그녀의 눈을 들었고, 그에게 말하였다.

나와 함께 누워라. 그러나 그가 거절하였다.

그리고 그는 그의 주인의 아내에게 말하였다.

보라, 나와 함께 있음에 내 주인은 집 안의 어떤 것도 알지 못하며,

그가 가진 모든 것을 내 손에 맡겼다."

'거절하며'(וַיְמָאֵן, 바예마엔)에 '살세렛트'가 붙어 있다.

מָאֵן (3985, 마엔)은 '거절하다, 거부하다, 달가워하지 않다, 싫어하다'의 뜻이다.[28]

문법이 피엘 동사로 강조능동형이다. '단연코 물리치다, 퇴짜 놓다, 완강히 거절하다, 유혹을 뿌리치다'의 의미가 된다. 당시 애굽은 성도덕이 문란했으며 노예는 인격이 없는 인간, 짐승 취급을 받았다. 노예의 생사여탈권은 그 주인에게 있었다. 주인의 마음대로 노예를 죽일 수도 있고 살릴 수도 있었다. 그래서 그 주인의 말을 거역하면 죽음을 각오해야 했다. 이런 입장에 있는 젊은 청년(나아르, 소년기에서 청년기로 넘어가는 시기) 요셉은 요염하고 갖은 교태를 다 부리면서 남성을 뇌살시키려는 젊은 여주인의 유혹을 받았다. 그러나 그는 단연코 거절했다. 다 죽어가는 목소리로 마음의 동요가 자신을 괴롭히는 가운데서 후환이 두려워 마지못해서 하는 거절이 아니었다. 피엘 동사가 의미한 대로 "단연 뿌리쳤다", "딱 잘라 거절했다",

---

28)　김용환, *op. cit.*, p. 343.

"그 유혹을 냉정하게 물리쳤다".[29]

요셉은 예수 그리스도를 예표하는 사람이다. 우리가 받아야 할 수 치와 죄가 예수 그리스도에게 옮겨지고 우리의 허물을 거두어 가셨 다. 나의 상처받은 영혼을 십자가에서 치료하시고, 예수 그리스도의 의가 우리에게 옮겨지며, 나의 죄가 예수 그리스도의 보혈로 제거되 는 은혜를 받았다. 요셉에게 웅덩이와 옥은 영적으로 원죄를 가진 자들이 사탄에 의해서 간혀있던 상태를 상징한다. 그러나 그 옥에 서 벗어나기 위해서는 의의 옷으로 갈아입어야 하는 것이다. 즉 십 자가에서 구속의 피를 흘리신 예수 그리스도의 은총을 입은 자가 입는 옷을 의미한다.[30]

4. 레 8:22-23의 경우

וַיַּקְרֵב אֶת־הָאַיִל הַשֵּׁנִי אֵיל הַמִּלֻּאִים וַיִּסְמְכוּ אַהֲרֹן וּבָנָיו אֶת־יְדֵיהֶם עַל־רֹאשׁ הָאָיִל׃

וַיִּשְׁחָט וַיִּקַּח מֹשֶׁה מִדָּמוֹ וַיִּתֵּן עַל־תְּנוּךְ אֹזֶן אַהֲרֹן הַיְמָנִית וְעַל־בֹּהֶן יָדוֹ הַיְמָנִית וְעַל־בֹּהֶן רַגְלוֹ הַיְמָנִית׃ [31]

29) 이병렬, *op. cit.*, p. 29.

30) 이성호, 나도 원전 설교할 수 있다, "요셉이 입은 세 가지 옷", (경기도: 도서출판 헤세드, 2025), p. 20

31) 원어성서원, *op. cit.*, pp. 650-651.

"그리고 그가 임직의 숫양을 가까이 데려오니, 아론과 그의 아들들이 그 숫양의 머리 위에 그들의 손들을 얹었다."

"그리고 그가 잡았다(샬셰렛). 그리고 모세가 그 피에서 취하여, 아론의 오른쪽 귀 끝에 두고, 그의 오른쪽 손의 엄지에 두며, 그의 오른쪽 발의 엄지에 두었다."

'잡고' שָׂכַל(7919, 사칼) וַיִּשְׁחָט 바이스하트, CW. VQIZMS (와우 계속법-칼 미완 3인 남성 단수) '지혜롭다, 어긋맞기다, 신중하다, 선포하다, 완전하다, 슬기롭다'의 뜻이다.[32]

모세가 '잡고'의 이 잡고에 '샬세렛트'가 붙어 있다. 히브리어 동사(וַיִּשְׁחָט, 바이스하트)는 '제물로 바치기 위하여 죽이다, 속죄를 위해서 도살하다, 양을 잡아 희생 제사를 드리다'의 뜻이다. 구약종교는 제사종교로 하나님께 동물을 잡아(일 년 된 아무 흠이 없는 온전한 것으로) 희생 제사를 드렸다. 환언하면 하나님께 드리는 예배는 자기만족이나 놀음이 아니다. 광기어린 행위도 아니요, 최면술적 자기도취도 아니다. 하나님께 복을 받기 위한 부르짖음도 아니다(복의 개념을 깊이 생각해야 할 것이다).[33]

귀는 하나님의 말씀을 듣는 직무이며, 손은 성소에서 행하는 직무이며, 발은 거룩한 길로 걷는 삶을 의미한다.

거룩한 직분 앞에서의 두려운 긴장과 숙고를 낭송으로 표지하고

---

32) 김용환, *op. cit.*, pp. 673-674.
33) 이병렬, *op. cit.* p. 30.

있다.

본문은 임직이 단순한 임명이 아니라 피로 봉인된 거룩한 헌신임을, 특히 '잡다'에 붙은 '살세렛트'를 통해 소리까지 증언하는 것이다.

'살세렛트'는 결단의 순간에 지체하는 것은 죽음을 재촉하는 행위이며, 인류대사의 하나인 결혼은 하나님께 묻고 하나님의 뜻에 합당한 순결한 결혼을 해야 한다. 청소년 시기에 범죄행위를 막는 길은 어릴 때 아버지에 의해서 가정에서 종교교육(신앙 전수)을 철저하게 받는 일이다. 자기희생 없는 예배는 예배가 아니요 놀음이요, 광란이며, 공허일 뿐이다. 이런 의미에서 '살세렛트'는 우리에게 많은 교훈을 주는 기호이기도 하다.[34]

구속사는 자동으로 흘러가지 않으며, 하나님의 뜻 앞에서 인간의 결단과 떨림을 통과한다는 것을 드러내고 있다.

킷텔 히브리어 성경의 27가지 악센트는 본문을 '읽게' 하는 것이 아니라 본문이 스스로 '해석하게' 만드는 장치이며 '살세렛트'는 그중에서도 구속사의 떨림이 가장 크게 울리는 음표이다.

---

34) *Ibid.,* p. 31.

5장
회개의 '테슈바'(תשובה)

회개의 תשובה(테슈바)를 뜻하는 히브리어 단어는 왜 'שוב'(슈바)라는 동사에 뿌리를 두고 있을까?

'회개'를 뜻하는 단어는 크게 두 가지가 있다. '나함'과 '슈브'이다. נחם(5162, 나함)은 '한탄, 후회, 변개, 안위하다'(욥 42:6, 삼상 15:29, 출 13:17)를, שוב(7725, 슈브)는 '보답, 보복, 돌리다, 갚다'(시 7:12, 신 22:1, 수 19:27)를 의미한다.[35]

נחם(5162, 나함)은 '한탄하다, 후회하다, 뜻을 돌이키다, 변개하다, 긍휼히 여기다, 위로자'의 뜻이다.[36] 나함은 '후회하다'라는 의미에서 대부분의 실례가 인간의 후회가 아니라 하나님의 후회를 언급한다.[37]

שוב(7725, 슈브)는 '(되)돌아가다, 돌아오다, 방향을 돌리다, 회복하다, 뉘우치다, 소생시키다, 새롭게 하다'의 뜻이다.[38] 인간의 후회나

---

35) 이동환, <u>신구약 원어은유대사전</u>, 제10권, (서울: 도서출판 로고스, 2003), p. 900.
36) 김용환, *op. cit.*, pp. 437-438.
37) 이병철, *op. cit.*, 5162
38) 김용환, *op. cit.*, pp. 658-659.

회개를 나타내기 위해 자주 사용되는 단어는 (죄로부터 하나님께로) '돌이키다to turn'를 뜻하는 슈브(שׁוּב, 7725)이다.[39]

성경에는 회개의 과정에 있어서의, 인간의 책임을 묘사해주는 관용구들이 풍부하다: "너희 마음을 여호와께로 향하라"(수 24:23), "스스로 할례를 행하여 여호와께 속하라"(렘 4:4), "네 마음의 악을 씻어 버리라"(렘 4:14), "너희 묵은 땅을 기경하라"(호 10:12) 등등. 그러나 인간의 회개 행위에 관한 이러한 모든 표현은 이 한 동사 슈브에 포괄되며 슈브로 요약된다. 이 동사는 본질적으로 회개의 두 가지 필수 조건들을 다른 어느 동사보다도 더 잘 결합시키고 있기 때문이다. 두 가지 필수 조건이란 악에서 돌아서는 것과 선으로 돌아가는 것이다.[40]

'슈브'는 기본 어근이며, 명사형이 תְּשׁוּבָה(테슈바, teshuvah)이다. 되돌아옴, 귀환, 회복된 상태를 의미한다. '테슈바'는 '죄를 후회하는 감정'이 아니라 '잘못된 길에서 방향을 바꾸어 본래 자리로 돌아오는 행위'를 의미한다.

죄의 본질은 חָטָא(2398, 하타)이며, 표적을 빗나가는 것이며, 하나님과의 관계에서 이탈이며, 길을 잃음이다. 따라서 죄는 상태이자 방향 상실이다. 그래서 회개는 '후회'가 아니라 '귀환'이다. 히브리 사고에서 회개는 귀환이요, 방향이며, 언약관계로의 복귀이다.

---

39) 이병철, *op. cit.*, 5162

40) *ibid.*, 7725.

"돌아오라, 반역한 자식들아."

여기서 "회개하라(שׁוּבוּ)"는 말은 단순히 '감정을 정리하라'가 아니라 '집으로 돌아오라'는 초청이다.

또한, '테슈바'는 '에덴으로의 귀환' 개념이다.

창세기에서 인간의 타락은 도덕적 실수 이전에 하나님의 면전(פָּנִים)에서의에서의 이탈이며, 에덴에서의 추방이요, 길에서 벗어남이다.

그래서 '테슈바'는 단순한 윤리 회복이 아니라 잃어버린 자리로 돌아오는 것이요, 즉, 하나님 앞에 다시 서는 것이다. 그래서 선지자들은 항상 "여호와께로 돌아오라"(וָיָּשָׁב אֶל־יְהוָה)고 외쳤다.

(신 30:1-3) "네가 마음을 다하여 여호와께 돌아오면(וְשַׁבְתָּ) 여호와께서 네

포로를 돌이키시고"

여기서 중요한 점은 '테슈바'는 죄의 벌을 피하는 수단이 아니라 '언약 관계의 복원'이라는 것이다. 랍비 문헌(Pesachim 54a)에서도, "테슈바는 세상 창조 이전에 창조되었다"라고 하였다. 이는 제사보다, 성전보다, 율법 조항보다, 앞선 개념임을 뜻한다.

왜냐하면, 제사는 '범죄 이후의 처리'이며, '테슈바'는 '관계의 회복'이기 때문이다.

예수님께서 말씀하신 탕자의 비유는 정확히 '테슈바'의 이야기이다.

탕자가 집을 떠남은 죄를 지었고 탈선했다는 것이고, 방향을 돌이킴은 회개를 말하는 것이며, 아버지께로 돌아옴은 구원이 완성됨을 의미한다.

히브리 성경에서 죄는 길을 잃는 것이며, 회개는 감정이 아니라 방향 전환이다.

구원은 새 길이 아니라 본래 자리로의 귀환이며, 하나님은 판사이기 이전에 아버지이시다. '테슈바'는 윤리 개혁이 아니라 관계 복원이다.

히브리어에서 회개가 "슈바"에서 나온 이유는, 인간의 구원이 '새로 되는 것'이 아니라 '하나님께로 돌아오는 것'이기 때문이다.

성경에서 회개는 단순한 감정이 아니기 때문이다.

회개는 행동이다.

돌아온다는 것은 움직이고, 돌아보고, 자신이 창조된 모습으로 돌아오는 것이다.

단 한 마디, 그리고 이미 방향을 바꾸라는 뜻이다.

6장

노아가 만든 나무상자 '테바'(תֵּבָה) 

유대인들이 생각하는 하나님의 코는 코끼리 코처럼 길다고 생각하였다.

화를 잘 내는 사람은 코가 짧고 노하기를 더디 하는 하나님은 코가 길기 때문에 오래 참으신다고 생각했다. 하나님께서는 노아시대에 세상이 포악해지고 타락이 극에 달할 때에 오랫동안 지켜보고 계시다가 심판을 하시기로 마음을 먹고 이 땅의 모든 숨 쉬는 동물들을 물로 쓸어버리셨다.

וַיֹּאמֶר אֱלֹהִים לְנֹחַ קֵץ כָּל־בָּשָׂר בָּא לְפָנַי כִּי־מָלְאָה הָאָרֶץ
חָמָס מִפְּנֵיהֶם וְהִנְנִי מַשְׁחִיתָם אֶת־הָאָרֶץ:
עֲשֵׂה לְךָ תֵּבַת עֲצֵי־גֹפֶר קִנִּים תַּעֲשֶׂה אֶת־הַתֵּבָה וְכָפַרְתָּ
אֹתָהּ מִבַּיִת וּמִחוּץ בַּכֹּפֶר: [41]

---

41) 원어성서원, *op. cit.*, p. 31

(창 6:13-14) "그리고 말씀하셨다,

하나님께서 노아에게 모든 육체의 끝이 내 앞에 이르렀다.

이는 땅이 그들로 말미암아 폭력으로 가득 찼기 때문이다.

보라, 내가 그들을 그 땅과 함께 파괴하려 한다."

"너를 위하여 만들라, 고페르 나무로 된 테바(방주)를.

방들(칸들)을 만들어라, 그 테바 안에.

그리고 그것을 안쪽과 바깥쪽에서 역청으로 덮어라."

'끝'이 이르렀다. '끝'은 קֵץ(7093, 케츠) קֵץ 명사 남성 단수 연계, NMSG, '끝남, 종말'의 뜻이다.[42]

'케츠'는 카차츠(קָצַץ, 7112)에서 유래했으며, '잘라내다, 조각조각 내다, 잘라 버리다, 파괴하다, 찍어버리다, 끊다'의 뜻이다.[43]

하나님께서는 이 세상의 모든 사람들이 포악해져(חָמָס 2555, 하마스, 폭력, 난폭, 부당행위, 불법, 폭행) 죄를 지음으로 홍수를 통해 심판하시는데 구원에서 잘라내어 영원히 불 못으로 떨어지게 하며 하나님의 은혜에 들어오지 못하도록 끊어버리고 하나님이 주시는 은혜는 전혀 받지 못하도록 나무를 찍어버려 죽이듯이 심판하시는 것을 말씀하신다. 하나님은 노아의 때가 마지막 종말이 된 것이며 말세를 사는 우리들에게 교훈하고 있다.[44]

'그들을 멸하리라' שָׁחַת(7843, 샤하트) מַשְׁחִיתָם VHPAMS -ZMP(히필

---

42) 김용환, *op. cit.*, p. 608.

43) *ibid.*, pp. 609-610.

44) 이성호, 나도 원전 설교할 수 있다, "방주는 마지막 구원선", (경기도: 도서출판 헤세드, 2024), p. 34.

분사 남성 단수-3인 남성 복수) '멸망시키다, 파멸하다, 부패하다, 파괴하다'의 뜻이다.[45]

그들이 타락하여 스스로 부패하고 파멸의 길로 들어가니 하나님은 그 파멸을 친히 보여주시기로 선언하신다. 하나님의 형상을 버리고 짐승(사탄)의 길로 갔다는 것이다.

히필 사역능동 동사는 하나님이 직접 주관하셔서 심판한다는 의미한다.

하나님이 창조한 인간이 포악하여 하나님을 배신하고 죄를 지어 영육으로 부패하니 그들을 파멸시킬 수밖에 없었다. 분사능동은 하나님이 썩어서 부패한 땅에 있는 숨 쉬는 존재들을 하나도 남김없이 쓸어버릴 것을 말씀한다.

남성 3인칭 복수는 이 땅에서 살아가는 부패한 인간과 모든 동물(동격)을 말하며, 짐승화, 짐승이 된 인간, 짐승이 옷을 입은 상태를 의미하고 있다.

그러나 하나님은 심판 중에도 노아를 살리기 위해서 방주를 만들라고 명령을 내렸다.

'고페르 나무' גֹפֶר(1613, 고페르) 나무의 일종이며, '노아가 방주를 만든 나무'라는 뜻이다.[46]

'고페르'는 כָּפַר(3722, 카파르)에서 유래했으며, 유래했으며, '덮다, 진정시키다, 화해하다, 속죄하다, (죄를)사하다, 정결케 하다, 달래다, 역청으로 위에 칠하다'의 뜻이 있다.[47]

---

45) 김용환, *op. cit.*, pp. 667-668.

46) *ibid.*, p. 135.

47) 최현기, <u>히브리어 어근 분해사전</u>, (서울: 도서출판 기쁜날, 1995) p. 425.

하나님께서는 다른 나무도 많은데 '고페르 나무'를 지명하여 방주를 지으라고 명령하신다. 이 나무는 바로 예수 그리스도를 예표하고 있다. 고페르 나무에 '속죄하다'라는 뜻을 가지고 있기 때문이다. 이 나무로 방주를 짓지 않으면 마지막 재림의 때에 반드시 심판을 받게 된다. 방주는 예수 그리스도를 예표함과 동시에 교회도 상징하고 있다.

노아가 만들 방주의 재료는 바로 십자가의 보혈로서 정결하게 죄씻음 받고 가리움을 받게 되는 코페르 나무가 되는 것이다. 이 코페르 나무는 우리 죄를 속죄하시고 가리워 주시고 덮어 주시는 예수 그리스도의 십자가의 보혈을 예표하고 있는 것이다.[48]

'방주' תֵּבָה(8392, 테바) תֵּבַת 명사 여성 단수 연계, NFSG, '방주, 상자'라는 뜻이다.[49]

'테바'는 בָּהַל(926, 바할)에서 유래했으며, '깜짝 놀라다, 당황하다, 무서워하다, 서두르다, 급하다'의 뜻이다.[50]

이 단어는 '혼란되다, 놀래다, 당황하다, 겁내다(두려워하다)'라는 의미로 사용되었다. 일반적으로 바할은 예상하지 않았던 위험한 일이나 불길한 일에 직면한 사람의 감정을 나타낸다.[51]

물 심판은 세상 사람들이 예상하지 못한 심판이며 마지막 불 심판도 세상 사람들이 예상치 못했던 일을 겪게 될 것이라는 것이다. 그러나 복음 안에 있는 사람들은 미리 알고 서두르고 있었기 때문에

---

48) 김현덕, <u>교회론(모세오경을 통해서 본 거룩한 공동체의 구속사 연구)</u>, (경기도: 도서출판 헤세드, 2024), p. 71.

49) 김용환, *op. cit*, p. 710.

50) 최현기, *op. cit.*, p. 75.

51) 이병철, *op. cit.*, p. 926.

두려움이나 고통 같은 불길한 감정을 가지지 않는다.

방주는 상자에 불과한 배다. 사람의 동력으로 갈 수 있는 노나 돛이 없다. 오직 하나님께서 인도하는 데로 가는 배다. 방주는 바로 교회를 예표한다.

교회는 인간의 노력으로 운영되거나 움직이는 곳이 아니다. 하나님의 뜻에 따라서 가야 하는 것이 교회이다. 예수님은 모든 삶을 성령께서 인도하는 데로 가셨다.

방주와 같은 예수님은 하나님의 말씀에 거역한 적이 없다. 방주는 물결이 인도하는 데로 간다. 방주 안에 있는 인생은 방주가 이끄는 데로 가야 하는 것이다.

성도는 예수님 안에서 하나님이 인도하는 대로 인생을 살아야 한다. 방주는 교회의 터전이다. 방주는 교회관을 세우는 이정표이다. 교회론을 다잡는 랜드마크이다. 사람 솜씨를 드러내는 건물이 아니라 예수 그리스도의 십자가의 공의와 사랑을 드러내야 한다. 방주가 교회의 터전이라면 교회는 방주의 마무리이다. 교회는 완전한 공동체가 아니다. 그렇지만 교회는 거룩한 공동체이다. 교회는 거룩해야 한다. 세속의 냄새와는 다른 예수 그리스도의 향기가 교회에서 풍겨나야 한다. 노아의 방주는 분명코 하나님의 선택받은 백성들이 들어가는 곳이며 장차 예수 그리스도의 십자가의 보혈로 세워질 교회를 예표하는 것이다.[52]

'방주'라는 단어를 파자해보자.

תבה 테바, ת(타브)는 '십자가, 표시'라는 뜻의 상형문자이다. ב(베

---

52) 김현덕, *op. cit.*, p. 73.

 히브리 사상으로 본 주제별 연구 시리즈 1

이트)는 '집, ~안에', ㅎ(헤)는 '숨구멍, 예배, 계시'라는 뜻의 상형문자
이다. 이것을 종합해보면, '십자가의 집에서 숨을 쉰다'는 의미이다.

방주는 '노아가 홍수 중에서 숨이 끊어지지 않고 호흡할 수 있게
한 배'다.

성도는 종말에 '예수님 안에서 영혼이 숨을 쉴 수가 있는 것'이다.

'역청을' כֹּפֶר (3724, 코페르) בַּכֹּפֶר 전치사-관사-명사 남성 단수, P.
D. NMS, '몸값, 속전, 역청'이라는 뜻이다.[53]

'코페르'는 카파르(כָּפַר, 3722)에서 유래했으며, '덮다, 진정시키다,
화해하다, 속죄하다, 역청으로 위에 칠하다'라는 뜻이 있다.[54]

하나님이 역청을 방주에 바르라고 한 까닭을 구속사 관점에서 보
면 이 '역청'은 몸값과 속전의 뜻이 있는 것을 보아 예수님의 피를 상
징한다. 모든 인간이 심판받아 죽을 때 노아는 방주 안에서 안식을
누렸다. 교회는 예수님의 피가 칠해지지 않으면 심판받는다는 의미
이다. 하나님은 어린양의 피를 문인방과 좌우 설주에 뿌리고 자기의
집 문밖에 나가지 말라고 했다.(출 12:22-23) 애굽 사람에게 재앙을 내
리려고 지나갈 때 어린양의 피를 보면 재앙이 넘어간다고 했다. 노
아는 방주에 들어가서 심판받지 않는다. 예수님은 내가 예수님을
거역하는 죄, 불평한 죄, 더러운 모든 죄를 대속하시고 구원하여 주
셨다.

성도는 십자가에서 피 흘린 예수님의 보혈을 믿으면 하나님의 재

---

53) 김용환, *op. cit.*, p. 319
54) *Ibid.*, p. 318.

앙이 넘어가는 것이다. 성도는 항상 예수님의 보혈이 심령에 칠해져 있어야 한다.

어린양 되시는 예수 그리스도의 피가 발라져서 세상의 더러운 죄가 들어오지 못하게 해야 하는 것이다.

וְזֶה אֲשֶׁר תַּעֲשֶׂה אֹתָהּ שְׁלֹשׁ מֵאוֹת אַמָּה אֹרֶךְ הַתֵּבָה חֲמִשִּׁים

אַמָּה ׁ רָחְבָּהּ וּשְׁלֹשִׁים אַמָּה קוֹמָתָהּ:

צֹהַר תַּעֲשֶׂה לַתֵּבָה וְאֶל־ אַמָּה ׁ תְּכַלֶּנָּה מִלְמַעְלָה

וּפֶתַח הַתֵּבָה בְּצִדָּהּ תָּשִׂים תַּחְתִּיִּם שְׁנִיִּם וּשְׁלֹשִׁים תַּעֲשֶׂהָ:[55]

필자 사역

(창 6:15-16) "그리고 이것이 그것을 만들 방식이다:

삼백 규빗이 그 테바의 길이요,

오십 규빗이 그것의 너비이며,

삼십 규빗이 그것의 높이이다."

"창을 너는 테바에 만들라.

그리고 한 규빗까지, 위쪽에서 그것을 마무리하라.

그리고 테바의 문은 그 옆면에 둘 것이며,

아래층, 둘째 층, 셋째 층으로 그것을 만들라."

하나님께서 방주를 만드는 데 정확하게 치수를 말씀하고 있다.

성경에서 치수대로 설계도를 주신 것은 성막과 방주밖에 없다.

---

55) 원어성서원, *op. cit.*, p. 32.

정확한 구원의 길을 가르쳐 주시기 위해 치수를 주시고 있는 것이다.

하나님의 방법대로 짓지 않으면 방주는 물에 가라앉게 된다.

이것들은 바로 예수 그리스를 예표하는 것이다.

구원도 하나님의 방법대로 예수 그리스도를 통해서 구원을 얻어야지, 자신의 행위로는 절대 구원이 없다는 것을 의미하는 것이다.[56]

'길이' אֹרֶךְ (753, 오레크) אֹרֶךְ 명사 남성 단수 연계, '길이'의 뜻이다.[57]

'오레크'는 아라크(אָרַךְ, 748)에서 유래했으며, '길다, 장수하다, 오래 살다'의 뜻이다.[58]

하나님은 길이를 정해 주셨는데 이 '길이'라는 말에 장수하고 오래 산다는 뜻이 있다.

방주는 예수 그리스도를 상징한다. 바로 예수님 안에 들어오는 자는 구원받아 천국에서 영원히 사는 것을 말씀하고 있다. 그렇다면 방주 안에 들어오지 않으면 영원한 안식과 구원이 없는 것이다. 이 시대의 교회가 이렇게 내세의 천국을 선포하여 영원한 세계를 전해주어야 한다. 우리가 가는 최종 목적지는 바로 천국이기 때문이다.

'너비' רֹחַב (7341, 로하브) רָחְבָּהּ 명사 남성 단수-3인 여성 단수, NMS -ZFS, '넓이, 확장, 확대'의 뜻이 있다.[59]

---

56) 이성호, *op. cit.*, p. 35.

57) 김용환, *op. cit.*, p. 64

58) *ibid.*

59) *ibid.*, p. 631.

'로하브'는 라하브(רָחַב, 7337)에서 유래했으며, '넓다, 크게 열리다, 확장되다, 넓히다, 영혼을 넓게 열다'의 뜻이다.[60]

너비 속에 '영혼을 넓게 열다'라는 뜻이 있다.

방주 안에 들어온 자는 세상의 욕심에 따라 사는 자가 아니라 하나님께서 주시는 은혜를 받아 살아야 하며 이 땅에 소망을 두지 말고 하늘에 소망을 두고 내 영혼이 더 주님을 바라보면서 영적인 일에 더 신경 쓰면서 살라는 것이다.

구원받은 백성은 하나님의 말씀을 통해 영혼이 더 건강해지고 튼튼하여 하나님을 섬기면서 세상뿐만 아니라 교회에서도 기뻐하며 생활하게 된다.[61]

'높이' קוֹמָה (6967, 코마) :קוֹמָתָהּ 명사 여성 단수-3인 여성 단수, '높이 높음'의 뜻이다.[62]

'코마'는 쿰(קוּם, 6965)에서 유래했으며, '일어서다, 서다, 세우다, 견고히 하다, 거주하다, 복구하다'의 뜻이다.[63]

하나님은 높이를 정해주시면서 방주 안에 들어온 자는 하나님과 영원히 함께 살게 되는 것을 말한다. 이 사람은 예수님을 통해서 하나님과 구원이 성립된 사람이다.

이렇게 구원을 받은 사람은 영원히 죽은 인생에서 새롭게 복구되어 예수님의 새 생명을 받음으로 믿음이 견고해지고 천국이 확실해진 사람이 되는 것이다. 이 시대의 교회는 이런 자들이 차고 넘쳐나

---

60) *ibid.*, p. 630.
61) 이성호, *op. cit.*, p. 36.
62) 김용환, *op. cit.*, p. 599.
63) *ibid.*, pp. 598-599.

야 한다. 우리가 섬기는 교회가 이런 교회가 되도록 오직 예수 그리스도의 십자가의 복음을 전파하여 주님이 기뻐하는 교회가 되어야 한다.

교회는 복음을 전해야 하는데 복음을 전하려면 입술로 전하게 된다.

입에는 '혀'가 있다. 방주의 크기 숫자가 혀와 연관이 있다.

'혀'는 לָשׁוֹן(3956, 라숀) '혀, 언어, 말'이라는 뜻이다.[64]

'라숀'은 לָשַׁן(3960, 라샨)에서 유래했으며, '중상하다, 비방하다, 헐뜯다'라는 뜻이 있다.[65]

구속사 관점에서 보면 노아는 방주를 지으면서 다른 사람이 하나님을 비방하거나 헐뜯지 못하게 하라는 의미이다.

'라샨'을 파자하면, לָשַׁן(라메드) 알파벳 숫자가 30이다. 이것은 방주의 높이 30을 말하며, '예수 그리스도의 피, 가르치다'라는 뜻이 있는 상형적 의미이다.

שׁ(쉰) 알파벳 숫자가 300이다. 방주의 길이가 300을 말하며, '거룩한 이름, 분쇄하다'라는 상형적 의미이다.

נ(눈) 알파벳 숫자가 50이다. 방주의 너비가 50을 말하며, '구원과 기쁨'의 뜻이 있는 상형적 의미이다.

예수 그리스도의 피로 구원받은 자들이 거룩한 이름을 가르치며 그 기쁨을 전하며 비방하는 자들을 분쇄하는 교회라는 뜻의 상형적 의미이다.

---

64) 김용환, *op. cit.*, p. 341.
65) *ibid.*, p. 341.

방주는 구원선이다.

방주는 교회를 예표한다.

교회를 통해 복음을 듣고 예수 그리스도의 음성을 듣고 문이신 예수님 안으로 들어와야 영혼이 숨을 쉬며 구원을 얻게 된다.

비방하고 조롱하는 자들, 헐뜯는 자들의 입이 막혀지고 주님 다시 오시는 날가지 이 복음을 혀를 통해 가르치고 전파하여 하나님의 교회가 확장되고 천국 복음이 땅끝까지 널리 퍼지는 역사가 있는 곳에 쓰임 받는 자가 되어야 한다.

7장

안다는 것: '야다'(יָדַע)

히브리어로 '야다'(יָדַע)라는 동사가 있다.

구약성경에 나오는 동사 중에 '야다'만큼이나 중요한 동사도 별로 없다. 야다, 즉 '안다'라는 말을 깊이 깨닫지 못하고는 하나님을 안다고 말할 수 없으며, 신앙이 무엇인지 명확히 대답할 수 없다. 우리가 사용하는 말로는, "내가 하나님을 안다" 또는 "내가 많은 것을 알고 있다", 더 나아가서 "내가 내 친구를 안다" 등 이와 같이 안다는 말을 똑같이 표현하고 있지만 히브리어로는 안다는 각기 다르게 표현하고 있으며, 그 의미도 각기 다르다. "하나님을 안다"고 할 때 "안다"는 것과 "많은 학문을 알고 있다"고 할 때 "안다"는 동사는 각기 다르고 의미상 큰 차이가 있다. 이런 이유로 히브리어 '야다', 즉 '안다'는 동사를 새롭게 인식해야 한다.[66]

인간이 인간을 안다고 할 때는 세 가지 단어가 사용된다. 첫째, מָכַר(4378, 막카르)다.

---

66)　이병렬, *op. cit.*, p. 87

מַכָּר(4378, 막카르)는 '아는 사람, 친지, 친구, 벗, 동반자, 아는 자'의 뜻이다.[67]

'막카르'는 נָכַר(5234, 나카르/왕하12:5, 7)에서 유래했으며, '주의하다, 주목하다, 알다, 분별하다, 알아듣다, 알아보다, 인정하다'는 뜻이다.[68]

'막카르'는 주로 사람을 안다고 할 때 사용하는 동사로서, 비슷한 환경에서 상당한 기간을 사귀고 경험하고 대화를 통해서 그를 안다고 할 때 사용한다. 내가 누구를 안다고 할 때 "야다"를 쓰지 않고 "막카르"를 사용하는 것은 인간의 부정확한 판단에 의해서 인간이 평가되기 때문이다. 인간이 인간을 안다고 할 때 대체로 일방적이고 자기 편견에 빠져 이성적 판단을 하지 못하고 그 대신에 공정하고 객관적인 판단보다 감정이 앞서는 주관적인 판단을 하기 때문이다.[69]

내가 아무리 친구를 잘 알아도 그 친구의 생각이나 사상, 의식구조를 알아낼 방법은 없다. 우리는 사람을 정확히 알아낼 방법을 모른다. 인간은 수시로 변하기 때문이다. 인간은 고정된 것이 아니고 유동적이기 때문이다. 그래서 인간을 안다고 할 때 "야다"를 쓰지 않고 "막카르"를 쓴다. 우리는 알아보고, 인식하고, 누구라고 분간할 수 있는 능력은 있으나 완전 파악은 불가능하다.[70]

---

67) 김용환, *op. cit.*, p. 369.

68) 이동환, <u>신구약 원어은유대사전</u>, No. 7권, (서울: 도서출판 로고스, 2003) p. 442.

69) 이병렬, *op. cit.*, p. 88.

70) *ibid.*

(창 27:23) "그의 손이 형에서의 손과 같이 털이 있으므로 분별하지 못하고
축복하였더라."

'분별하지'에서 '분별'이 נָכַר(5234, 나카르) / הִכִּירוֹ 히필 완료 3인 남성 단수-3인 남성 단수이다. 아버지 이삭이 에서로 가장한 아들 야곱에게 한 말이다. 비록 아버지일지라도 털이 있으므로 능히 분별치 못하고 축복을 했다. 이것이 인간이 인간을 아는 '막카르'(나카르)이다.

둘째, מֵבִין '메빈' 동사이다. '메빈'은 '빈'의 능동 분사형이다.

בִּין(995, 빈)은 '식별하다, 분별하다, 지각하다, 이해하다, 밝히 알다, 알다, 지혜롭다, 알아듣다'의 뜻이 있다.[71]

'빈'은 판단 능력이자 예민한 통찰력인데 지식의 사용에서 입증된다. 인간은 적절한 자료를 감각으로 자각할 수 있다. 즉 인간은 눈으로 식별할 수 있고(잠 7:73), 귀로 말을 이해할 수 있다(잠 29:19). 느끼는 것도 이해력으로 언급되기도 하며(시 58:10) 심지어 미각을 통해 감지하는 것도 '분별'이라고 언급되기도 한다(욥 6:30). 지각하지 못하고 듣는 것도 가능하다. 다니엘은 자기가 들은 것을 이해하지 못하였다(단 12:8). 경멸적인 의미에서, 악한 자는 그가 알고 있는 지식을 이해할 수 없다고 언급된다.(잠 29:7).[72]

일반적으로는 학교에서 배우는 학문 또는 상식적인 문제를 안다고 할 때, "메빈"이라고 한다. 대체로 지식을 배울 때 "메빈"을 사용한다. 가슴으로 아는 것이 아니라 머리로 아는 것을 말한다. 우리가

---

71) 김용환, *op. cit.*, pp. 86-87.
72) 이병철, *op. cit.*, p. 995.

예수 그리스도를 신학적으로 알고 있다든지, 배워서 지식으로 알고 있다면 "메빈"으로 알고 있는 것이 된다. 가슴으로 알고 있지 않은 것 이것이 "메빈"이다. 나이 어린 솔로몬이 등극하자 하나님께 지혜를 달라고 기도했다.

(왕상 3:9) "누가 주의 이 많은 백성을 재판할 수 있사오리이까 듣는 마음을 종에게 주사 주의 백성을 재판하여 선악을 분별하게 하옵소서."

"분별하게"가 "메빈", 즉 "빈"(בִין, 995)이다. 선악을 알아내는 것, 이것도 "메빈"이다. 구약성경은 선과 악을 아는 데 있는 것이 아니라 행하는 데 있다. 선을 안다고 할 때는 선을 행하여야 한다. 자선을 안다고 할 때는 그가 누군가에게 자선을 베풀어야 한다.

정의를 안다고 할 때는 정의롭게 살아야 한다.[73]

안다는 "메빈"으로는 하나님을 알 수 없다.

셋째, דַּעַת(1847, 다아트)가 있다.

דַּעַת(1847, 다아트)는 '지식, 이해, 지혜, 이해, 재능'의 뜻이다.[74]

'다아트'는 야다(יָדַע, 3045)에서 유래했으며, '알다, 이해하다, 깨닫다, 경험하다'의 뜻이다.[75]

'다아트'는 '지식', 특히 인격적이며 경험적인 지식에 대해 사용된다. '다아트'는 장막과 성전을 짓는데 필요한 것과 같은 기술상의 지식이나 재능이다(출 31:3, 출 35:31, 왕상 7:14). '다아트'는 '지식, 지각'에

---

73) 이병렬, *op. cit.*, 89.

74) 김용환, *op. cit.*, p. 153.

75) *ibid.*, pp. 254~255.

대해 사용된다(시 119:66). 무심코 저질러진 행위(신 4:42, 신 19:4, 수 20:3, 수 20:5, 벨리다아트)와 잘못된 견해는 모두 "지식이 없는 것"(로다아트, 잠 19:2)이다. '다아트'는 도덕적 인식에 대해 사용된다. 에덴동산에 있는 나무 중에는 선악을 알게 하는 나무가 있었다(창 2:9, 창 2:17). 선악과로 지식에 이른 것이다. 그러나 하나님이 원하는 방식으로 얻은 지식이 아니다. '다아트'는 하나님이 소유한 지식에 대해 사용된다(욥 10:7, 시 139:6, 잠 3:20). 그에게서는 아무것도 숨길 수 없다(시 139:1-8). 그는 인간에게 그것을 가르치신다.(시 94:10, 시 119:66, 잠 2:6).[76]

이사야는 말하고 있다. "그 전하는 도를 깨닫는 것이 오직 두려움이라"(사 28:19). 이스라엘이 범죄하여 하나님을 아는 것(야다)은 물론, 그 전하는 도마저도 깨닫지(메빈) 못한다고 탄식하고 있다. 이스라엘은 '야다'는 물론 '메빈'으로도 주를 모르는 백성으로 타락했다. 하나님께서 인간을 알고 있다고 할 때는 '막카르'나 '메벤'의 동사를 사용하지 않고 '야다'를 사용한다. "야다"는 속속들이, 완전하게, 숨겨진 구석구석까지 모두 알고 있다는 뜻이다. 깊은 접촉과 인격적인 관계를 통해서 열려진 인간의 솔직한 마음과, 대화를 통해서 안다고 할 때 "야다"를 사용한다.[77]

וְהָאָדָם יָדַע אֶת־חַוָּה אִשְׁתּוֹ וַתַּהַר וַתֵּלֶד אֶת־קַיִן וַתֹּאמֶר קָנִיתִי אִישׁ אֶת־יְהוָה:[78]

---

76) 이병철, *op. cit.*, 1847.
77) 이병렬, *op. cit.*, p. 89.
78) 원어성서원, *op. cit.*, p. 18.

(창 4:1) "그리고 그 사람(아담)은 알았다, 하와를, 그의 아내를.

그러자 그녀가 잉태하여 아들을 낳았고, 가인을 낳았다.

그리고 그녀가 말하였다:

"내가 얻었다, 한 사람을, 여호와로 말미암아(또는 여호와와 함께)."

"알았다"라는 말이 יָדַע(3045, 야다)이다.

יָדַע(3045, 야다)는 '알다, 이해하다, 동침하다, 경험으로 배우다, 인정하다, 알아주다, 배우다, 분별하다, 보여주다, 가르치다'의 뜻이다.[79]

'야다'는 '알아채다, 인지하다, 경험하다, 관찰하다'를 의미한다.(예: 창 3:7, 창 41:31, 삿 16:20, 전 8:5, 사 47:8, 호 5:3). 야다는 '구별하다distinguish'를 의미한다. '선악을 아는 것'(창 3:5, 창 3:22)은 하나님께 불순종한 결과이다. 좋고 흉한 것을 구별하는 것은 필요하다(삼상 19:36). 어린 아이는 왼손과 오른손을 구별하지 못하며(욘 4:11) 또 선과 악도 구별하지 못한다(사 7:15). 후자의 구절의 문맥과 사 8:4에 나오는 이와 비슷한 언명은 이 언급이, 어린 아이는 유익한 것과 해로운 것을 구별할 줄 모른다는 것에 관한 것이라는 점을 시사해주는 것 같다. 좋고 흉한 것, 좌우와 같은 것에 대해 관찰하는 것은 결국 그것들을 구별하는 것이 된다. 야다는 '성적 관계를 가지다'라는 의미를 나타낸다. "아담이 그의 아내 하와를 알았다"고 하는 유명한 완곡어법과 그 병행구들(창 4:1, 창 19:8, 민 31:17, 민 31:35, 삿 11:39, 삿 21:11, 왕

---

79) 김용환, *op. cit.*, pp. 254-255.

상 1:4, 삼상 1:19)에서 남녀 쌍방의 성적인 관계를 뜻하는 말로 사용되었다. 야다는 '다른 사람과 인격적이며 친숙한 관계를 맺다'를 의미한다. 하나님은 이름으로, 대면하여 모세를 아신다(출 33:17, 신 34:10). 하나님께서 어떤 개인이나(렘 1:5) 어떤 민족을(암 3:2) 아실 때 하나님께서 그를 선정하시거나 선택하신다(참조: 민 16:5 70인 역본). 선택으로 이해되는 이 지식은 은혜롭고 자애로운 것이지만 이것은 인격적인 응답을 요구한다. 야다는 일반적인 문제에 대한 지식 외에도, 다른 신들을 아는 것이든(신 13:3, 신 13:7, 신13:14) 여호와를 아는 것이든(삼상 2:12, 삼상 3:7)간에, 신에 대한 인간의 관계에 대해 사용되었다. 이방인들은 하나님을 알지 못하며(렘 10:25) 선지자들에 의하면, 이스라엘도 하나님을 알지 못한다(렘 4:22). 애굽의 재앙은 여호와가 하나님이심을 애굽인들이 알도록 하기 위해 보내졌다(출 10:2 등). 그는 그가 하나님이심을 이스라엘인들이 알도록 하기 위해(사 60:16) 그들을 파멸시키시시고(겔 6:7) 회복시키실 것이다. 특히 선지자 에스겔은 위협할 때, "너희로 알게 하려 함이라"는 어구를 사용한다 (겔 6:7, 겔 6:10, 겔 6:13, 겔 6:14, 겔 7:4, 겔 7:9, 겔 7:27 등).[80]

히브리어로 "וְהָאָדָם יָדַע אֶת־חַוָּה - 바하아담 야다 에트 하바" 즉, 아담이 하바를 알고(야다) 카인을 낳았다 여기에서는 안다는 뜻을 부부관계로 표현했다. 부부 관계를 통해서 서로를 완전히 알듯이 하나님도 이스라엘과 관계를 통해서 (때로는 부부관계로, 때로는 부자관계로 호세아세서는 말하고 있다) 알고 있다는 것이다. 하나님께서 인간을 알고 있다는 것은 인간이 인간을 알고 있는 제한된 앎(막카

르)이 아니고 야다(숨겨진 비밀까지)로 알고 있다는 것이다. 인간 전 존재를 알고 있다는 것이다.

오늘 우리도 신을 알려고 할 때 "막카르"로 아는 것을 버려야 한다. 더구나 인간적인 사고나 지식(메빈)으로 알려는 것도 버려야 한다. 오직 내 가슴(לב, 3820, 레브)으로, 내 인격으로, 내 생명으로, 내 전 존재를 걸고 신을 아는(야다)일에 적극 참여하여야 할 것이다.

(암 3:2) "오직 너희만을 내가 알았다(야다),

땅의 모든 족속들 가운데서.

그러므로 내가 너희 위에 반드시 묻겠다(책임을 지우겠다),

너희의 모든 죄악들을."

땅의 민족 중 가장 약하고 소수민족인 이스라엘을 하나님이 아시고(야다) 선택했으며, 가나안 땅을 선물로 주었더니 그 이스라엘이 배신했다는 아모스의 고발이다.

호세아에게 있어서도 하나님께 대한 죄는 지식(야다)이 없는 죄였다.

(호 4:1) "이스라엘 자손들아 여호와의 말씀을 들으라. 여호와께서 이 땅의

거민과 쟁변하시나니 이 땅에는 진실(에메트)이 없고 인애(헤세드)도 없고

하나님을 아는(야다) 지식도 없고."

하나님의 진실과 인애를 알아야(야다) 할 백성이, 이스라엘이, 우상 숭배로 하나님을 알아야 할 힘을 잃어 버렸다. 지상의 백성 중 이스라엘은 하나님을 알아야 할 의무가 있다. 그러나 이스라엘은 그 당위성을 버렸다.

하나님께서 이스라엘을 먼저 아시고 선수를 써서 애굽에서 구출해 냈으니 마땅히 이스라엘도 은총의 하나님을 알아야 한다. 하나님과 인격적인 관계는 야다에서 성립된다. 여호와와 이스라엘과의 관계는 보다 긴밀한, 즉 야다에서 이루어져야 한다. 이사야는 말하고 있다.

יָדַע שׁוֹר֙ קֹנֵ֔הוּ וַחֲמ֖וֹר אֵב֣וּס בְּעָלָ֑יו יִשְׂרָאֵל֙ לֹ֣א יָדַ֔ע עַמִּ֖י לֹ֥א הִתְבּוֹנָֽן׃[81]

필자 사역

(사 1:3) "소는 안다, 자기 주인을,

그리고 나귀는 안다, 자기 주인의 구유를.

그러나 이스라엘은 알지 못한다,

내 백성은 깨닫지 못한다."

이사야는 가축의 교훈을 텅해서 이스라엘의 알지(야다) 못하는 죄를 책망하고 있다.

---

81)　원어성서원, *op. cit.*, p. 777.

사람이 키우는 가축 떼 중 가장 미련한 것이 소다. 소는 바탕은 순하나 사람이 길들일 수 없는 짐승이다. 본문에 나오는 소는 히브리어 "쇼르"(שׁוֹר, 7794)로 황소를 말한다. 미련한 짐승의 대표가 되는 황소도 그 주인을 안다는 것이다. 그리고 나귀는 히브리어 "하모르"(חֲמוֹר, 2543)인데 짐승 중(가축 중) 가장 볼품없는 짐승이 나귀이다.

보기에 민망할 정도로 초라하고 나약하다. 이와 같이 초라하고 볼품없는 나귀도 주인의 밥통은 안다는 것이다. 오히려 선민 이스라엘이 하나님을 아는 지식이 전무하며 하나님이 어떤 분이신지를 짐작도 못한다는 것이다. 이사야의 말을 빌리면 선민 이스라엘은 미련한 황소나 초라한 나귀보다 더 저속하고 파렴치하다는 것이다. 이스라엘의 타락이 이 지경에 이르렀으니 어찌 망하지 않겠는가? 깨닫지 못하는 백성은 멸망할 짐승과 같다(시49:20). 하나님을 바로 알아야(야다) 깨닫는 지혜가 생긴다.

예루살렘의 시내버스는 대형버스가 운영된다. 사람이 귀한 나라라서 버스 안내양이 없다. 승차하는 손님은 승차 시 요금을 내면 운전기사가 기계를 눌러 표를 준다.

그리고 하차 시는 뒷문으로 내린다. 앞으로 들어오고 뒤로 나가니 혼잡하지 않다.

그래서 승차 시 일단 표를 사면 아무도 회수하지 않기 때문에 즉석에서 버리는 사람이 많다. 그러나 간혹 버스회사 직원이 도중에 올라와 표를 조사할 때가 있다. 한번은 검표원이 손님에게 표 제시를 요구했다. 그 손님 대답이 "표는 샀는데 지금은 버리고 없다"고 했다. 다시 말하기를 "표 산 것을 누구 본 사람 있느냐"고 물으니 "하차하고 지금 여기 없으나 하나님이 알고 계시다"(엘로힘 요데아: 요데아는 야다의 현재 분사)라고 대답하니 그 검표원이 정중히 사과한 후 내려갔다. "엘로힘 요데아(야다)." 하나님이 알고 계시다, 지금도 알고 계시고 앞으로도 알고 계시다. 이 말은 이스라엘에게 희망과 용기를 주는 대답이다. 그리고 안다는(야다) 신앙이 이스라엘을 성실한 민족으로 만들어가고 있으며, 작은 강대국으로 만들어가는 원인이 되기도 한다.[82]

하나님을 "안다"는 말은 교리를 많이 아는 것이 아니라 언약 안에 거하는 것이다.

히브리어의 "앎"은 머리의 문제가 아니라 관계, 순종, 삶의 방향의 문제이다.

> (호 6:3) "그러므로 우리가 여호와를 알자
>
> 힘써 여호와를 알자
>
> 그의 나타나심은 새벽 빛 같이 어김없나니
>
> 비와 같이, 땅을 적시는 늦은 비와 같이
>
> 우리에게 임하시리라 하니라."

---

82)　이병렬, *op. cit.*, pp. 90-91.

8장

고대 계약 '베리트'(בְּרִית):
'헤킴 베리트'(הָקִים בְּרִית)와 '카라트 베리트'(כָּרַת בְּרִית) 

고대 중동에서는 부족들이 모여 강력한 도시 국가를 형성하고 강력한 지도자가 나와 신의 영자로서 도시국가를 다스렸다. 그리고 주변에 있는 작은 도시국가들을 침략하여 봉신 국을 만든 후 조공을 받아 냈으며 주종국의 계약을 일방적으로 체결한 후 그들을 굴복시켰다. 이처럼 비동등 계약을 맺고 보호국을 다스렸다. 그러나 창세기에 나타난 하나님의 계약은 비록 중동이기는 하나 그 내용이 다르다. 우리는 원 역사에 나타난 노아의 계약이나 구속사에서 시작된 아브라함과의 계약에서 나타난 하나님의 계약 사상을 바로 이해하는 데서 구약성경의 신앙이 무엇인지를 알 수 있다.[83]

성경은 분명히 하나님 계약의 중요성을 증언한다. 하나님은 특정한 사람들과 계약 관계를 자주 맺으셨는데, 그 예로는 노아(창 6:18), 아브라함(창 15:18), 이스라엘(출 24:8),

다윗(시 89:3)과의 계약 수립에서 찾을 수 있다. 이스라엘의 예언자

---

83) 이병렬, <u>이스라엘의 신앙 고백</u>, (서울: 요단 출판사, 1985), p. 31.

들은 "새로운" 계약(렘 31:31)이 성취될 날을 예언했고, 그리스도 자신은 최후 만찬을 계약적인 언어로 설명하고 있다(눅 22:20).[84]

계약이란 '주권적으로 사역되는 피로 맺은 약정'이다. 하나님은 인간과 계약 관계를 수립할 때 주권적으로 삶과 죽음의 약정(bond)을 새운다. 계약은 피로 맺은 약정, 또는 주권적으로 이루어지는 삶과 죽음의 약정이다.[85]

성경에 나오는 언약이라는 단어가 히브리어 בְּרִית(1285, 베리트)에서 유래했다.

영어로 말하면 계약서처럼 들리는데, 서명하고 봉인한 것이다.

하지만 히브리어에서 '베리트'는 더 깊고 훨씬 더 비싼 것이다.

모든 것을 바꾸는 신성한 유대감이다. 성경에 언급된 언약을 생각할 때, 우리는 종종 위대한 순간을 상상한다. 홍수 후의 무지개, 산 위의 석판, 다락방에서의 최후의 만찬 등이 그것이다.

하지만 이 모든 것을 하나로 묶는 것은 강력한 히브리어 단어는 '베리트(בְּרִית)'이다. 즉, 언약을 뜻한다.

'베리트'라는 단어는 히브리어 성경에 280회 이상 등장한다. 단순히 계약을 의미하는 것이 아니다. 성경 히브리어에서 '베리트'는 말과 표징, 그리고 종종 피로 맺어진 신성한 유대를 의미한다.

---

84) Palmer O. Robertson, 김의원 역, <u>계약신학과 그리스도</u>, (서울: 사)기독교 문서 선교회, 2015), p. 11.
85) *ibid.*, p. 12.

1. '계약 בְּרִית(1285, 베리트)

בְּרִית(1285, 베리트)는 '언약, 계약, 협정, 조약, 서약'의 뜻이 있다.[86]

이 계약을 하나님이 이스라엘과 맺을 때는 "주종관계의 계약"이나, 지배자나 피지배자와의 일방적인 계약이 아니라 하나님의 연민의 정이 들어 있는 계약으로 구약성경은 "나의 계약"(창6:18)이라고 표현한다.

우리는 "베리트"(בְּרִית)의 깊은 뜻을 알기 위해서는 어근(root)에서 찾아야 한다. 히브리어는 "동사"(Verb)가 어근이 된다.

"베리트"의 어근은 בָּרָה(1262, 바라)에서 유래했으며, '잘게 자르다, 먹다, 선택하다(자르고 분리하는 개념으로부터), 먹여 주다, 삶아 먹다'의 뜻이 있다.[87]

"바라"(בָּרָה)란 '함께 먹다, 고르다, 선택하다, 또는 선출하다'의 뜻이다. 더 나가서 "바라"가 사역동사(히필)가 되면 '음식을 권하다'(삼하 3:35), '식물을 먹이다'(삼하 13:5)가 된다. 그래서 '계약'이란 함께 먹기 위해서이며, 살기 위해서 맺는 것이다. 그리고 계약의 당사자는 '선택된 자'이고 신이 '선출한 자'임을 알 수 있으며, 신께서 안전하게 먹을 수 있도록 만들어 주기 위해서 계약을 체결함을 알 수 있다.[88]

---

86)   김용환, *op. cit.*, p. 109.

87)   김용환, *op. cit.*, P. 107.

88)   이병렬, *op. cit.*, p. 32.

וְאֶל־ אֲצִילֵי בְּנֵי יִשְׂרָאֵל לֹא שָׁלַח יָדוֹ וַיֶּחֱזוּ אֶת־
הָאֱלֹהִים וַיֹּאכְלוּ וַיִּשְׁתּוּ:[89]

(출 24:11) "그리고 이스라엘 자손들의 존귀한 자들에게는

그분이 그의 손을 내미시지 않으셨다.

그들이 하나님을 보았고,

그리고 그들은 먹었고 마셨다."

본문은 "하나님을 보고서도 살았다"라는 예외적 진술이 아니라 언약(계약)의 피 아래에서 보호받는 자들은 하나님의 임재 안에서 '먹고 마시는 교재'에 들어간다는 것을 선언하는 본문이다.

위 구절에서 '먹고 마셨더라'(וַיֹּאכְלוּ וַיִּשְׁתּוּ, 와요켈루 와이쉬투). '와요켈루'(먹고)는 '먹다'(신 27:7), '맛보다'(신 4:28)는 뜻 외에 '즐기다'(욥 21:25)는 의미도 깃들여 있다. 그리고 '와이쉬투'(마셨더라)는 '마시게 하다'(잠 9:5), '맛보다'(잠 26:6)는 의미 외에 '연회를 가지다'(에 7:1)는 뜻도 함축하고 있다. 이러한 원어의 의미로 볼 때 이스라엘 대표자들은 단순히 음식과 음료를 입에 넣고 삼키는 동작만을 되풀이한 것이 아니라 하나님 앞에서 하나님과 더불어 즐거운 잔치를 즐기고 있었음을 알 수 있다. 사실 고대 세계에서 언약을 체결한 뒤 언약 당사자들이 함께 식사를 나누며 우의를 다지는 것은 언약 체결 의식 중에서 반드시 뒤따르는 요소였다(창 24:32-54). 당시 이스라엘 지도자

---

89) 원어성서원, *op. cit.*, p. 482.

들이 즐겼던 음식물은 앞서 하나님께 드렸던 화목 제물이었다(5절). 한편 이 식사를 통해서 이스라엘은 하나님이 택하신 명실상부한 언약 공동체가 되었음을 더욱 분명하게 인식하게 되었을 것이다. 이러한 공동 식사는 궁극적으로 화목 제물이신 예수 그리스도의 희생을 근간으로 하여 하나미과 성도 사이에 영원히 회복된 교제를 기념하여 베푸신 성찬 예식을 상징하는 것이라 할 수 있다(마 26:26-28).[90]

다시 "베리트"(בְּרִית)가 동사 "바라트"(בָּרַת)로 변하면 다른 의미가 된다. '자르다, 베다, 패다, 정확히 둘로 쪼개다'이다. 그래서 계약을 맺는 다는 것은 계약을 자른다는 것이요, 둘로 쪼갠다는 깊은 뜻이 들어 있다. 바로 아브라함과의 계약에서 이 뜻이 드러난다. 우리의 개역성경에는 "언약을 세운다."로 되어 있으나, 원문은 "언약을 자른다"(כָּרַת בְּרִית)이다. 그래서 계약의 정신은 평화스럽게 식물을 먹기 위함이요, 공평하게 쪼개는 데서 성립됨을 알 수 있다.[91]

왜 우리는 언약을 "만드는" 것이 아니라 "잘라내는" 것으로 인식하는가?

영어에서는 '누군가가 계약을 맺는다'라고 말한다. 하지만 히브리어에서는 이 표현이 훨씬 더 직설적이다. כָּרַת בְּרִית (karat brit)는 문자 그대로 '계약을 맺는 것'이 아니라 '계약을 자르는 것'이다.

왜 우리는 '컷(cut off, cut down, cut, make a covenant)'이라는 단어를 사용할까? 고대 계약은 피, 동물의 희생, 심지어 자신의 몸을 통해 맺어졌기 때문이다.

---

90) 한성천·김시열, 옥스퍼드 원어성경대전, 006, 출애굽기 제12-24장,(서울: 제자원, 2006), pp. 678-679.
91) 이병렬, op. cit., p. 32.

'베리트'는 서명이 아니라 표시로 봉인되었다.

이는 성경에서 가장 중요한 계명 중 하나인 할례 언약(בְּרִית מִילָה, brit milah)을 통해서 분명하게 보여주고 있다. 할례의 표징(sign)은 상징적인 것이 아니다. 그것은 하나님께 속한다는 영원한 표시로서 살에 새겨지는 것이다.

2. 노아의 '헤킴 베리트(הָקִים בְּרִית)'

창세기 6:8의 기사에 노아가 소개되면서 그와 그의 세대 사이에는 대조가 이루어지고 있다. 이와 동시에 노아는 신적 은혜의 대상이었다고 말해지고 있다. 이와 같은 은혜는 독단적으로 적용되었던 것이 아니다. 이 점은 그 다음 절에서 노아가 "의인이요 당세에 완전한 자라 그가 하나님과 동행하였으며"(창 6:9)라고 묘사하고 있는 것으로 보아 분명해진다. 그러나 이상과 같이 노아가 묘사되고 있다고 해서 그와 같은 선행들이 신적 은혜를 받을 만한 근거가 되었다고 생각해서는 결코 안 된다. 왜냐하면 구약성경에서 '의롭다(צַדִּיק, 6662, 찻디크)'는 말은 주로 상대방과의 관계에 입각한 행실을 가리키는 말이기 때문이다.[92]

노아에 대한 하나님의 태도와 대조된, 세상에 대한 하나님의 태도를 보여주고 있다(11-12절), 땅은 하나님 보시기에 부패한 것으로 묘사되고 있으며, 또 '강포(חָמָס, 2555, 하마스)'가 가득한 것으로 설명되

---

92) W. J. Dumbrell, 최우성 역, <u>언약과 참조</u>, (서울: 크리스챤 서적, 1990), p. 17.

고 있다. 12절 "하나님이 보신즉 땅이 패괴하였으니 이는 땅에서 모든 혈육 있는 자의 행위가 패괴함이었더라."는 구절은 창세기 1:31의 세상 창조에 대한 만족스러운 표현과 반대되는 입장에 있음을 의도적으로 지적하고자 한 것으로 보인다. 히브리어 '하마스'란 용어는 그중에서도 특히 하나님이 제정해주신 질서가 현저히 파괴되었음을 가리키는 데 사용된다.[93]

창 6:11, 12, 13, 17을 보면 짧은 본문 안에 '땅(אֶרֶץ, 776, 에레츠)'이라는 단어가 무려 10번이나 반복된다. 이렇게 여러 번 집중 반복하는 이유는 무엇일까? 하나님께서는 땅이 부패했기 때문이라고 그 이유를 명시하신다. 도대체 땅(אֶרֶץ, 776, 에레츠)이 '부패하였다(שָׁחַת, 7843, 샤하트)'는 것은 무슨 뜻일까? 물론 '모든 혈육 있는 자'의 행위가 부패했다고 바로 뒤에 밝히고 있긴 하지만(창 6:13), 굳이 '땅'이 부패했다고 거듭 언급하는 이유는 무엇인가? 그것은 홍수의 원인은 '땅의 부패'라는 것을 강조하기 위해서이다.[94]

땅(אֶרֶץ, 에레츠)은 절대 안전한 곳이 아니다. 힘을 경고하기 위해서 하나님께서 하늘의 문을 여시고 지하의 수원(תְּהוֹם, 테홈)을 터트려 이 지상을 혼란의 물바다로 만들어 모든 생물을 죽였다. 다시 원시의 혼란이 시작된 것이다. 그러나 당대의 의인(צַדִּיק, 찻디크)이요, 완전한(תָּמִים, 타밈) 사람인 노아(נֹחַ, 노아흐, 안식, 위로자)와 그의 가족, 그가 선별한 모든 생명 있는 것들만 살리셨다. 그 후 홍수를 멈추게 하시고 원상을 회복시켜 주었다. 그러면서 동시에 맺은 계약이 노아

---

93) *ibid.*, p. 18.
94) 김현덕, *op. cit.*, p. 64.

의 계약(בְּרִית)이다.[95]

וְזָכַרְתִּי אֶת־בְּרִיתִי אֲשֶׁר בֵּינִי וּבֵינֵיכֶם וּבֵין כָּל־נֶפֶשׁ חַיָּה
בְּכָל־בָּשָׂר וְלֹא־יִהְיֶה עוֹד הַמַּיִם לְמַבּוּל לְשַׁחֵת כָּל־בָּשָׂר׃[96]

필자 사역

(창 9:15) "그리고 내가 기억할 것이다.

나의 언약을,

나와 너희 사이에,

그리고 모든 살아 있는 혼(생명), 모든 육체 가운데 있는 것 사이에.

그리고 물들은 다시는 홍수가 되어

모든 육체를 파괴하지 않을 것이다."

'나의 언약' בְּרִית (1285 베리트) בְּרִיתִי 명사 여성 단수-1인 공성 단수, NFS-XCS. 하나님은 '나의 언약'(계약)이라고 말씀하신다. 이처럼 노아의 계약은 복종이나 억압이 아니라 모든 생명을 살리려는 하나님의 일방적 계약이다. 그래서 여덟 번에 걸쳐 "계약"이라는 '베리트'가 나온다(창 6:18, 9:9, 9:11, 9:12, 9:13, 9:15, 9:16, 9:17).

'히브리 사고'에서 숫자 8은 '새로운 언약, 거듭남, 새로운 출발, 첫 번째, 부활'의 뜻이 있다. 하나님의 언약(계약)을 의미하는 단어 수도 8번 언급되고 노아의 가족도 8명이라는 것은 이런 의미가 있는 구

---

95) 이병렬, *op. cit.*, pp. 32-33.
96) 원어성서원, *op. cit.*, p. 51,

속사적 뜻이 있다.

‘베리트’는 약속의 외형적인 표징이 따라야 한다. 왜냐하면 아브라함에게는 할례를 징표로 삼았으나 노아시대에는 아직 할례의식이 없음으로 다른 징표가 필요했다. 그리고 또한 노아시대는 ‘홍수로 인한 멸망’이므로 비가 개는 날 일어나는 하나님의 활(무지개, 케세트, קֶשֶׁת)로 그 징표를 삼은 것이다. 본문 9장 9-11절까지가 계약이 약속이라면 9장 16절까지는 계약의 징표로 하나님의 “활”인 무지개이다.[97]

17절의 ‘언약의 증거’(אֹות-הַבְּרִית, 오트 합베리트)라는 말이 있다. 8절부터 17절 사이를 보면 “언약의 증거”라는 말이 3회(12, 13, 17절)사용되고 있다. 그리고 그 언약의 구체적인 증거가 되는 “무지개(קֶשֶׁת, 케세트)”란 표현 또한 3회(13, 14, 16절) 사용되고 있다. 따라서 “언약의 증거”와 “무지개”가 각각 3회씩이나 사용되었다는 것은 하나님과 새 인류의 대표인 노아 사이에 맺어진 언약이 절대 번복할 수 없는 완전하고도 확실한 증거로서 인쳐졌음을 의미한다고 볼 수 있다.[98]

노아의 계약은 이렇게 해서 높이 구름 속에 세워놓고 “베리트”를 가시적인 영역에서 누구나 볼 수 있도록 보장하고 있다. 역사에 나타난 노아의 계약은 아브라함의 계약이나 시내 산 계약 그리고 또 다른 계약과는 구별된다. 노아의 계약은 “계약을 세운다.”에서 “세운다”의 히브리 동사 “헤킴”이 사용되었다. ‘쿰’의 히필형이다(헤킴 베리트, הֲקִים בְּרִית).

9장 11절의 ‘세우리니’ קוּם(6965, 쿰) וַהֲקִמֹתִי 와우 계속법-히필 완료

---

97)　이병렬, *op. cit.*, p. 33.
98)　한성천·김시열, 옥스퍼드 원어성경대전, 001 창세기 제1-11장, (서울: 제자원, 2005), p. 556.

1인 공성 단수, CW. VHAXCS, '세우다, 건립하다, 확정하다, 견고하게 하다, 들어 올린다, 설립한다, 창설한다'의 뜻이다.[99]

이것은 아브라함의 계약에서 "자른다, 벤다"와는 다르다(카라트 베리트, כָּרַת בְּרִית).

그러기에 노아의 계약은 상대자의 인간적인 고백이나 수긍 없이 인간의지에 선행하는 보증으로 인간적인 것보다 훨씬 고상하고 위대한 하나님의 은혜의 가시화로 성립된다.[100]

노아의 "베리트"의 징표 중(창 9:14-16) '무지개'로 표시한 히브리어 "케세트(קֶשֶׁת)"는 다른 곳에서는 전쟁과 살상의 무기인 '활'을 의미한다. 학자들에 의하면 "케세트(קֶשֶׁת)"는 구약성경에서 모두 76번 정도 나오는데, 72번은 명백하게 전쟁 무기나 사냥도구인 '활'을 가리킨다고 한다.[101]

하나님이 자신의 활(무지개)을 옆에 세워 (구름 사이) 놓으시고 평화를 선포했다는 것이다.[102]

다시는 죄 많은 인류를 향해서 쏘지 않겠다는 것이다.

이것은 전적으로 하나님의 은혜의 표시이다. 홍수 후에 하늘에 있는 활(케세트) 모양의 무지개는 새로운 정경이며 희망의 표현이기도 하다. 하나님의 활(케세트)인 무지개, 이것은 하나님과 인간의 싸움은 끝났으며 하나님의 일방적인 화해의 징표로 구름사이에 머물게 했다. 그러므로 무지개는 신의 승리요, 인간 구원의 예표이기도 하다.[103]

---

99) 김용환, *op. cit.*, pp. 598-599.
100) 이병렬, *op. cit.*, pp. 33-34.
101) 김현덕, *op. cit.*, p. 67.
102) W. J. Dumbrell, *op. cit.*, p. 45.
103) 이병렬, *op. cit.*, p. 34.

'케세트(קֶשֶׁת, 7198)'는 '활, 사냥꾼의 활, 무지개, 화살'의 뜻이다.[104]

인간의 활은 하나님이 조종하신다(창 49:24). 화살은 하나님의 인도하심에 따라 그 표적을 찾아간다(특히, 왕상 22:34, 왕하 13-16장). 부러진 활은 하나님이 부과한 패배를 의미하거나(삼상 2:4) 평화를 뜻한다(시 76:3, 시 46:9, 호 2:18). 고대인들은 무지개를 번개 같은 화살을 장전한 신적 전사의 무기(활)로 생각하였다(시 7:12-13, 합 3:9-11). 하늘에 이 활을 걸어둔 것은 하나님의 진노가 풀어졌다는 표시, 즉, 가견적 증거이다. 하나님은 평화롭게 자기의 활을 걸어두신다(창 9:13-14, 창 9:16).[105]

'케세트'의 어근은 '코쉬(קוֹשׁ, 6983)'에서 왔으며, 히브리인들의 개념에 무지개는 '덫'이라는 올무의 개념을 가지고 살아왔다. 올무는 동물을 잡기 위하여 놓은 '덫'을 의미한다.

그 '덫'을 놓은 사람에게는 자신에게 올무가 되지를 않는다. 그러나 반대로 '덫'을 놓은 장소와 의미를 모르는 자에게는 올무가 되어 생명을 잃어버리게 될 수 있는 것이다.

그러나 이 올무의 장소는 자기 자녀에게는 가르쳐준다. 그 자녀는 올무의 비밀을 알 때 자신에게는 절대로 '덫'이 되지 않는 다는 것이다. 무지개는 예수 그리스도를 예표하고 있다. 이 무지개의 언약 상징을 아는 자에게는 생명이 되지만, 믿지 않고 모르는 자에게는 그 무지개가 '덫'이 되어 마지막 주님이 오시는 날에는 그의 심판을 피해갈 수 없음을 의미하는 것이다. [106]

---

104) 김용환, *op. cit.*, p. 617.
105) 이병철, *op. cit.*, 7198.
106) 이성호, 나도 원전 설교할 수 있다, "무지개 언약을 기억하라", (경기도: 도서출판 헤세드, 2021), p. 101

　노아의 계약은 은혜의 계약이요, 평화의 계약이다. 그리고 죄 많은 인류를 향해서 다시는 활을 들지 않겠다는 하나님의 은혜(헤세드)에 넘치는 계약이다. 마지막 날에 하나님은 예수 그리스도를 통해서 복음의 말씀을 준비시키시고 그 복음이 있는 자들만 자기 백성으로 구원하신다.

3. 아브라함의 '카라트 베리트(כָּרַת בְּרִית)'

　노아 홍수 후 그의 후손들을 통해서 민족의 계보가 탄생된다. 셈족 주에서 아브라함을 지명하시고 그를 믿음의 조상으로 부르신다. 그리고 아브라함과의 계약은 '땅의 보장'에서 시작된다. 땅의 민족을 다시는 멸하시지 않기 위해서 새로운 민족으로서 땅을 보장받는 것이 아브라함의 계약이다.[107]

　계약의 개념을 특별히 다루고 있는 가장 중요한 내용은, 창세기 15장에서 아브라함 계약의 공식적인 수립을 흥미 있게 서술하고 있는 것이다. 이 내용은 '주권적으로 맺어진 피의 약정'이라는 계약의 핵심을 명확히 지적한다.

　구원을 이루시기 위해 베푸신 하나님의 이 같은 구체적인 사역을 "약속의 계약'이라고 부를 수 있다. 하나님께서는 주권적으로 아브라함 계약의 약속을 정하신다.[108]

---

107)　이병렬, *op. cit.*, p. 35.

108)　Palmer O. Robertson, *op. cit.*, pp. 131-132.

(창 15:6) “아브라함이 야훼를 믿으니 이를 그의 의로 여기시고”

‘믿으니’ אָמַן (539 아만) וְהֶאֱמִן 접속사-히필 완료 3인 남성 단수, C. VHAZMS, ‘확실하게 하다, 지지하다, 충실하다, 믿다, 견고하다, 성실하다, 신실하다, 충성되다, 든든하다, 굳게 세우다, 신실하다’의 뜻이다.[109]

‘아만’ 동사가 히필(사역능동)로, 아브라함은 자신과 아내 사라가 이미 늙었다는 현실적 환경을 오직 여호와 하나님의 말씀과 약속을 신뢰하고 의지하며 기대는 아브라함의 확고한 신앙을 보여주고 있다.

히필형에서 이 단어는 ‘확실하게 하다’ 혹은 ‘~에 대해 확신하다, 보증되다’라는 의미를 지닌다. 이런 점에서, 히필 동사 변화에서의 이 단어는 ‘믿다’를 의미하며, 성경에서의 믿음은 ‘보증(assurance)’, ‘확실성(certainty)’으로서, 이는 믿음을 있음직하고, 아마도 참되긴 하지만 확실치 않은 어떤 것으로 보는 현대의 개념과 대조되는 것임을 보여 준다. 이로부터 이 단어는 ‘확립된 사람’ 혹은 ‘굳혀진 사람’, 즉 ‘충성된 자’(삼하 20:19, 시 12:1, 시 31:23)라는 수동적인 의미로 사용된 칼의 수동 분사형으로 나오는 것을 보게 된다.[110]

하나님은 드디어 그의 믿음을 보시고(‘아만’, 믿게 했다는 뜻이 깊은 동사이다), 그와 계약을 맺으셨다. 바로 이 “베리트(בְּרִית)”가 아브라함의 후손들에게 먹을 것이 풍부한 “젖과 꿀이 흐르는” 가나안 땅을 주신다는 계약이다.

---

109) 김용환, *op. cit.*, pp. 47-48.
110) 이병철, *op. cit.*, 539.

앞에서도 언급 했지만 "베리트(בְּרִית)"의 어근이 바로 "빠라(בָּרָה, 1262)"이다. 곧, '잘게 자르다, 먹다, 선택하다(자르고 분리하는 개념으로 부터), 먹여 주다, 삶아 먹다'의 뜻이 있다.

그런데 여기 "아브라함과 계약을 세우고"에서 '세우다'의 히브리어 동사는 노아의 계약에서 "헤킴(הָקִים)" 즉, '설립한다'는 뜻과는 다르다, "카라트(כָּרַת)"이다. '자르다, 베다, 둘로 쪼개다'의 뜻이다. 그래서 직역하면 "아브라함과 더불어 계약을 쪼개다"이다.[111]

וַיֹּאמֶר אֵלָיו קְחָה לִי עֶגְלָה מְשֻׁלֶּשֶׁת וְעֵז מְשֻׁלֶּשֶׁת
וְאַיִל מְשֻׁלָּשׁ וְתֹר וְגוֹזָל:
וַיִּקַּח־לוֹ אֶת־כָּל־אֵלֶּה וַיְבַתֵּר אֹתָם בַּתָּוֶךְ וַיִּתֵּן אִישׁ־בִּתְרוֹ
לִקְרַאת רֵעֵהוּ וְאֶת־הַצִּפֹּר לֹא בָתָר:[112]

필자 사역

(창 15:9-10) "그가 그에게 말하였다:

'나를 위하여

세 살 된 암송아지 하나와,

세 살 된 암염소 하나와,

세 살 된 숫양 하나와,

산비둘기와

집비둘기 새끼를 가져오라'."

---

111) 이병렬, *op. cit.*, p. 35.
112) 원어성서원, *op. cit.*, p. 74.

'나를 위하여'(9003 레) **לִי** 전치사-1인 공성 단수, P. XCS, '~에게, ~에서, ~안에, ~를 위하여, ~에 의하여, ~로부터'의 뜻이다. 하나님은 자신의 믿음에 대한 확신을 얻기 위하여 하나님께서 주시는 표적을 구하였다. 그러나 본 절에서 하나님께서는 아브라함을 위한 것이 아니라 '나를 위하여(리)' 즉, '하나님을 위하여' 제물을 취하라고 명령하셨다. 이것이 하나님의 방식이다. 한편 본문에서 하나님께서 제물을 3년 된 짐승으로 바칠 것을 요구하신 까닭은 짐승은 3년 정도 지나면 완전히 성장하기 때문이다. 실로 완전하신 하나님은 완전하신 것을 받으시기를 원하신다. 다라서 우리의 몸을 하나님께 바쳐야 할 성도들도 그리스도의 보혈의 공로에 힘입어 자신을 완전케 해야 한다.

(신 18:13) "너는 네 하나님 여호와 앞에 완전하라."[113]

하나님은 계약적 유대를 공식적으로 세우심으로써 아브라함에게 확인시켜 주시는데, 하나님은 그 앞에 어떤 동물을 바치라고 명하신다(9절).

아브라함에게는 그 이상의 다른 지시가 필요 없다. 그는 그 과정을 잘 알고 있다. 아브라함은 그 시대 풍습에 따라 동물들의 중간을 쪼개어 그 쪼갠 것을 마주 대하여 놓는다. 새는 죽이지만 쪼개지 않는다. 새를 특별하게 다루는 이 방법은 후에 성문화된 법으로 나타난다(레 1:14~17 참조). 바로 이때 아브라함이 준비한 고기를 먹기

---

113)　한성천·김시열, *op. cit.*, pp. 155-156.

위해 새들이 이 상징적인 시체 위에 내려앉게 된다. 아브라함은 곧 이 완성한 식욕을 가진 새들을 쫓아버린다(11절).[114]

'그 중간을 쪼개고'(וַיְבַתֵּר אֹתָם בַּתָּוֶךְ, 와예밧테르 오탐 빳타웨크) '중간을'에 해당하는 '빳타웨크'는 '~안에'를 의미하는 전치사 '뻬(בּ)'와 정관사 '하(ה)' 및 '정 가운데'를 의미하는 '타웨크'가 합쳐진 말로서 '바로 그 정 한가운데'라는 의미이다. 하나님께서 바로 정 한가운데를 쪼개라는 것은 좌우로 조금의 치우침도 없이 하나님 말씀에 완전히 순종하라는 의미이다. 그리고 '빠타르'(בָּתַר)라는 표현은 18절에 나오는 "베리트(בְּרִית)"와도 밀접한 관계를 갖는다. 왜냐하면 "베리트(בְּרִית, 계약)"도 '자르다, 쪼개다'라는 의미를 갖는 '바라'(בָּרָה)에서 유래하였기 때문이다. '언약'이란 용어의 어원이 암시하는 바와 같이 고대 근동 지방에서는 언약을 맺을 때 그 표적이 되는 쪼갠 희생 제물 가운데로 언약의 두 당사자가 지나가는 관습이 있었다. 이는 만약 언약이 성실하게 지켜지지 않을 때 그 위반자는 희생제물과 같은 운명이 될 것을 상징적으로 나타내는 의미를 지닌다(렘 34:18-21).[115]

아브라함이 깊이 잠들었을 때, 하나님은 아브라함에게 약속이 완전히 이루어지기 전에 겪어야 할 일들을 말씀하신다. 이 예언의 말씀이 끝날 때에 아브라함은 매우 놀라운 현상을 목격하게 된다. "연기 나는 풀무"와 '타는 횃불'이 이미 준비한 쪼갠 고기 사이로 지나간다(17절). 이 특별한 예식의 의미는 무엇인가? 하나님의 명확한 모

---

114)   Palmer O. Robertson, *op. cit.*, pp. 132-133.

115)   한성천·김시열, *op. cit.*, pp. 156-157.

습이 왜 "고기 사이로 지나가는가?"

곧이어 나오는 구절이 필요한 해답을 준다. "그날에 여호와께서 아브라함과 더불어 언약을 세우셨다"(18절). 동물이 쪼개져 하나님이 그 사이를 지나간 결과로 계약이 "세워지게", 문자적으로는 "잘려지게(cutting)" 된 것이다.

동물이 쪼개지고 그 사이를 지나감으로써 계약의 당사자들은 "생과 사"를 건 서약을 하였다. 이 일로 그들은 자기 저주의 맹세를 세운 셈이다. 만일 계약에 있는 약속을 어기게 되면 예식에서 동물이 쪼개진 것처럼 그들 자신의 몸도 조각으로 갈라지게 되는 것이다.[116)

짐승을 둘로 쪼개고 계약의 당사자들이 그 가운데로 지나간다는 것은 이 "베리트(בְּרִית)"를 지킬 때 둘로 갈라졌으나 영원히 하나이며 만일 인간이 이 "베리트(בְּרִית)"를 파기할 때 마치 짐승이 둘로 갈라진 것처럼 영원히 남이라는 뜻이다.

그래서 "계약을 벤다(כָּרַת בְּרִית, 카라트 베리트)"는 것은 인격적인 관계이며 계약을 지키는 데 그 뜻이 있다. 그래서 이 쪼개진 짐승들이 희생제사에는 해당되지 않는다.

왜냐하면 그 고기 덩어리를 먹지 않고 태우거나 땅에 묻기 때문이다. 고대 중동에서 계약을 체결할 시 당사자끼리 보관하고 그중 일부를 빈 항아리에 넣어서 땅에 묻는 경향이 있었다. 하나님은 확실한 보증으로 이런 형식을 통해서 아브라함과 상호 관계의 계약을 맺으셨다(잘랐다). 이 계약은 "너와 네 후손에게 이 땅을 준다"는 하나

---

116)　Palmer O. Robertson, *op. cit.*, pp. 133-134.

님의 은혜의 계약이다. 이 계약의 내용은 원주민 열 부족이 거주하고 있는 가나안 땅을 선물로 준다는 약속이다. 이 약속이 실현되는 데는 400여 년이 걸렸다. 노아의 계약은 사람을 살리려는 하나님의 일방적인 평화의 계약이다. 그리고 아브라함과의 계약은 선민 이스라엘을 만들어 먹을 것이 풍부한 "젖과 꿀이 흐르는 땅"을 준다는 하나님의 사랑의 계약이다. 그리고 이 두 계약을 완성시키기 위해서 예수님이 오셨다. 골고다 높이 달린 그리스도의 십자가는 구름 속에서 찬란히 빛나는 하나님의 "활"인 무지개의 상징으로 그리스도 안에서 하나님과 영원한 화해와 일치를 의미한다. 그리고 십자가에서 죽으심은 갈라진 짐승이 하나가 되듯이 하나님과 우리가 다시 하나가 됨을 의미한다. 더 나아가서는 땅에서 하늘까지 이어지는 인간 최대의 기쁨이요, 은총임을 알 수 있다. 예수 그리스도는 오늘 우리에게 이어서 노아의 계약과 아브라함의 계약이 완성됐음을 보여주고 있는 것이다.[117]

은혜언약은 하나이지만 시대마다 예표와 상징으로 다르게 집행되는 것이다.

히브리어 성경은 의도적으로 두 용어를 구분하여 사용한다.

"카라트 베리트(כרת ברית)"는 언약의 체결, 창설·근원을 강조하면서 피와 대속과 단회성을 강조하고, "헤킴 베리트(הקים ברית)"는 언약의 적용, 확증·지속을 강조하면서 하나님의 기억·신실성, 반복성을 강조한다.

---

117)　이병렬, *op. cit.*, pp. 35-36.

두 표현은 동등한 언약으로 나누지 않고 하나의 언약을 다른 국면으로 설명하고 있는 것이다. "카라트 베리트"와 "헤킴 베리트"의 구분은 개혁주의를 벗어나는 언어가 아니라, 오히려 은혜언약의 단일성과 그 집행의 다양성을 가장 성경적으로 설명해주는 도구이다.

수백 번 외친 소리, '샬롬'(שָׁלוֹם)

성경에서 "평화"를 수백 번이나 읽고 외쳤다. 히브리 민족인 유대인에게는 '샬롬'보다 더 친근한 말이 없을 정도로 일상생활에서 가장 많이 사용되고 있다.

만날 때마다 '샬롬'이며, 인사할 때마다 '샬롬'이다. 이 세상 언어 가운데 '샬롬'처럼 듣기 좋고 친근하며 뜻이 깊은 단어는 없을 것이다. 나라 없이 2,000여 년간 세계를 정처 없이 유랑하면서도 유대인들은 한 번도 '샬롬'을 잊은 일이 없다. 유대인들은 세계 어디에 있든지 만나면 우선 인사가 '샬롬'으로 시작되고 작별할 때에도 '샬롬'으로 헤어진다. 하지만 "샬롬(שָׁלוֹם)"은 단순히 평화만을 의미하는 것은 아니다.

완전한 온전함을 의미한다. 신성한 조화. 깨진 모든 것의 복원이다.

영어로 된 성경을 읽을 때 또 무엇을 놓치고 있지는 않는가?

"샬롬"은 단순히 갈등이 없는 것만이 아니다.

삶의 모든 부서진 조각들이 제자리에 딱 들어맞는 느낌이다. 몸과 마음, 영혼이 마침내 온전해지는 느낌이다. 관계들이 회복되고 창조물 자체가 완벽한 조화 속에서 웅웅거리는 느낌이다. 유랑민들에게 '샬롬'은 희망이요, 바람이었으며, 삶의 지혜가 되었으며 용기가 되었

다. 그리고 결코 좌절하지 않은 것도 '샬롬'에서 그 힘의 원천이 되었
다. 이토록 귀한 '샬롬'은 물론 구약성경에서 유래되었다.

그것은 하나님의 "모든 것을 바로잡으라"는 약속이요 명령이다.

여러분이 이 사실을 발견하면 민수기 6장 26절과 같은 구절이 새
로운 의미로 다가온다.

"יִשָּׂא יְהוָה פָּנָיו אֵלֶיךָ וְיָשֵׂם לְךָ שָׁלוֹם:"[118]

필자 사역

(민 6:26) "여호와께서 그의 얼굴을

너를 향하여 들어 올리시고,

그리고 너에게,

평강을 두시기를."

'평강'은 שָׁלוֹם (7965, 샬롬) :שָׁלוֹם 명사 남성 단수, NMS, '평안한 친
한, 화평한, 평화, 안심, 평안, 화친, 평강, 복지, 번영, 온전히'의 뜻이
다.[119]

'샬롬'은 샬람(שָׁלַם, 7999)에서 유래했으며, '완전하다, 완성하다, 온
전하다, 완공하다, 건전하다, 끝나다, 안전하게 하다, 복구하다, 화목
하게 하다, 형통하다, 상을 얻다, 화목제, 상을 얻다, 갚아 주다, 평화
조약 체결'의 뜻이 있다.[120]

---

118) 원어성서원, *op. cit.*, p. 858.
119) 김용환, *op. cit.*, p. 677.
120) *Ibid.*, p. 681.

이 단어의 배후에 있는 일반적 의미는 완성과 성취-완전과 조화의 상태에 들어가며 회복된 관계를 맺는 것이다. 이 어군 중에서 몇 단어는 비교적 빈도가 낮은 단순 어간에서 그 의미를 취하고 있으며 그 외 '쉴렘, 쉴룸'—그리고 아마 '샬몬'도—은 강의형 피엘 어간의 의미를 반영하고 있다. 두 어간 사이의 분명한 차이는, (정복자에 대한 공물의) 상납(수 10:1), (손해를 입은 자에 대한) 배상(출 21:36)을 통해 평화가 회복되느냐, 아니면 (사업 거래상의) 단순한 지불과 완료를 통해(왕하 4:7) 회복되느냐 하는 평화의 개념의 시각에서 설명될 수 있다.

서원을 갚으면(시 50:14) 계약이 완성되고 이로써 쌍방이 '샬롬'의 상태에 있게 된다.

이 용어의 몇몇 용례에 보이는 종말론적 주제가 이러한 개념과 밀접하게 연결되어 있다. 국가든 개인이든 죄에 대한 보응은 치러져야 한다.

일단 의무가 충족되면 완전성은 회복된다(사 60:20, 욜 2:25). 흥미로운 것은 '샬렘'이 제단을 만드는 완전한(즉 자르지 않은) 돌들이나(신 27:6, 수 8:31), 그리고 성전에 사용되는 손질을 가한 돌들을 말할 때도 사용되었다는 점이다(왕상 6:7).[121]

하나님은 당신에게 평온한 하루를 바라시는 것이 아니다.

그분은 당신에게 완전한 온전함을 축복하신다.

갑자기, 당신은 단순히 평화에 대해 읽는 것이 아니라, 회복된 당신의 삶을 향한 하나님의 비전의 온전한 무게를 경험하게 된다.

---

121) 이병철, *op. cit.*, 7999.

‘샬롬’은 단지 시작일 뿐이다.

‘샬롬’은 구약성경에서 이 단어는 약 250회 나온다.[122]

뜻도 다양하며 의미심장하다. 왜냐하면 ‘샬롬’은 하나님에게서 나오기 때문이다.[123]

‘샬롬’의 원천은 두말없이 하나님이시다. ‘샬롬’이 명사가 되면, ‘완전, 온전, 건강, 건전, 온당, 번영, 행복, 평화, 평온, 평안, 태평, 성공, 행운‘ 등으로 쓰이며, 인간에게 가장 필요한 것이 ‘샬롬’임을 말하고 있다. 만약 인간에게 ‘샬롬’이 없다면 살았으나 죽은 것이며, 좌절과 낙담으로 살다가 허무하게 일생을 마칠 것이다.

그러나 ‘샬롬’이 있는 한 좌절할 수 없으며 낙담은 금물이다.

‘샬롬’은 용기를 북돋아 주며 삶의 의욕을 넘쳐흐르게 만들어 준다.

“샬롬”(שׁלום)을 파자해보면, שׁ (쉰) 거룩한 이름, 뜻이 있는 상형적 의미이다.

ל (라메드) ‘익힘, 희생, 가르치다, 위를 향하기’의 뜻이 있는 상형적 의미이다.

ו (바브) ‘못, 자유, 연결고리, 연합하다’의 뜻이 있는 상형적 의미이다.

מ (멤) ‘물, 진리, 사역, 정화’의 뜻이 있는 상형적 의미이다.

종합하면, 물(진리의 말씀)로 씻음 받고 정화된 자들이 거룩한 이름을 배우고 익혀서 십자가의 못 박히신 예수 그리스도를 연결하여

---

122) *ibid.*

123) 이병렬, <u>후일에 네 자손이 묻거든</u>, (서울: 기독교 대한 성결교회 출판부, 1984), p. 125.

위로 향기여 올라가는 것이라는 상형적 의미가 있다. 이것이 '샬롬 (평화, שָׁלוֹם)'이다.

'샬롬'(שָׁלוֹם)은 크게 8가지 의미로 사용된다.

1. 몸 전체에 오는 건강이며 행복인 '샬롬'(שָׁלוֹם)

이는 평강과 도덕적 건전한 삶을 말하는 것이다.

애굽의 총리 요셉이 그의 형들을 보고 감격을 억누르고 안부를 물을 때에 "너희 아버지, 너희가 말하는 그 노인(부친)이 안녕(샬롬, לְשָׁלוֹם)하시냐, 지금까지 생존하셨느냐(창 43:27)"고 하면서 아버지의 '샬롬'을 제일 먼저 물었다. 이토록 인간에게 샬롬은 중요한 것이다. 그 후 요셉은 다시 말한다.

(창 44:17) "…너희는 평안(샬롬, לְשָׁלוֹם)히 너의 아버지께로 도로 올라갈 것이라."

두려움에 긴장하고 있는 형들에게 안심시키기 위한 요셉의 샬롬 (שָׁלוֹם)이다.

2. 가정에 머물러야 하는 '샬롬(שָׁלוֹם)'

(삼상 25:6) "…너는 평강(샬롬, שָׁלוֹם)하라. 네 집도(בַּיִת) 평강(샬롬, שָׁלוֹם)하라, 네 소유의 모든 것도 평강(샬롬, שָׁלוֹם)하라."

다윗이 갈멜의 부자 나발에게 식량을 구하러 보내면서 전한 문안 인사이다. 다윗은 최고의 예의로 나발에게 샬롬(שָׁלוֹם)을 전했다. 그러나 나발(נָבָל, 5037, 어리석은)은 어리석어 다윗의 샬롬(שָׁלוֹם)을 거절한 후 죽고 만다. 이토록 가정의 샬롬(שָׁלוֹם)은 중요한 것이다.

(욥 5:24) "네가 네 장막(오헬, אֹהֶל, 천막)에 평안(샬롬, שָׁלוֹם)함을 알고…"

가장 소중한 것은 가족이 함께 사는 가정의 평안(샬롬, שָׁלוֹם)이며 이 '샬롬'(שָׁלוֹם)은 하나님이 주시는 것이다.

(욥 21:9)"그 집이 평안(샬롬, שָׁלוֹם)하여 두려움이 없고"

가정은 두려움이 없어야 한다. 평화를 만들어내는 가정이 되어야 한다. 평안은 안전이며, 평온이다. 염려가 없어야 평화가 깃든다. 두려움은 불신앙과 죄에서 나온다. '샬롬'(שָׁלוֹם)을 만들어내는 가정은 하나님과 함께 하는 가정이다.

(삼상 1:17) "엘리가 대답하여 가로되 평안(샬롬, שָׁלוֹם)히 가라 이스라엘의 하나님이 너의 기도하여 구한 것을 허락하시기를 원하노라."

한나의 갈망하는 소망을 듣고 엘리가 한 말이다. 한나는 자식이 없어 그 가정에는 기쁨과 평화(샬롬, שָׁלוֹם)이 없었다. 그러나 엘리의 말대로 그의 기도가 응답되어 그 집에 평안(샬롬, שָׁלוֹם)이 임했다. 그는 사무엘을 득남한 것이다. 그의 가정에 '샬롬'(שָׁלוֹם)이 온 것이다.

한나의 기도는 '샬롬'(שָׁלוֹם)을 얻었다.[124]

3. 의인의 삶에 임하는 '샬롬(שָׁלוֹם)'

> (사 57:2) "그는 평안(샬롬, שָׁלוֹם)에 들어갔으니 무릇 바른 길(נָכֹחַ, 5228, 나
> 코아흐, 곧은, 올바른, 정직, 바른 것)로 행하는 자는 자기들의 침상에서 편이
> 쉬느니라."

소유와 만족에서 '샬롬'(שָׁלוֹם)이 오는 것이 아니다. 의로움 속에 '샬롬'(שָׁלוֹם)이 있다. 정당한 길로 행하는 자만이 '샬롬'(שָׁלוֹם)을 맛볼 수 있으며, 깨끗하게 사는 자만이 '샬롬'(שָׁלוֹם)을 체험할 수 있다.

욥의 친구 빌닷은 "네 의로운 집으로 형통(샬롬, שָׁלוֹם)케 할 것이라"(욥8:6)고 말했다. 형통은 '샬롬'(שָׁלוֹם)으로 안전하게 해주신다는 뜻이다.

> (사 26:3) "주께서 심지가 견고한 자를 평강(샬롬, שָׁלוֹם)하고, 평강(샬롬,
> שָׁלוֹם)하도록 지키시리니 이는 그가 주를 의뢰함이니라."

주를 향해 흔들리지 않는 자, 주를 절대적으로 의뢰하는 자에게 하나님께서는 '샬롬'(שָׁלוֹם)으로 축복해주신다. 경건한 자의 삶과 의지가 굳은자를 하나님은 사랑하시고 '샬롬'(שָׁלוֹם)으로 보호해주시고

---

124) *ibid.*, pp. 126-127.

인도해주신다. 가장 귀중한 축복은 '샬롬'(שָׁלוֹם)의 축복이다.

4. 자녀가 받는 샬롬(שָׁלוֹם)의 축복

וְכָל־ בָּנַיִךְ לִמּוּדֵי יְהוָה וְרַב שְׁלוֹם בָּנָיִךְ׃ [125]

필자 사역

(사 54:13) "내 모든 자녀는 여호와의 교훈을 받을 것이니 네 자녀는 크게 평강(샬롬, שָׁלוֹם)할 것이며"

가정에서 자녀들을 여호와의 말씀으로 양육하고 바르게 가르치고 신앙전수를 하면 큰 평강(샬롬, שָׁלוֹם)을 얻을 것이다.

자녀를 통해 부모가 받는 '샬롬'은 하나님이 주시는 '샬롬' 다음으로 큰 기쁨이 된다. 부모 된 자가 자녀를 통해서 '샬롬'을 받고 싶으면 여호와의 말씀으로 어렸을 때부터 교훈해야 한다.

(왕상 2:23) "…다윗과 그 자손과 그 집과 그 위는 여호와께로 말미암은 평강(샬롬, שָׁלוֹם 구원)이 영원이 있으리라."

요압은 까닭 없이 흘린 피의 대가로 요압은 '샬롬' 없이 죽어야 하나, 다윗은 그의 신앙, 그의 선한 성품 때문에 하나님의 '샬롬'인 구

---

125) 원어성서원, *op. cit.*, p. 982.

   히브리 사상으로 본 주제별 연구 시리즈 1

원과 평강이 그의 자손까지 이어질 것이라는 고백이다.

5. 이스라엘에게 내리는 '샬롬(שָׁלוֹם)'

(사 54:10) "…나의 인자는 네게서 떠나지 아니하며 화평(샬롬)케 하는 너의
언약을 옮기지 아니하리라. 너를 긍휼이 여기는 여호와의 말이니라."

이스라엘을 돕는 하나님의 '샬롬'이다.

회개한 이스라엘을 긍휼히 여기시는 하나님의 '샬롬'은 평화의 샬롬(베리트 샬롬, וּבְרִית שְׁלוֹמִי), 구원의 계약으로 영원한 계약이며, 평강과 안정의 계약이다.

기드온은 소명을 받은 후 "여호와를 위하여 거기서 단을 쌓고 이름을 여호와 샬롬(יְהוָה שָׁלוֹם)이라."(삿6:24)고 하였다. 기드온 그는 비록 험악한 인간이었으나 여호와가 주신 '샬롬'을 얻은 후 대담하고 훌륭한 용사가 되어 위기에 처한 나라를 구했다. '샬롬'은 이토록 번영과 융성을 말하며 성공과 행운을 나타내기도 한다.

6. 죄 있는 곳에는 없는 '샬롬(שָׁלוֹם)'

(시 38:3) "…나의 죄로 인하여 내 뼈에 평안(샬롬)이 없나이다…."

"평안이 없다(아인 샬롬, אֵין שָׁלוֹם)." 참으로 무섭고 소름이 끼치는 말이다. 뼛속 깊은 곳까지 평안이 없다. 인간의 내면세계의 절망을 말하는 것이다. 죄가 인간을 지배하면 살아있으나 죽은 것이다. '샬롬' 없는 인간은 생기가 없고 희망이 없으며, 번영과 융성할 수 없기 때문에 이미 죽은 것이다. 개인에게 있어서 가장 큰 비극은 '샬롬'이 없는 비극이다.

하나님의 공의를 버린 자는 '샬롬'이 없다. "굽은 길을 스스로 만드나니 무릇 이 길을 밟는 자는 평강(샬롬)을 알지 못하느니라."(사 59:8).

범죄 한 백성에게 내린 응징은 '샬롬'을 빼앗는 것이다.

> (렘 16:5) "…내가 이 백성에게서 평강(샬롬)을 빼앗으며 인자와 긍휼을 제함이니라. 여호와의 말이니라."

> (사 48:18) "슬프다 네가 나의 명령을 듣지 아니하였도다. 만일 들었다면 네 평강(샬롬)이 강과 같았겠고 네 의가 바다 물결 같았을 것이며"

이스라엘의 범죄 행위를 규탄하는 예레미야와 이사야의 탄식이다. 선민 이스라엘의 범죄는 용납이 되지 않으면 '샬롬'이 있을 수 없다.

그런고로 '샬롬'이 떠난 이스라엘은 선민이 아니다. 하나님의 '샬롬' 없이 이스라엘은 번영할 수 없으며, 활기찬 삶을 살 수 없기 때문이다.

이스라엘에게 있어서 당장 필요한 것은 죄에서 떠나 회개하고 돌아오는 길이요, 하나님의 '샬롬'을 받는 길이다. 하나님의 '샬롬'이 임하는 나라, 하나님의 '샬롬'이 지배하는 가정, 하나님의 '샬롬'이 함께하는 인간만이 번영하며 행복하고 평안의 삶을 살 수 있다.[126]

7. 말씀을 사랑하는 자에게 임하는 '샬롬(שלום)'

(시 119:165) "주의 법을 사랑하는 자에게는 큰 평안이 있으니 그들에게 장애물이 없으리이다."

생명의 말씀인 주의 법을 사랑하는 자에게 주시는 '샬롬'이다. 진정한 평안(샬롬)은 말씀을 사랑(아헤브, אהב)자에게 임한다. 말씀 사랑을 통한 커다란 평안(샬롬)이 주어진다. 말씀을 사랑하자. 말씀을 가까이 하자. 말씀이 우리에게 '샬롬'을 가져다준다.

말씀이 없는 자에게 불안, 초조, 염려만 있을 뿐이다.

8. 예루살렘을 위하여 구해야 하는 평안(샬롬, שלום)

שַׁאֲלוּ שְׁלוֹם יְרוּשָׁלָ͏ִם יִשְׁלָיוּ אֹהֲבָיִךְ׃[127]

---

126)   이병렬, *op. cit.*, pp. 127-129.
127)   원어성서원, *op. cit.*, p. 576.

(시 122:6) "예루살렘을 위하여 평안을 구하라"

"예루살렘을 사랑하라"

'예루살렘'(יְרוּשָׁלַם)은 예루엘(יְרוּאֵל, 3385, 하나님께서 세우신)과 샬렘(שָׁלֵם, 7999)에서 유래했으며, '하나님께서 세우신 평화의 터전'이라는 합성어이다. 예루살렘은 교회를 예표 상징한다. 하나님이 세우신 집이 교회이다. 예루살렘을 위하여 평안(샬롬)을 구해야 한다. 예루살렘을 사랑해야 한다. 예배의 중심지인 예루살렘의 '샬롬'을 구하라고 명령하고 있다. 예배의 중심지인 예루살렘의 평안(샬롬)으로 모든 지파들이 그곳에 자유롭게 와서 예배드리고 하나님을 만날 수 있기 때문이다. 예루살렘을 사랑하는 자에게 형통(샬롬)이 임한다. 예루살렘에 올라와서 하나님을 만남으로 세상의 모든 무거운 짐을 다 내려놓고 평강(샬롬)을 소유하고 내려갈 수 있게 된다. 예루살렘은 평안의 안식처이다. 예루살렘이 '샬롬' 할 때 '네 성 안에는 평안이 있고 네 궁중에는 형통이 임한다(7절). 예루살렘이 '샬롬'할 때, 형제도 친구도 평안(샬롬)이 임한다.

'샬롬'(שָׁלוֹם)이 '셸렘'(שֶׁלֶם, 8002)으로 변하면, '우정의 결연', '화목제물'의 뜻이 있어 구약의 제의인 화목 제사(암 5:22)가 된다. 그래서 '화목 제사'란 완전하고 온전한 살진 소를 잡아 제사를 드리고 하나님과 평화스런 교통 속에서 구원의 기쁨과 친교를 나누는 회식을 의미한다. 참으로 보기 좋은 장면이 화목제를 드리는 시간이다.[128]

---

128)　이병렬, *op. cit.*, p. 128.

다시 '샬롬'(שָׁלוֹם)이 동사(피엘; 능동 강조형) '실렘'(שִׁלֵּם)으로 변하면
주어 자의 행동을 강조하는 뜻이 있어 강력한 역할을 하는 동사가
된다. 동사의 뜻은 '갚다, 대가를 지불하다, 대신 갚다' 등이다.

וּמַכֵּה נֶפֶשׁ־בְּהֵמָה יְשַׁלְּמֶנָּה נֶפֶשׁ תַּחַת נָפֶשׁ׃(129

(레 24:18) "그리고 짐승의 생명을 치는 자는

그것을 갚아야 하니, 생명으로 생명이다."

'갚아야 하리니' שָׁלֵם (7999, 샬람) יְשַׁלְּמֶנָּה 피엘 미완 3인 남성 단
수-3인 여성 단수, VPIZMS - ZFS, '배상하다, 보상하다, 화해하다,
갚아주다'의 뜻이 있다.[130]

'예솰레멘나'는 '건전한', '온전한'이란 뜻을 지닌 '샬렘(שָׁלֵם)'의 피엘
형(강조능동)으로 '온전하게 하다, 보상하다'라는 뜻을 갖는다. 즉, 짐
승을 죽였으니 짐승으로 갚는다는 것은 그 이전 상태로 복귀시킨다
는 의미가 있는 것이다. 그런데 '평강'이란 뜻의 '솰롬'(שָׁלוֹם)도 '샬렘'에
서 파생했다. 따라서 본문은 단순히 보상하는 차원만을 의미하는
것이 아니라 그 짐승의 주인 된 자와의 관계를 회복하여 '서로 화평
하라'는 뉘앙스까지 포함된 것으로 보아야 한다.[131]

---

129) 원어성서원, *op. cit.*, p. 773.

130) 김용환, *op. cit.*, p. 681.

131) 한성천·김시열, 옥스퍼드 원어성경대전, 009. 레위기 제18-27장, (서울: 제자원, 2006), p. 441.

אוֹ נוֹדַע כִּי שׁוֹר נַגָּח הוּא מִתְּמוֹל שִׁלְשֹׁם וְלֹא יִשְׁמְרֶנּוּ

בְּעָלָיו שַׁלֵּם יְשַׁלֵּם שׁוֹר תַּחַת הַשּׁוֹר וְהַמֵּת יִהְיֶה־לּוֹ:132)

필자 사역

(출 21:36) "혹은 그 소가 들이받는 소라는 것이

어제와 그제부터 알려져 있었는데도,

그 주인이 그것을 지키지 않았다면,

그는 반드시 갚아야 하니,

소로써 그 소를 대신하고,

그 죽은 것은 그에게 속할 것이다."

'반드시 갚아야 하니' שַׁלֵּם (7999, 샬람) שַׁלֵּם 피엘 부정사 절대, VPNA, שַׁלֵּם (7999, 샬람) יְשַׁלֵּם 피엘 미완 3인 남성 단수, VPIZMS, 문법이 절대부정사+미완료 강조 능동 구조로 되어 있다. 반드시 갚아야 하고, 온전히 보상해야 한다는 것이다. 이처럼 구약의 율법은 반드시 대가가 지불되어야 용서가 가능해진다. "갚지 않고", 정당한 "대가를 지불하지 않고"는 용서받을 수도 없고 평화가 있을 수 없는 것이 구약의 율법이다. 용서 받기 위해서 대신 지불하는 것이 곧 '실렘 (יְשַׁלֵּם)'이다. 그런고로 '실렘'(יְשַׁלֵּם)의 이행 없이 용서란 있을 수 없다.

구약의 '실렘'(יְשַׁלֵּם)을 대신한 분이 예수의 십자가의 죽음이다. 완전한 지불에서만이 구원이 가능하기 때문에 예수가 대신 죽은 것이다. 우리가 죽어야 할 죄의 대가를 대신 지불(실렘, יְשַׁלֵּם)하기 위해서

---

132)　원어성서원, *op. cit.* p. 466.

단번에 돌아가셨다. 예수의 대속(실렘, שִׁלֵּם)의 죽음으로 우리는 용
서받고 다시 살게 되었다. 이 복음이 우리에게 임할 때 참다운 의미
에서 '샬롬'(שָׁלוֹם)이 되는 것이다. '샬롬'(שָׁלוֹם)은 '샬롬'(שָׁלוֹם) 속에 '셀
렘'(שֶׁלֶם)과 '실렘'(שִׁלֵּם)이 들어 있을 때만이 온전한 '샬롬'(שָׁלוֹם)이 되
는 것이다.

　우리는 '샬롬' 안에서 샬롬, 셀렘, 실렘을 발견하며 체험하게 된 것
을 잊을 수 없는 감격으로 생각하고 살아가야 할 것이다. 예수가 전
파한 복음. 제자들을 파송하면서 전파한 복음이 '샬롬'이며, '셀렘'이
고 '실렘'이다.[133]

> (마 10:12-13) "또 그 집에 들어가면서 평안(샬롬)하기를 빌라
>
> 그 집이 이에 합당하면
>
> 너의 빈 평안이 거기 임할 것이요
>
> 만일 합당치 아니하면
>
> 그 평안이 너에게 돌아올 것이니라."

---

133)　이병렬, *op. cit.*, p. 130.

10장
언약궤 덮는 뚜껑, '캅포레트'(כַּפֹּרֶת) 

타락이란, 원래 죄와는 상관없이 하나님과 친밀한 관계를 맺고 있던 아담과 하와가 하나님께 순종하지 않음으로서 죄 없는 상태에서 죄인의 상황으로 떨어져 버린 것을 말한다. 하나님께서 범죄한 인간을 위해 살 길을 열어 주셨다.

강신권 박사는 그의 책에서 핑크(A. W. Pink)의 [속죄, The Atonement]를 인용하면서 속죄의 필요성 세 가지를 강조한다.

첫째, 속죄는 하나님의 뜻이 따라 필요한 것이 되었다. 은혜의 선택을 따라 남은 자를 구원하시려는 하나님의 목적은 오로지 하나님 자신의 자유롭고 주권적인 의지로부터 발생했다. 자기의 백성을 그들의 죄로부터 구원하시려는 구세주의 계획은 하나님 자신의 결정을 통해서만 나타났다.

둘째, 속죄는 하나님의 법에 의해 필요해졌다. 그리스도는 법 아래서 하나님의 의해 만들어졌고 그리스도 역시 그 법에 명령에 완전하게 순종했다. 뿐만 아니라 여기에 더 보태서 놀랍게도 그리스도는 우리를 위해 저주를 받으셨다(갈 3:13).

셋째, 속죄는 죄 때문에 필요해졌다. 비울은 그리스도가 "하나님

곧 우리 아버지의 뜻을 따라 이 악한 세대에서 우리 죄를 건지시려고 우리를 위하여 자기 몸을 드리셨으니"(갈 1:4)라고 말하고 있다. 그는 또, "아버지께서는 모든 충만으로 예수 안에 거하게 하시고 그의 십자가의 피로 화평을 이루사 만물 곧 땅에 있는 것들이나 하늘에 있는 것들이 그로 말미암아 자기와 화목케 되기를 기뻐하심이라"(골 1:19-20)고 말하고 있다.[134]

인간의 죄는 그 본성상 용서를 위해서는 피 흘리는 속죄를 요구한다. 오직 예수의 피만이 속죄의 길이 될 수 있음을 주장하고 있다.[135]

하나님께서 범죄 한 인간들을 사하시기 위해서 길을 마련하여 주셨다.

구약에서 예수 그리스도의 속죄를 예표, 상징하는 것들을 많이 주셨는데 그중 하나가 '속죄소'이다.

'속죄소'는 כַּפֹּרֶת(3727, 캅포레트)이며, '뚜껑, 덮개(언약궤의 뚜껑에 대해서만 사용), 속죄소'의 뜻이다.[136]

'캅포레트'는 כָּפַר(3722, 카파르)에서 유래했으며, '덮다, 진정시키다, 화해하다, 속죄하다, 속량하다, 속죄하게 하다, 속죄제, 역청으로 위에 칠하다'의 뜻이 있다.[137]

구약성경에서 이 단어는 27회 나온다. 속죄소는 성막의 지성소에 안치된 언약궤의 상부를 덮는 덮개를 가리키며, 1년에 1회, 대 속죄

---

134) 강신권, <u>인간의 죄를 사하시는 하나님</u>, (서울: 쿰란 출판사, 1995), p. 60.

135) *ibid.*, p. 63.

136) 김용환, *op. cit.*, p. 319.

137) *ibid.*, p. 318.

일에 대제사장이 지성소에 들어가 자기의 죄를 위해, 이스라엘의 죄를 위해 속죄를 하는 장소이다. 순금으로 만들어졌고, 양단에 마주하여 날개를 편 한 쌍의 '그룹'이 설치되었다(출 25:17, 출 25:18, 출 25:19, 출 25:20). 그 두 그룹 사이가 하나님의 보좌이며, 거기서 하나님은 사람을 만나기로 한 것이다(출 25:22, 출 30:6, 민 7:89).[138]

וְעָשִׂיתָ כַפֹּרֶת זָהָב טָהוֹר אַמָּתַיִם וָחֵצִי אָרְכָּהּ וְאַמָּה וָחֵצִי רָחְבָּהּ:[139]

'속죄소' כַּפֹּרֶת(3727, 캅포레트) כַּפֹּרֶת 명사 여성 단수 연계, NFAG, 이 단어는 성경에서 법궤의 뚜껑을 가리킬 때만 사용되었다. 이 법궤 뚜껑의 가로와 세로는 법궤와 동일하게 114cm 와 68.4㎝이다. 한편 한글 개역 성경은 이를 '속죄소(贖罪所)', 즉 '죄를 용서하는 처소'라 번역하였다. 그 이유는 법궤에 뚜껑을 덮는 행위가 곧 법궤 안에 있는 공의의 상징인 율법의 잣대로 심판하지 않고 은혜로 죄를 용서하여 구원을 베풀어 주시겠다는 하나님의 거룩한 뜻과 의지를 보여 주는 것이기 때문이었다. 이런 차원에서 KJV는 속죄소를 가리켜 "은혜의 보좌(the mercy seat)"라 하였다. 정녕 인간 세상에서 어떤 인생도 하나님의 은혜가 아닌 행위의 법으로 구원 얻을 수 없다. 그래서 사도 바울은 다음과 같이 감사의 고백을 하였다.

---

138) 이병철, *op. cit.*, 3727.
139) 원어성서원, *op. cit.*, p. 486.

(엡2:8-9) "너희가 그 은혜를 인하여 믿음으로 말미암아 구원을 얻었나니 이것이 너희에게서 난 것이 아니요 하나님의 선물이라 행위에서 난 것이 아니니 이는 누구든지 자랑치 못하게 함이니라."[140]

언약궤 뚜껑(덮개)을 성경에서는 언약궤(법궤) 위를 '속죄소'라고 부른다.

언약(증거)궤 뚜껑은 왕의 '은좌소'요, 속죄하는 통치 장소이다. 용서하는 하나님의 보좌요, 통치이념과 다스림의 본질을 의미한다.

"시은좌"는 은혜의 왕이 용서로 통치하는 보좌, '시은좌'는 은혜(인애와 긍휼)를 베푸는 하나님의 용서의 보좌이다.

죄와 사망에 빠진 자를 대속의 피로 살려 내사 하나님이 영원히 거처하실 성전으로 삼으시고 기뻐하시는 하나님의 속죄의 통치는 영원히 존경받고 경배받기에 합당하신 위대한 은혜의 통치이며 어린 양 '속죄소' 보좌에서는 긍휼의 강물이 멈추지 않고 흘러나와 온 땅을 덮는 사랑과 탕감의 통치이다.

이 은혜의 통치는 자식을 향한 아버지의 사랑에서 출발한다. 말로 표현할 수 없기에 그냥 신비롭다고 말할 뿐이다. 무한 사랑과 무한 은혜와 무한한 선과 무한 의로우심에서 흘러나오는 완전한 은혜와 완전한 속죄의 통치이기에 모든 민족을 다 살려내고 남는 사랑과 용서의 강물이다.

언약궤 뚜껑(속죄소)를 한자로 해석한 글자가 시은소(施恩所)이다.

'시은소'는 히브리원어가 아니라 施(베풀 시), 恩(은혜 은), 所(바 소)

---

140)　한성천·김시열, 옥스퍼드 원어성경대전, 007 출애굽기 제25-40장, (서울: 제자원, 2006), p. 51.

로, 한자 번역이다.

시는 '베풀다, 퍼지다, 널리 전하여지다, 행하다', 은은 '사랑하다, 예쁘게 여기다, 동정, 인정', 소는 '정한 장소, 어떤 위치, 공간'의 뜻이다.

시은좌는 은혜를 베푸는 왕이 앉는 속죄의 보좌이다.

시은소는 은혜를 베푸는 왕의 기쁨과 은혜 받는 백성의 기쁨이 넘치는 거룩한 은혜의 공간(특별한 화목과 사귐의 영역)이다. 시은자는 은혜를 베푸는 자(왕)이다.(아버지의 뜻대로 통치하는 자) 수은자는 은혜를 받는 자(언약 백성, 행복자, 복된 자)이다.

70인 역본에서 '캅포레트'에 해당하는 헬라어 힐라스테리온(ἱλαστήριον, 2435)은 '화해시키는 것, 속죄하는 것, 화해의 수단, 속죄소'라는 의미를 지닌다. 이 헬라어는 롬 3:25에서 예수 그리스도의 속죄를 나타내는 중요한 용어로 사용되었다.

> "이 예수를 하나님이 그의 피로 인하여 믿음으로 말미암는 화목 제물로
> 세우셨으니 이는 하나님께서 길이 참으시는 중에 전에 지은 죄를 간과하
> 심으로 자기의 의로우심을 나타내려 하심이니."

하나님과 사람이 만나는 장소가 속죄소라는 상징은 히브리 종교의 심오한 신학 사상을 나타낸다. 여기서 1년 1회, 속죄일의 행사가 행해졌다(레 16장). 이것은 예수 그리스도의 속죄의 상징으로서 그리스도의 십자가 보혈에 의해 속죄가 완성된 것을 히브리서는 강조하고 있다(히 9:1-12).[141]

---

141)　이병철, *op. cit.*, 3727.

11장

'케렌'(קָרַן)과 '카란'(קָרַן) 

중세 르네상스의 거장 미켈란젤로가 만든 조각상 중 모세상이 있다.

걸작 중 불후의 명작품으로 인정받고 있다.

이 모세상의 얼굴을 잘 관찰해보면 특이하게도 모세의 이마위에 두 뿔이 나와 있다. 사람의 머리 부분에 뿔이 있는 조각품은 모세상 이외에는 없다. 천재의 화가 미켈란젤로가 모세상을 조각할 때 아무 의미 없이 자기 마음대로 제작한 것이 아니다. 성경에 근거해서 모세상을 조각했다.

미켈란젤로는 구약성경 출애굽기 34:29b에 근거해서 뿔이 나오게 한 것이다. 오늘 우리 성경에는 "광채"로 나와 있으나 어느 사본에는 "뿔"로 나와 있기 때문이다.

마소라 파 이전에는 히브리어에 모음이 없었다.

그래서 자음 중에서 몇 자를 골라 모음 구실을 하게 만든 후 사본이 기록되었다.[142]

"뿔"과 "광채"는 히브리어 자음은 동일하나 구별이 되지 않는다. קֶרֶן 케렌, 카란으로 읽는 데 따라서 큰 차이가 난다.

"케렌"으로 읽으면 "뿔"이 되지만 "카란"으로 읽으면 "광채"가 된다.

그러나 지금의 사본은 모두 모음이 있어서 구별이 가능하다.

모음변화로 케렌(קֶרֶן)이 되면 "뿔"이 되고 카란(קָרַן)으로 모음이 변하면 "광채"가 된다.

1. 케렌(קֶרֶן, 7161)일 경우

וַיְהִ֗י בְּרֶ֤דֶת מֹשֶׁה֙ מֵהַ֣ר סִינַ֔יוּשְׁנֵ֨י לֻחֹ֤ת הָעֵדֻת֙ בְּיַד־מֹשֶׁ֔ה
בְּרִדְתּ֖וֹ מִן־הָהָ֑ר וּמֹשֶׁ֣ה לֹֽא־יָדַ֗ע כִּ֣י
קָרַ֛ן ע֥וֹר פָּנָ֖יו בְּדַבְּר֥וֹ אִתּֽוֹ׃[143]

142) 이병렬, *op. cit.*, p. 69.
143) 원어성서원, *op. cit.*, p. 558.

(출 34:29) "그리고 일어났다,

모세가 시내 산에서 내려올 때에,

증거의 두 돌판이 모세의 손에 있었고,

그가 산에서 내려올 때에,

모세는 알지 못하였다,

그의 얼굴의 피부가 광채를 발하고 있었음을,

그분(여호와)께서 그와 말씀하셨을 때에."

קֶרֶן(7161, 케렌)은 '뿔(소, 양, 염소의), 나팔(뿔로 만든), 제단의 뿔, 산의 정상, 언덕'의 뜻이 있다.[144]

'케렌'은 קָצַע(7106, 카차)에서 유래했으며, '긁어내다, 구석에 놓다, 문질러 닦다, 문질러 벗겨내다, 긁어내다, 깨끗이 하다'의 뜻이 있다.[145]

케렌은 일차적으로 '여러 동물들(수양, 들소)의 뿔(들)'을 의미한다.

코끼리의 상아는 거대한 뿔로 언급되었다(혹은 오해받았다)(겔 27:15). 케렌은 또한 자주 등장하는 파생적 의미로는 '힘(strength)', '자만(pride)', '약동하는 생명력(vitate)'에 대해 사용되었다.[146]

'케렌'은 짐승의 뿔(창 22:13)이나 상아의 뿔(겔 27:15), 그리고 양각(뿔), 나팔(수 6:5) 등을 말할 때 "케렌"이라고 한다.

---

144) 김용환, *op. cit.*, p. 615.

145) *ibid.*, p. 609.

146) 이병철, *op. cit.*, 7161.

그러나 더 나아가서 "케렌"의 뜻은 의미심장하고 다양하다, 주로 신(엘로힘)을 업신여기고 기고만장하면서, 인간을 절대화할 때, 이런 인간을 "케렌"이라고 한다. 즉, 인간이 지닌 권능, 영광, 힘, 위력, 권력, 명성, 영화, 고관대작의 뽐냄 등 인간 스스로의 힘으로 정상에 올라갔을 때 바로 그 자만이 "케렌", 뿔이 된다.

자기 명성과 영광에 도취하여 하나님을 버리는 자, 자기의 힘과 권력을 휘둘러 함부로 이웃을 학대하고 무시하는 자, 자기 손에 힘이 있다고 백성을 우습게 보는 자, 로마의 네로처럼, 소련 공산당 스탈린처럼 신을 몰아내고 자기가 신의 위치에 올라갔다고 하는 자, 이런 자들의 자만심이 곧 '뿔', "케렌"이라고 한다. 이런 자들의 '뿔'은 광채와 생명이 없는 '뿔'이며, 나라를 어지럽히고 사람을 해치고 죽이는 '뿔'이다.

이런 '뿔'들을 하나님이 제일 미워하신다. 그리고 잠시 있다가 안개처럼 사라질 뿔이요, 어리석은 자로 마음이 부패하여 하나님이 없다고 하는 자들의 "케렌"이다(시 14:1).

하나님은 교만한 자의 뿔을 가장 미워하신다.

(시 75:5) "너의 뿔(케렌)을 높이 들지 말며 교만한 목으로 말하지 말지니라."

(시 75:10) "또 악인의 뿔을 다 베고 의인의 뿔(케렌)은 높이 들리로다."

(렘48:25) "모압의 뿔(케렌)이 찍히고 그 팔이 부러졌도다. 여호와의 말이니라."

여호와께서는 이토록 자기의 권능을 의지하는 교만한 자의 뿔(케렌), 이웃에게 악을 행하여 고통을 주는 악인의 "뿔(케렌)", 그리고 국가 권력을 남용하는 뿔(케렌)도 사정없이 찍어버린다고 선지자 예레미야는 말하고 있다.

그러나 하나님은 여호와의 "뿔"(케렌)을 높이는 자를 몹시 사랑하신다.

(삼하 22:3) "여호와는 나의 구원의 "뿔"(케렌)이시요."

(시 18:2) "…나의 구원의 '뿔'이시요, 나의 산성이시로다."

다윗은 승리의 노래를 부르면서 여호와의 '뿔'의 권능과 구원을 찬양했다.

이처럼 겸손한 다윗의 노래에 하나님께서는 이렇게 말씀하신다.

(시 132:17) "내가 거기서 다윗에게 '뿔'이 나게 할 것이라."

(삼상 2:10) "자기의 기름 부음을 받은 자의 '뿔'을 높이시리로다."

한나는 이토록 여호와의 뿔을 찬양하는 노래를 불렀다.

(시 89:17) "주는 저희 힘이 영광이심이라. 우리 뿔이 주의 은총으로 높아지오리니,"

이처럼 주의 뿔을 높일 때 인간이 지닌 권위나 영광은 지속되며 선하게 사용되는 것이다. 인간의 "뿔"은 주의 은총으로 높아져야 더욱 빛나게 되며 하나님의 정의와 공평을 세울 수 있게 되는 것이다.[147] 케렌은 제단의 '뿔'에 대해서도 사용되었다.

하나님의 광채가 뿔 모양으로 묘사되는 것과 관련하여 후에 상징적으로 하나님의 임재와 권능에 초점을 맞추기 위해 제단에 뿔이 설치되었다. 특히 이 뿔들에 원죄와 무의식적 죄를 속하기 위해 피를 발랐었다(출 30:10, 레 4:7, 기타). 아도니야와 요압은 이것을 알고서 번제단의 뿔을 붙잡고 용서를 구하였다.

아도니야는 "알지 못하고" 죄를 범하였으므로 용서를 받았다. 왜냐하면 다윗이 그의 왕위 찬탈 음모를 오랫동안 알고 있으면서도 그것을 시정해주지 않았기 때문이다(왕상 1:5-6, 왕상 1:53). 요압은 표리부동한 행위로 인해 사형에 처해졌다(왕상 2:28, 왕상 2:34). 또한 이것은 살인에 관한 모세의 율법과도 전적으로 부합한다(출 21:14).[148]

구약시대 초기 제단은 네 군데 뿔(케렌)이 있었다. 이것을 "제단의 뿔"(בְּקַרְנוֹת הַמִּזְבֵּחַ, 베카르노트 하미즈베하)이라고 하는데 네 귀퉁이 제단 뿔에 피를 바르고 사죄함을 받았다

(레위기 8:15, 9:9). 이 피를 속죄의 피라고 한다(레위기 16:18). 고의가 아닌 범죄행위를 저지른 자가 제단으로 도망해서 제단의 뿔(케렌)을 잡으면 생명의 구원을 받았다.

---

147) 이병렬, *op. cit.*, p. 71.
148) 이병철, *op. cit.*, 7161.

제단의 뿔, 즉 하나님의 구원의 뿔은 죽어가는 생명을 구원하는 절대의 힘이 있었다. 그러나 이스라엘의 범죄가 가중될 때 하나님께서는 이스라엘을 멸하기 위해서 제단의 뿔을 내리치신다고 했다. 이 말은 누구도 구원시킬 수 없다는 하나님의 의지이다. 더 나아가

서는 회개를 촉구하는 하나님, 이스라엘을 사랑하는 하나님의 연민의 표현이기도 하다. 코로 숨 쉬는 인간은 그 누구도 하나님의 뿔의 힘에 도전할 자 아무도 없다. 로마의 뿔도 무너졌으며, 바빌론, 앗수르의 거대한 뿔도 꺾이고 무너졌다. 여호와의 능력의 뿔만이 영원히 빛날 것이다. 인간은 마무리 위대해도 그의 뿔을 여호와의 뿔과 족히 비교할 수 없다. 하늘과 땅의 차이가 되기 때문이다.[149]

2. 카란(קָרַן)일 경우

וַיִּרְא֞וּ בְנֵֽי־ יִשְׂרָאֵל֙ אֶת־ פְּנֵ֣י מֹשֶׁ֔ה כִּ֣י קָרַ֖ן ע֣וֹר פְּנֵ֑י
מֹשֶׁ֑ה וְהֵשִׁ֨יב מֹשֶׁ֤ה אֶת־ הַמַּסְוֶה֙
עַל־ פָּנָ֔יו עַד־ בֹּא֖וֹ לְדַבֵּ֥ר אִתּֽוֹ׃[150]

---

149) 이병렬, *op. cit.*, pp. 71-72.
150) 원어성서원, *op. cit.*, p. 560.

(출 34:35) "그리고 이스라엘의 아들들이 보았다,

모세의 얼굴을,

곧 모세의 얼굴의 피부가 광채를 발하고 있음을;

그러면 모세는 그 얼굴 덮개를 다시 그의 얼굴 위에 두었고,

그가 그분과 말씀하러 들어갈 때까지."

קָרַן (7160 카란) קָרַן 칼 완료 3인 남성 단수, VQAZMS, '빛을 발하다, 광채가 나다, 빛나다'의 뜻이다.[151] 케렌은 '광채, 광선 ray'이란 의미를 나타낸다. 합 3:4에서 "광선이 그 손에서 나오니"라고 말한다. 양편에서 광채가 난다는 것이다. 모세의 얼굴에서 발한 하나님의 권능의 광채가 뿔 모양으로 묘사된 것은 적절하다(출 34:29). 라틴어역본에는 이를 모세에게 "뿔이 났다"로 번역했다. 이를 따라 서양에서는 뿔난 모세를 나타내는 예술 작품들이 많이 있다. 신 33:2에는 "그 오른손에는 불같은 율법이 있도다"라고 되어 있다. 이것은 아마도 빛으로 번쩍거렸을 두개의 돌 판을 가리키는 말일 것이다. 여기서 "손"은 그저 대체적인 표현에 불과한 까닭에 이것을 손끝에서 빛이 발산되었다는 식으로 생각하거나(이는 성경적인 표현법이 아니다) 하나님의 행위에 의해 결과된 이적인 것처럼 여겨서는 안 된다. 단지 우리는 그것을, 하나님의 임재의 빛이 양쪽, 곧 모든 방향으로부터 흘러 나왔다는 사실을 의미하는 것으로 보아야 할 것이다. 그 권능이 그 속에 감추었도다. 그의 장엄한 권위가 그 형언할 수 없는

---

151) 김용환, *op. cit.*, p. 615.

빛 속에 감추어져 있다는 뜻이다. 그분은 옷을 입음 같이 빛을 입으시사(시 104:2) 그 눈부신 광채를 육안으로는 바라볼 수가 없다(출 24:17, 딤전 6:16).[152]

"케렌"이 "카란"으로 변하면 '빛나다, 반짝이다, (태양이) 비치다, 눈부시다, 찬란히 얼굴이 빛나다be radiant, 'of face', 빛나는 얼굴' 등을 의미하며, 구약성경에서 "카란"이란 말이 딱 4번 나온다. 3번은 "모세의 얼굴"을 말할 때이고, 1번은 시편에 나온다(출 34:29, 출 34:30, 출 34:35, 시 69:31).

> (출 34:29b) "…모세는 자기가 여호와와 말씀하셨음을 인하여 얼굴 꺼플에 광채가 나나 깨닫지 못하였더라."

> (출 34:35) "이스라엘 자손이 모세의 얼굴의 광채를 보는 고로 모세가 여호와께 말씀하러 들어가기까지 다시 수건으로 자기 얼굴을 가리웠더라."

"קָרַן עוֹר פָּנָיו (카란 오르 페네이) – 그의 얼굴 가죽(몸)이 찬란하게 빛났다"의 내용이다.

모세가 시내 산 "사벨무사"에서 하나님과 대면 후 십계의 돌 판을 들고 산 아래로 내려올 때 그의 얼굴이 태양처럼 빛났음을 본문 성경은 말하고 있다. 그러나 모세는 하나님의 말씀에 심취하여 자신의 얼굴이 변했음을 의식하지 못했다.

---

152) 이병철, *op. cit.* 7161.

모세의 얼굴에는 그의 권위를 자랑하는 '뿔'(케렌)이 아니라, 하나님의 영광을 드러내는 광채(카란)로 빛나고 있었다.

덜된 인간이 엉덩이에서 뿔난다는 식으로 하찮은 권력이나 금력 그리고 자기 명성인 뿔을 자랑한다. 그러나 하나님의 사람은 자기가 아니라 하나님의 권위와 능력과 구원을 자랑한다. 근본적으로 인간이 사는 방법이 다르다.

지상생활에 만족하는 사람은 자기의 '뿔'(케렌)을 높이 처들고 자기를 과장하고 자랑하면서 허위를 드러낸다. 그러나 내세를 지향하는 사람, 즉 이 땅에 살고 있으면서 천상을 바라보는 사람은 유한한 인간의 뿔을 자랑치 아니하고 하나님의 영원한 뿔, 광채가 번득이는 생명의 뿔을 높이고 자랑한다.

가장 가까운 거리에서 하나님과 대면한 모세는 그 얼굴에 광채가 빛났다. 그러나 그는 그것을 알지 못했다. 물론 자랑치도 아니하고 그 자신의 영광을 드러내지도 아니하였다.

오늘 우리에게 필요한 것은 '뿔'(케렌)이 아니라 모세처럼 빛나는 하나님의 광채이다.

빛 자체가 아니라 빛나는 얼굴이다. 꾸밈이나 가식의 얼굴이 아니고 하나님 앞에선 맑고 깨끗한 양심에서 풍기는 티 없이 밝은 얼굴이다.

예수님은 참 빛으로 이 세상에 오셨다(요 3:19). 우리는 빛이 아니다. 그러나 예수님의 빛을 다시 비추는 일을 해야 한다. 이렇게 하기 위해서는 우리 얼굴이 한없이 맑고 깨끗해야 한다. 그리스도의 광채가 나를 통해서 비추어야 한다.

그리고 "케렌"으로는 불가능함을 알아야 한다.

오직 하나님의 광채(카란)로만 가능하다.[153]

"케렌"이 아니라 "카렌"으로!

---

153) 이병렬, *op. cit.*, pp. 72-73.

12장

'알레 케레하, 알레 케레하'(עֲלֵה קֵרֵחַ עֲלֵה קֵרֵחַ)

분열왕국 후 북이스라엘의 여호와 신앙 회복을 위해 사역하던 엘리야가 선지자 직을 마감하고 대신 엘리사가 선지자 직을 계승하는 과정과 엘리사의 초기 이적 사역을 다루는 내용이 진행되는데 본문은 그 내용 중의 한 사건이다.

분열왕국 후 초기 북조 이스라엘은 10지파의 호응을 얻어 정치적으로는 어느 정도 안정을 누렸다. 그러나 종교적으로는 큰 혼란기였다. 느밧의 아들 여로보람이 북조왕국 초대왕위에 오르자 애굽에 망명 시에 보고 느낀 금송아지를 만들어 벧엘과 단에 안치해 놓고 혼합종교를 만들러 하나님의 백성을 현혹했기 때문이다.

그는 이처럼 하나님의 뜻을 정면도전, 악의 길을 치닫고 있던 이스라엘은 드디어 아합의 통치시대에 이르자 종교 악이 극에 달하였다.

보고 있을 수 없었던 하나님께서는 두 사람의 위대한 선지자 (נָבִיא, 나비이)를 북 왕국 이스라엘에 보내셨다. 이 두 선지자는 전적으로 하나님의 사람(אִישׁ הָאֱלֹהִים, 이쉬 하엘로힘)이었다. 두 선지자 모두 장차 오실 예수님의 예표가 되는 사람이었다.

악의 큰 뿌리의 제거는 보통 인물로는 불가능하기 때문에 가장 위대한 선지자 엘리야(אֵלִיָּהוּ, 하나님은 여호와이시다)를 보낸 것이다. 그리고 이어서 그의 후계자로 엘리사(אֱלִישָׁע, 하나님은 구원이시다)를 다시 보낸 것이다. 기록 예언자들이 나오기 전 이 두 선지자는 북조 이스라엘에서 가장 위대한 예언자였다.

선지자로서 뛰어난 업적을 남긴 엘리야는 어느 날 요단강이 흐르는 남부 저지대 유다광야에서 하나님의 의해서 홀연히 하늘로 올리어 갔다. 그래서 엘리야는 죽지 않고 이 지상에 있지 않았다. 엘리사는 결사적으로 엘리야께 간구하여 그의 능력의 계승권 자가 되었다. 그는 혼신의 힘을 기울여 능력을 부여받은 것이다. 엘리야는 하늘로 올라가면서 또 하나의 엘리야를 탄생시킨 것이었다. 모세가 여호수아를 탄생시키고, 예수가 바울을 탄생시키듯이, 엘리야는 엘리사를 탄생시킨 것이었다.

엘리사는 요단강이 흐르는 유다광야에서 자기 겉옷을 찢어버리고 카리스마가 있는 엘리야의 겉옷을 몸에 걸치고 '여리고'로 돌아왔다. 엘리야가 승천한 곳에서 '여리고'는 그리 먼 곳이 아니다. 고대도시 '여리고'는 시원한 물줄기가 있는 곳으로 비교적 식물이 풍성한 곳이었다. 그러나 물에서 생기는 어려움이 있었다. 이것을 엘리사는 간단한 방법으로 기적을 베풀어 좋은 물을 만들어 주었다. 그 물은 오늘도 말없이 흐르고 있으며, 순례자들에게 시원한 생수를 공급해 주고 있다.[154]

---

154)　이병렬, *op. cit.*, pp. 68-69

그 후 엘리사는 저지대에 있는 '여리고'에서 중부 산악지대에 있는 벧엘(בֵּית-אֵל, 하나님의 집)을 향해서 여리고 계곡을 따라 올라가고 있었다. 이때 엘리사로서는 그의 심정이 매우 착잡했을 것이다. 그의 스승 엘리야는 승천해 지상에 있지 않으며, 북조 이스라엘은 정치적으로 안정기가 아니었다. 이때 북조는 여호람(B.C. 852-841)이 통치하고 있었으며 그의 아버지 아합 보다는 다소 선량한 편이었다. 그러나 여전히 느밧의 아들 여로보암이 지은 죄의 길로 가고 있었다(왕하 3:3). 그리고 아합이 죽자 모압이 강국으로 등장하여 이스라엘을 배반하였으며, 아람 누리아의 밴 하닷 1세는 큰 세력으로 등장하여 끊임없이 이스라엘을 침략하여 백성들에게 큰 고통을 안겨 주었다. 이처럼 종교적으로나 정치적으로 혼란기에 처한 이스라엘을 구할 자는 선지자 엘리사선지자 뿐이었다. 정치적으로, 종교적으로, 정신적으로 방황하고 있는 이스라엘을 구할 자는 하나님의 사람 엘리사 외에 아무도 없었다. 벧엘 가까이 중부산악지대로 들어서자 갑자기 젊은 아이들이 계획이나 한 듯이 때로 몰려와서 엘리사를 조롱하기 시작했다. "대머리여 올라가라, 대머리여 올라가라"라며 떠들기 시작했다.

וַיַּעַל מִשָּׁם בֵּית־אֵל וְהוּא עֹלֶה בַדֶּרֶךְ וּנְעָרִים קְטַנִּים יָצְאוּ מִן־הָעִיר וַיִּתְקַלְּסוּ־בוֹ וַיֹּאמְרוּ לוֹ עֲלֵה קֵרֵחַ עֲלֵה קֵרֵחַ׃[155]

---

155) 원어성서원, *op. cit.*, pp. 2125- 2126.

필자 사역

(왕하 2:23) "그가 거기서 벧엘로 올라가고 있었는데,

그가 길을 따라 올라갈 때에,

성읍에서 나온 어린 소년들이

그를 조롱하며 그에게 말하였다.

'올라가라, 대머리야! 올라가라, 대머리야!'"

'젊은 아이들'(어린 소년들)은 "קְטַנִּים וּנְעָרִים, 우네아림 케탄님"이며, '아이들'은 נַעַר(5288, 나아르) וּנְעָרִים 우네아림, 접속사-명사 남성 복수, C. NMP, '아이, 소년, 젊은이, 남자, 소년, 종, [20세 정도의] 젊은이'의 뜻이다.[156]

'나아르'는 נָעַר(5287, 나아르)에서 유래했으며, '흔들다, (흔들어)떨어버리다, 부르짖자, 으르렁거리다'의 뜻이 있다.[157]

'젊은' קָטָן(6996, 카탄) קְטַנִּים 형용사 남성 복수, AMP, '작은, 어린, 하찮은, 중요치 않는, 무가치한'의 뜻이다.[158]

'카탄'은 קוּט(6962, 쿠트)에서 유래했으며, '혐오하다, 몹시 싫어하다, 미혹되다, 더럽히다'의 뜻이 있다.[159]

참으로 어처구니없는 사건이 백주에 벌어진 것이다.

이스라엘의 부족사회에서는 흔히 볼 수 없는 사건이 벌어진 것이다. 여기 '젊은 아이들'은 소년기에 접어든 아이들, 즉 우리나라 중학

---

156) 김용환, *op. cit.*, p. 449.

157) *ibid.*

158) *ibid.*, p. 601.

159) *ibid*, p. 598.

생 정도에 해당하는 아이들이다. 철부지의 어린 아이들이 아니다. 자기 말에 대한 책임을 면할 수 있는 아이들이 아니다.

다시 말해 자신들의 말을 책임질 수 있는 소년들이다. 이스라엘에서는 남자아이 13세가 되면 성인식을 하여 성년이 되며 자기 일을 자기가 책임지는 나이에 해당된다.

그리고 성경을 가르칠 수 있는 자격을 얻게 되는 나이이다.[160]

'나아르'는 유아나 이유기의 어린 아기(출 2:6, 삼하 12:16, 삼상 1:24), 어린아이나 작은 아이들, 작은 소년(왕상 2:23-24), 청소년(삼하 14:21, 삼하 18:5), 왕의 종이나 신복들(왕하 19:6), 병사들(왕하 20:15 이하), 그리고 가정의 사환이나 하인(삼하 16:1, 왕하 4:19 이하)에 대해 사용되었다.

그러므로 나아르는 유아와 혼기 사이의 청소년을 가리키는 것 같다.

나아르(נַעַר, 5288)는 나아르(נָעַר, 5286, 으르렁거리다)에서 파생하였을 가능성이 크다.

이 단어의 아랍어 동족어는 '으르렁거리며 말하다grunt, '소리치다cry, scream', '으르렁거리다', '포효하다roar', '노호하다', '큰소리치다bellow'라는 의미를 포괄하고 이에 보다 적극적인 의미인 '용솟음치다gush forth', '심하게 움직이다agitate'를 함축한다.

남부 아랍 파생 언어인 이디오피아의 티그레이tigre어에서 이 어근은 '반역을 선동하다instigate revellion'라는 동사 및 '해악mischief', '반란',

<hr>

160) 이병렬, *op. cit.*, p. 70.

'폭동revolt'이라는 명사로 쓰인다.[161]

이스라엘 백성들은 소년기부터 가정에서 율법을 배워야만 했다. 그들의 부모는 자녀들에게 율법을 가르쳐서 그들이 하나님의 언약 백성으로서 바르게 살아가도록 인도해야 되는 의무를 가졌고 자녀들은 그 부모들에게 절대적으로 순종해야 되는 의무를 지녔다(신 21:18-21). 이처럼 이스라엘은 율법이 중요하게 여겨지는 사회였을 뿐 아니라 율법을 가르치는 자가 존중받는 사회였다. 그런데 본문에서는 율법을 가르치는 선지자를 존경하여야 할 청년들이 하나님의 선지자를 조롱하고 있다.

이는 표면적으로는 하나님의 선지자를 조롱하고 모욕하는 것이지만 이면적으로는 그를 세우신 하나님의 권위에 도전하는 행동이라 할 수 있다(대하 36:16; 눅 23:36).[162]

이는 그들이 나온 곳이 '벧엘'이었다는 사실에서도 짐작할 수 있다. 본문에서 엘리사가 향하여 가고 있는 벧엘은 선지 학교가 있는 곳이기도 했지만 일면 그곳은 여로보암 이래 우상 숭배의 어머니 도시라 불릴 만큼 타락한 도시였다(왕상 12:28, 29). 본문에서 엘리사를 만나게 된 이들 일단의 무리들은 이 같은 우상 숭배에 심각하게 오염되어 여호와 신앙을 반대하고 우상 숭배를 적극 추종하였던 자들로 볼 수 있다.[163]

이런 아이들이 몰려와서 "알레 케레하, 알레 케레하(עֲלֵה קֵרֵחַ עֲלֵה קֵרֵחַ, 머리 벗겨진 자야 올라가라, 머리 벗겨진 자야 올라가라)"하면서

---

161) 이병철, *op. cit.*, 5288.

162) 한성천·김시열, 옥스퍼드 원어성경대전, 029:열왕기하 제1-8장, (서울: 제자원, 2004), p. 159.

163) *Ibid.*, p. 160.

크게 조롱하였다.[164]

　'조롱하여' קָלַס (7046, 칼라스) וַיִּתְקַלְּסוּ־ 와우 계속법-히트파엘 미완 3인 남성 복수, CW. VTIZMP. '조롱하다, 멸시하다, 싫어하다, 비웃다, 무시하다'의 뜻이다.[165]

　어른을 향해서는 쓸 수 없는 가장 나쁜 말이다. 더구나 종교적 지도자에게는 쓸 수 없다. 그리고 사람이 범죄하여 조롱의 대상이 될 때, 이때 쓰는 말이다(겔 22:5). 그리고 또 사람을 업신여길 때 쓰는 말이다(합 1:10). 이처럼 '칼라스'는 나쁜 말이다. 이처럼 나쁜 말을 하나님의 사람을 향해서 서슴지 않고 사용했다. 그리고 더 나아가서는 '대머리여'의 히브리어 '케레하(קָרֵחַ)'는 종교적인 지도자에게는 감히 할 수 없는 낱말이다.

　왜냐하면 '케레하(קָרֵחַ)'란 뒷머리 부분이 벗겨진 사람으로 점잖치 않고 어딘지 종교적으로 결함이 있는 사람을 뜻한다. 그리고 '대머리여'는 인간의 사소한 결함을 들어 거룩한 직분을 모독한 의미도 된다. 이것은 야만적인 수법이며 몰인정한 행동이다.

　그리고 극단적으로 표현하면 나병(문둥병) 발병 초기 머리가 빠지는 상태에서 '케레하(קָרֵחַ)'라고 한다(레위기 13:42). 만일에 아이들이 엘리사를 초기 나병환자로 보고 조롱했다든지, 또는 그의 결함을 보고 얕보는 자세로 우롱했다면 이것은 도무지 용납 받을 수 없는 처사이며 행동이다.[166]

　그러나 엘리사는 나병에 의하여 대머리가 된 것은 아니었다. 그

---

164)　이병렬, *op. cit.*, p. 70.
165)　김용환, *op. cit.*, p. 605.
166)　이병렬, *op. cit.*, p. 70.

러므로 이는 비난받을 일이 아니었다. 그럼에도 불구하고 엘리사가 대머리란 점을 군이 지적한 것은 엘리야가 머리가 길고 술이 많은 것에 비해(1:8), 그의 계승자라는 엘리사는 엘리야와 너무 다른 대머리인 것을 비꼬아서 엘리야의 계승자라는 점을 부인하며 조롱한 것이었다고 볼 수 있다. 한편 본문의 이 표현을 이들은 2번이나 반복하였는데 이 역시 이들의 조롱의 말이 우연히 나온 것이 아니라 고의적으로 계획된 것임을 드러내고 있다.

그리고 이는 이들이 얼마나 집요하게 엘리야를 이어 하나님의 역사를 감당하려는 엘리사를 대적하려 했는지를 드러내 주고 있다. 이는 단순히 엘리사 개인에 대한 조롱이 아니라 엘리사를 엘리야의 선지직의 계승자로 삼으신 하나님의 결정과 권위에 대한 모독이기도 하다.

아울러 '올라가라'는 이 표현은 본장 서두에 있었던 엘리야의 승천 사건을 상기시켜 주는 말이다. 이에 해당하는 '알레(עֲלֵה)'의 원형은 '알라(עָלָה)'로서 엘리야의 승천을 묘사하는 문장에서 직접적으로 사용된 단어이기 때문이다(11절). 따라서 이 조롱의 말과 당시 벧엘에서 나온 이들의 의도를 연결시켜 생각해보면 본문의 '올라가라'는 말은 "너의 스승 엘리야가 하늘로 승천한 것처럼, 엘리사 너 역시도 하늘로 사라질 것이지, 어째서 벧엘에 발을 들여놓으려 하느냐"라는 뉘앙스가 담겨진 것으로 풀이된다. 즉 이들의 이 같은 말에는 엘리사의 벧엘 진입을 막고 그의 사역을 대적하기 위한 의도가 있었던 것으로 이해할 수 있다.[167]

---

167) 한성천·김시열, *op. cit.*, pp. 160-161.

엘리사가 벧엘을 지나간다는 소문을 듣고 벧엘의 청년들이 즉시 나와서 단체로 하나님의 선지자를 멸시하고 있는 것이다. 이들의 행위는 단순한 집단행동을 넘어서 하나님의 사역에 대한 도전이며 반역을 선동하는 행동이다. 성읍의 청년들은 스스로 큰 소리를 지르며 엘리사를 무시하고 싫어하는 행동을 했다. 엘리야가 승천하였다는 소식을 들은 벧엘 사람들은 자신들의 우상숭배를 회개하고 신앙을 회복해야 했을 것이다. 그러나 그들은 복음을 거부하며 기적의 역사하심을 믿으려는 의지가 없는 심판의 대상이 되는 자들이었다.[168]

엘리사가 의분을 일으켜 여호와의 이름으로 저주하였다.

$$\text{וַיִּ֤פֶן אַחֲרָיו֙ וַיִּרְאֵ֔ם וַֽיְקַלְלֵ֖ם בְּשֵׁ֣ם יְהוָ֑ה וַתֵּצֶ֜אנָה שְׁתַּ֣יִם דֻּבִּ֗ים מִן־הַיַּ֙עַר֙ וַתְּבַקַּ֣עְנָה מֵהֶ֔ם אַרְבָּעִ֥ים וּשְׁנֵ֖י יְלָדִֽים:}^{[169]}$$

필자 사역

(왕하 2:24) "그가 뒤돌아 그들을 보고,

여호와의 이름으로 그들을 저주하자,

숲에서 두 마리의 암곰이 나와 그들 가운데서

마흔둘의 아이들을 갈라 찢었다."

---

168) 이성호, 엘리야와 엘리사의 기적, (경기도: 도서출판 헤세드, 2021), p. 59.
169) 원어성서원, op. cit., p. 2126.

'저주하매' קָלַל(7043, 칼랄) וַיְקַלְּלֵם 와우 계속법-피엘 미완 3인 남성 단수-3인 남성 복수, CW. VPIZMS - ZMP. '하찮다, 시시하다, 보잘것없다, 가볍다, 줄어든다, 비천하다, 낮아지다, 흔들리다, 업신여기다, 저주하다, 욕하다'의 뜻이다.[170]

엘리사가 여호와의 이름으로 젊은 청년들에게 저주를 선포했는데 이는 율법에 의해서 하나님의 일꾼들이 불순종하는 자에게 즉시 저주하도록 하는 모세오경에 근거한 것이다(신 27:14-26). 우상숭배에 빠져있는 자들은 심판의 대상이다.

특히 여호와를 떠나 우상숭배에 빠져있는 이스라엘 백성에 대한 심판을 상징할 뿐만 아니라, 사역의 시작을 알리는 엘리사의 신적 권위를 증명하는 자리이기도 하다.

그래서 엘리사는 여호와의 이름으로 부정한 자들을 저주했던 것이다.[171]

'곧 수풀에서 암곰 둘이 나와서'(וַתֵּצֶאנָה שְׁתַּיִם דֻּבִּים מִן הַיַּעַר, 왓테체나 쉣타임 뚭빔 민 하이야아르) '왓테체나'는 '야차'(יָצָא, 3318)의 '와우 계속법'으로 쓰였다. 즉, 엘리사가 저주를 내리자마자(즉시) 마치 암곰 둘이 그 저주의 말씀을 기다리기도 한 것처럼 수풀에서 갑자기 나왔다는 것이다. 또한 수곰보다 더 사납기로 알려진 암곰의 등장은 엘리사의 초자연적 능력을 부각시키는 동시에, 한 마리가 아닌 두 마리가 나타났다는 것은 이 사건이 우연한 사건이 아닌 선지자의 저주에 의한 필연적 사건임을 입증하는 역할을 한다. 즉 이 사건에

---

170) 김용환, *op. cit.*, p. 604.
171) 이성호, *op. cit.*, p. 60.

등장하는 암곰 두 마리 역시 과거 '아하시야'가 엘리야를 체포하기 위해 파견하였던 군대에게 2번에 걸쳐 임했던 불(1:10, 12)과 같은 성격의 것으로 하나님이 보내신 것이다.[172]

'찢었더라' בָּקַע(1234, 바카) וַתְּבַקַּעְנָה 왓테바카으나, 와우 계속법-피엘 미완 3인 여성 복수, CW. VPIZFP. '쪼개다, ~을 뚫다, 부수다, 분리하다, 갈라지거나 터져 열리다, 헤치고 나가다'의 뜻이다.[173]

이 동사는 열왕기에서는 대부분 이스라엘에 대한 심판의 맥락에서 사용되었다. '찢다'(왕하 2:24), '충돌하다'(3:26), '(배를 칼로)가르다'(8:12, 15:16), '(구멍을)뚫다(25:4)' 등이다.

그런 의미에서 벧엘의 불경건한 자들에 대한 이 응징의 사건은 하나님의 말씀에 불순종할 뿐 아니라 그를 멸시하는 자들이 장차 당하게 될 엄중한 심판을 예시하는 것이다.[174]

이 사건은 엘리사의 소명에 대한 적대 행위가 되며, 이스라엘의 불행을 자초하는 결과가 되기 때문에 용납이 되지 않는다. 이 아이들의 집단적이며, 계획적인 모임, 그리고 사악한 방종을 그대로 둘 수가 없다. 그대로 두면 더 큰 악이 나오기 때문이다.

악의 뿌리는 일찍 제거할수록 좋다. 이 소년들은 벧엘 근방의 아이들이다.

벧엘은 여로보암 1세가 세운 금송아지가 있는 제단이다(왕상 12:28-33). 이방 신전이 있는 근방에서 나쁜 영향을 받은 것이 분명하다. 그 아이들은 벧엘에서 거짓 신전에서 불신풍토 속에서 자란

---

172) 한성천·김시열, *op. cit.*, p. 162
173) 김용환, *op. cit.*, pp. 104-105.
174) 한성천·김시열, *op. cit.*, p. 162.

것이 분명하다.[175)]

본문에서 42명의 젊은이들이 재앙을 받아 죽은 사실을 밝히는 것은 특별한 의미를 갖는다. 암곰들이 본능에 입각하여 젊은이들을 무작정 죽인 것이 아니라, 하나님의 지시에 따라 42명만을 죽였다는 것이다. 이 숫자는 후에 예후가 하나님의 심판의 도구가 되어 아합 왕가를 심판할 때 죽였던 아합 왕가와 사돈지간인 유다 왕 아하시야의 형제들의 숫자와 동일한 것이다(10:14).[176)]

> (왕하 10:14) "이르되 사로잡으라 하매 곧 사로잡아
>
> 목자가 양털 깎는 집 웅덩이 곁에서 죽이니
>
> 사십이 명이 하나도 남지 아니하였더라."

이러한 사실은 이 일련의 재앙 사건들이 우연의 산물이 아닌 하나님의 뜻에 의해 실행된 것임을 증거 한다. 여리고의 물을 정화하여 백성들의 생명을 살렸던 앞 단락(19-22절)의 사건과 짐승을 동원하여 젊은 아이들을 죽인 본 단락의 사건은 서로 대조하여 이스라엘 백성들의 생사화복을 주장하시는 분은 오직 여호와이심을 나타내시는 것이다.[177)]

암곰이 찢었던 청년들의 수가 42명이다. 42라는 숫자의 의미는 하나님의 뜻과 충돌, 적그리스도의 수를 예표, 상징한다. 엘리사에게 조롱하던 42명은 하나님의 사역과 엘리사의 승천에 충돌을 일으키

---

175)　이병열, *op. cit.*, p. 71.

176)　한성천·김시열, *op. cit.*, p. 162.

177)　*ibid.*

고 있다는 것이다. 이들은 말씀의 침략자들이며, 하나님의 분노를 일으킬 자들이다.[178]

이스라엘의 자녀교육은 신명기 6:4-9절에 근거한다. 모든 가정에서 부모가 모든 자녀에게 부지런히 반복해서 주의 말씀을 가르쳐야 한다. 그래서 이스라엘 집안에서는 악에 물든 아이들이 나온 일이 없다. 악한 왕으로 유명한 아합도 자기 자식들에게는 하나님이 기뻐하시는 이름을 지어 불렀으며, 바른 교육을 시키려고 애를 썼다. 그래서 여호람은 그 부모(아합과 이세벨)와 같이 하지는 않았다(왕하 3:1-2).

이 소년들은 우상 전당이 있는 벧엘 신전 곁에서 나쁜 영향을 받고 자랐다.

그 결과가 화를 자초했다. 이 책임은 벧엘의 우상 신전과 부모들과 아이들 자신에게 있다. 누구도 원망할 수 없다. 하나님이 하신 일이다. 하나님의 행동은 의에 근거한 행동이기 때문에 가장 공평한 것이다. 이 사건이 오늘 우리에게 주는 교훈은 바른 종교에 근거한 철저한 교육을 어릴 때부터 시켜 하나님이 필요한 사람, 우리 민족이 필요한 사람을 만드는 데 힘써야 할 것이다.[179]

חֲנֹךְ לַנַּעַר עַל־פִּי דַרְכּוֹ גַּם כִּי־יַזְקִין לֹא־יָסוּר מִמֶּנָּה׃

(잠 22:6) "마땅히 행할 길을 아이에게 가르치라 그리하면 늙어도 그것을 떠나지 아니하리라."

---

178) 이성호, *op. cit.*, p. 60.
179) 이병렬, *op. cit.*, pp. 71-72.

  히브리 사상으로 본 주제별 연구 시리즈 1

13장

'쉐마 이스라엘'(שְׁמַע יִשְׂרָאֵל) (1)

'쉐마'는 613가지 율법 중에 175번째부터 시작되는 신 6:4-9, 11:13-21, 민 15:37-41을 말한다. 대표적인 '쉐마'는 신명기 6:4-9이다.

(신 6:4-9) 이스라엘아 들으라, 우리 하나님 여호와는 오직 유일한 여호와이시니, 너는 마음을 다하고 뜻을 다하고 힘을 다하여 네 하나님 여호와를 사랑하라.

오늘 내가 네게 명하는 이 말씀을 너는 마음에 새기고, 네 자녀에게 부지런히 가르치며 집에 앉았을 때에든지 길을 갈 때에든지, 누워 있을 때에든지 일어날 때에든지 이 말씀을 강론할 것이며, 너는 또 그것을 네 손목에 매어 기호를 삼으며 네 미간에 붙여 표로 삼고, 또 네 집 문설주와 바깥문에 기록할지니라.

만일에 아들이 축제를 하고 밖에서 돌아와서 아직 '쉐마'를 암송하지 않았다고 말하면 "새벽이 아직 멀었으니 이제라도 암송하기 시작하라"고 말해주어야 한다. 모든 경우에 '쉐마'는 새벽까지 암송하여

야 한다. 새벽은 해 뜨기 한 시간 십오 분 전을 말한다.[180]

שְׁמַע יִשְׂרָאֵל יְהוָה אֱלֹהֵינוּ יְהוָה אֶחָד:[181]

필자 사역

(신 6:4) "들으라, 이스라엘아.

여호와는 우리의 하나님이시요,

여호와는 오직 하나이시다."

'이스라엘아 들으라.'(שְׁמַע יִשְׂרָאֵל, 쉐마 이스라엘) 그 유명한 '쉐마'가 시작되는 첫마디이다. 원어 성경으로 볼 때 본 절은 6개의 단어로 구성되어 있으며, 그 첫 단어가 '들으라'는 뜻이 있는 '쉐마'이다. 따라서 본 단락은 이 첫 단어를 따라 '쉐마'(שְׁמַע, shema)로 불린다. 랍비들의 전승에 따르면 '쉐마'는 원래 6단어로 6:4만을 일컬었으나 후에 5절이 포함되었고, 더 나아가 본문부터 시작하여 한 단락을 이루는 4-9절까지를 일컬었다.[182]

뿐만 아니라 이 부분(제1부분)에 이어 11:13-21(제2부분), 민15:37-41(제3부분)도 '쉐마'에 포함하게 되었다.

한편 제1 '쉐마'에 해당하는 6:4-9 부분은 유일신 여호와에 대한 신앙고백으로부터 시작하여 항상 계명을 상기하며 명심함으로써 여호와의 사랑을 나타내어야 한다는 명령과 자녀에게 그 말씀을 가르

---

180) 강문호·쉐마, <u>이렇게 입고 기도하라, 이렇게 입고 읽어라</u>, (서울: (주) 한국가능성 개발원, 1996), p. 19.

181) 원어성서원, *op. cit.*, p. 1130.

182) 한성천·김시열, <u>옥스퍼드 원어성경대전, 013:신명기 제1-11장</u>, (서울: 제자원, 2006), p. 402.

처야 한다는 명령으로 되어 있다. 그리고 추가된 신 11:13-21은 이 명령에 순종하였을 때 주어지는 축복과 불순종하였을 때 주어지는 저주가 무엇인지를 제시한다. 마지막으로 민 15:37-41은 여호와의 명령을 기억하게 하기 위하여 옷단 귀에 술을 만들어 달도록 하는 규정이 기록되어 있다. 유대 랍비들은 7절에 근거하여 이 '쉐마' 본문을 아침저녁으로 암송하는 의식을 제정하였으며, 이 '쉐마' 규정의 준수 여부는 진실 된 유대인임을 확인하는 기준으로 삼았다.[183]

'오직 하나' אֶחָד, (259, 에하드) אֶחָד:, 형용사 기수 남성 단수, ACMS, '하나, 유일한, 첫째, 똑같은, 동일한, 연합한, 동일하다, 일정하다'의 뜻이다.[184]

"여호와는 오직 하나인 여호와시니"에서 일치속의 다양성에 관한 문제는 신학적인 의미를 함축하고 있다. 어떤 학자들은 비록 "하나(one)"가 단일한 것이라 하더라도 이 단어의 용법은 삼위일체 교리를 고려하고 있다고 생각했다. 이 교리가 구약성경에 예시되어 있다고 하는 것이 사실이긴 하지만, 이 구절은 한 분 하나님이 계시며 이스라엘은 오로지 그분에게 충성해야 한다는 사실에 집중하고 있다(신 5:9, 신 6:5). 신약성경도 엄격히 말해 일신교 적이지만, 동시에 일치 속에 다양성을 가르치고 있다(약 2:19, 고전 8:5-6).

사전적, 구문론적 어려움들은 NIV에 이 구절에 대한 번역이 많이 제시되어 있다는 사실에서 고찰될 수 있다. "여호와 곧 여호와만이 우리의 하나님이시다(the LORD is our God, the LORD alone)"라는 번

---

183) *ibid.*, p. 403.
184) 김용환, *op. cit.*, p. 26.

역을 택하는 것은 이 신명기의 광범위한 문맥에서나 직접적인 문맥에서 볼 때, 적절하다. 신 6:4은 "여호와를 사랑하라"(신 6:5)는 명령을 지키도록 이스라엘을 자극시키기 위한 도입어구로 사용된다. 여호와는 이스라엘의 유일한 하나님이라는 관념은 이 명령에 아주 잘 어울린다(참조, 아 6:8 이하).

더구나 이 두 관념, 즉 이스라엘과 여호와의 유일한 관계, 그리고 그를 사랑해야 하는 이스라엘의 의무는 신명기에 기록된 모세의 설교의 중심적인 관심사이다(참조, 신 5:9 이하, 신 7:9, 신 10:14 이하, 신 10:20 이하, 신 13:6, 신 30:20, 신 32:12).

마지막으로, 스가랴는 이 본문을 이런 의미로 사용하여 그것을 우주적으로 종말에 관련지어 적용시키고 있다.

(슥 14:9) "여호와께서 천하의 왕이 되시리니 그 날에는 여호와께서 홀로 하나이실 것이요 그 이름이 홀로 하나이실 것이며"[185]

본문을 원어 성경의 순서대로 직역하면 '여호와 우리 하나님 여호와 하나'이며, 어는 두 가지 사설을 강조한다. 전반부는 '여호와는 우리 하나님이시다'는 내용이고 후반부는 '여호와는 한 분이시다'는 내용이다. 그러나 어를 종합하던 본문은 우리(가 믿는) 하나님이 한 분이심을 강조하는, 즉 하나님의 유일성을 알리는 구절이 된다.

이런 의미를 갖는 본문에 근거해볼 때. 성경은 일반 종교에서 말하는 다신주의(Polytheism)뿐만 아니라 혼합주의(Syncretism)를 일체

---

185)　이병철, *op. cit.*, 259.

　히브리 사상으로 본 주제별 연구 시리즈 1

배제하며, 실제로 모든 종류의 자연신론을 배제한다는 사실을 확인할 수 있다. 또한 철학적인 사상에 의해 추상적으로 창조해내는 신, 예를 들어 '절대 존재', '절대 이데아'와 같은 개념도 인정할 수 없음을 알 수 있다. 오직 한 분이신 하나님 여호와는 오직 온 세상의 구원을 위하여 이스라엘 안에서 크신 능력으로 자신을 계시하신 절대적인 살아 계신 하나님만을 가리키기 때문이다.[186]

וְאָהַבְתָּ אֵת יְהוָה אֱלֹהֶיךָ בְּכָל־ לְבָבְךָ וּבְכָל־

נַפְשְׁךָ וּבְכָל־ מְאֹדֶךָ:[187]

필자 사역

(신 6:5) 너는 네 하나님 여호와를 사랑하라,

네 모든 마음으로,

네 모든 생명(영혼)으로,

네 모든 힘으로.

'사랑하라' אָהֵב (157, 아헤브) וְאָהַבְתָּ 웨아하브타 접속사-칼 완료 2인 남성 단수, C. VQAYMS, '사랑하다, 좋아하다, 사랑스러운, 기뻐하다, 즐기다, 사랑하는 자'의 뜻이다.[188]

본 절을 시작하는 말이 '와우' 접속사로 시작한다는 사실은 본 절이 우리 하나님이 한 분이시라는 내용의 앞 절과 긴밀하게 연결되어

---

186) 한성천·김시열, *op. cit.*, 403.

187) 원어성서원, *op. cit.*, p. 1131.

188) 김용환, *op. cit.*, p. 18.

있다는 사실을 알게 한다. 정리해보면 우리가 사랑해야 하는 하나님은 세상의 수많은 다른 헛된 우상이 아니고 오직 한 분이신 여호와 하나님이시라는 사실이다.

한편 '아하브'(אהב) 동사는 인간과 하나님과의 관계에서 뿐만 아니라(4:37; 11:1) 인간이 인간을 사랑하는 경우에도 사용되는 단어이다. 호세아서의 경우 남편과 아내의 사랑(호 3:1), 아버지와 아들의 사랑(호 11:1)을 나타내는 데 있어서도 이 단어가 사용 되었다는 것은 바로 '아하브(אהב)' 동사가 매우 실제적인 차원의 사랑임을 보여 준다.

이렇게 하나님을 사랑하라는 명령에서 특별히 구별된 단어를 사용하지 않고 인간이 익히 알고 있는 평이(平易)한 단어를 사용한 것은 하나님과 인간 사이의 관계가 단지 종교적 관계에서 머무는 것이 아니라 일상생활 가운데서도 친밀한 사랑으로 나타나야 한다는 점을 강조하기 위해서이다. 결국 출애굽 후 시내 산 언약을 통해 이스라엘 백성들과 언약 관계를 맺은(출 19:5, 6; 24:1, 8) 하나님께서는 이스라엘 백성 가운데 임재 하셔서 그들 가운데 당신을 드러내어 주셨으며, 이로써 이스라엘 백성들은 형제를 사랑하듯이 하나님을 자신의 아버지처럼 또는 자신의 연인처럼 사랑할 수 있는 특권을 가지게 된 것이다.[189]

'마음을 다하고', '성품을 다하고', '힘을 다하여' 앞에 전치사 '뻬'(ב)가 각각 3번 모두 붙어 있고, 각각의 '뻬'(ב) 앞에 '모든'이라는 뜻의 '콜'(כל)이 붙어 있다. 그것은 대상의 최상, 최대의 상태를 암시하는 말이 된다. 그리고 각각의 말 귀에는 2인칭 남성단수 접미어 '카'(ך)

---

189)　한성찬·김시열, *op. cit.*, p. 404.

가 붙어 있다. 그것은 하나님 여호와를 사랑하기 위하여 동원하는 수단이 다른 사람의 것이 아니라 반드시 당사자 자신의 것이어야 함을 의미한다. 즉, 다른 사람에 의해 주입된 생각이 아니라 여호와를 사랑하라는 바로 그 사람의 마음에서 우러나오는 중심으로 하나님을 사랑해야 함을 말하고 있다.

'마음' לְבַב (3824, 레바브) לְבָבְךָ 명사 남성 단수-2인 남성 단수, NMS-YMS, '마음, 정신, 의지, 점심, 성심, 지혜 있다, 기억하다, 명심하다, 깨닫다, 결심하다, 총명하다'의 뜻이다.[190]

'레바브'는 '레브'(לֵב, 3820)와 동일하다.[191]

'마음'에 해당하는 '레바브'(לְבָב)는 사람의 가장 중심이 되는 곳이란 뜻이며, '마음을 다하고'로 번역된 '뻬콜 레보브카'(בְּכָל־לְבָבְךָ)는 '너의 모든 중심을 다하여'라고 하는 것이 원어적 의미를 살린 번역이 된다. 또한 히브리인들에게 있어서 '마음'은 자신의 생각과 의지와 감정이 모두 자리 잡고 있는 곳으로서 한마디로 '(한 사람의)인격'이라고 할 수 있다. 그러한 마음을 다해서 하나님을 사랑한다는 말의 의미는 자신의 모습을 감추는 부분이 없이 완전히 드러낸 상태에서 건실하게 하나님을 사랑한다는 의미이다.[192]

'마음'은 감정의 자리로 생각된다. 그 예로, "너는 마음을 다하고 성품을 다하고 힘을 다하여 네 하나님 여호와를 사랑하라"(신 6:5), "…그가 너를 볼 때에 마음에 기뻐할 것이라"(출 4:14, 참조: 삼상 2:1). 그래서 즐거운 마음(삿 16:25), 겁내는 마음(사 35:4), 떨리는 마음(삼상

---

190) 김용환, *op. cit.*, p. 329.
191) 이병철, *op. cit.*, 3824.
192) 한성천,김시열. *op. cit.*, p. 405.

4:13)들이 있다.

'마음'은 인간의 내적인 존재, 곧 그 자신을 대표한다. 마음은 그 자체로서 인간이 행하는 모든 것의 근원이다(잠 4:4). 사람의 모든 생각, 욕망, 말, 행동들은 그의 내부 깊은 곳에서부터 우러나온다. 그럼에도 불구하고 사람은 자기 자신의 마음을 알지 못한다(렘 17:9).

사람이 자기 자신의 방식대로 행하기를 계속할 때, 그의 '마음'은 점점 더 완고해진다. 그러나 하나님께서는 자기 백성들의 마음에 할례를 행하여(마음의 부정함을 제거시켜) 그들이 전심으로 하나님을 사랑하고 순종하도록 하실 것이다(신 30:6).[193]

'성품' נֶפֶשׁ (5315, 네페쉬) נַפְשְׁךָ 명사 여성 단수-2인 남성 단수, NFS - YMS, '숨 쉬는 존재, 영혼, 생물, 생명, 사람, 목숨, 혼, 중심, 생기'의 뜻이다.[194]

'성품'으로 번역된 '나프쉐카(נַפְשְׁךָ)'의 원형 '네페쉬'(נֶפֶשׁ)는 일반적으로 '영혼'을 나타내는 데 사용되는 단어이다. '성품'의 국어 사전적언 뜻은 '타고난 성질'이다. 사실 인간의 타고난 성질은 실제로 죄성(罪性)을 지니고 있다. 그러므로 하나님의 말씀에 의해서 변화 받지 않은 죄악에 오염된 성품은 자기 자신을 다스리기에도 부족하다. 따라서 '성품을 다하여'란 말은 원문의 '네페쉬(נֶפֶשׁ)'의 의미를 제대로 드러내지 못했다고 할 수 있다. 오히려 본문에서 '네페쉬(נֶפֶשׁ)'는 '영혼'으로 보아야 하며 '뻬콜 나프쉐카(בְּכָל־נַפְשְׁךָ)'는 '너의 온 영혼을 다해'라고 번역하는 것이 타당하다. 하나님을 사랑하는 것이야말로 하

---

193) 이병철, *op. cit.,* 3820.

194) 김용환, *op. cit.,* pp. 452-453.

나님께 예배드리는 자가 지녀야 할 가장 귀한 모습이기 때문에 만약 그가 자기의 영혼을 다해 하나님께 나아오지 않는다면 그는 진정으로 하나님을 사랑한다고 말할 수 없다(요 4:24)[195]

'힘' מְאֹד(3966, 메오드) : מְאֹדֶ 명사-2인 남성 단수, N. YMS, '힘, 굉장히, 매우, 대단히, 넘침, 풍부, 번성, 애통, 많음, 매우 심함, 온전함, 지극함'의 뜻이다.[196]

'메오드(מְאֹד, 3966)'는 구약성서에서 300회 나오는데, 주로 부사로 사용되었다.

이 단어는 드물게 실명사로 사용되기도 했다. 예를 들면, 신 6:5 "너는 마음을 다하고 성품을 다하고 힘을 다하여 네 하나님 여호와를 사랑하라"는 요시야 왕에 관한 말이었다. 그는 이스라엘에서 결코 그와 같은 유례를 찾아볼 수 없을 만큼 모세의 전 율법에 따라 마음과 영혼과 힘을 다하여 여호와께로 돌아왔다(왕하 23:25).

신약성서는 이런 관점에서 '메오드(מְאֹד)'라는 말의 깊이를 표현하고자 애쓴다.

막 12:30의 인용문에서 이 단어는 '마음과 힘(mind and strength)'으로 번역되며, 눅 10:27에서는 '힘과 마음(strength and mind)'으로, 마 22:37에서는 단순히 "마음(mind)'으로 번역된다.[197]

'힘'으로 번역된 '메오데카(מְאֹדֶךָ)'의 원형 '메오드(מְאֹד)'는 '넘치는 것'이란 뜻이다. 물론 이 단어를 '힘'으로도 번역할 수 있지만 '그 사람이 내놓을 수 있는 최대한의 것' 또는 '넘치는 활동력'어란 뜻으로

---

195) 한성천·김시열. *op. cit.*, p. 405.

196) 김용환, *op. cit.*, p. 342.

197) 이병철, *op. cit.*, p. 3966.

이해하는 것이 좋다. 즉 하나님을 사랑한다는 말의 의미는 관념적인 부분에 국한되는 것이 아니고 실제적 삶의 현장에서 나의 모습과 행동 등을 통해 보다 구체적으로 표현될 수 있는 것이다. 즉 하나님께서 내 삶 속에 넘치도록 풍성하게 채워 주신 모든 것들을 가지고 하나님을 보다 구체적으로 사랑하여야 하는 것이다.[198]

וְהָיוּ הַדְּבָרִים הָאֵלֶּה אֲשֶׁר אָנֹכִי מְצַוְּךָ הַיּוֹם עַל־ לְבָבֶךָ.[199]

필자 사역

(신 6:6) 오늘 내가 네게 명하는

이 말씀들이 네 마음 위에 있게 하라.

'마음에 새기고' הָיָה (1961 하야) וְהָיוּ 와우 계속법-칼 완료 3인 공성 복수, CW. VQAZCP, '~이 일어나다, ~이 되다, ~이다, (장막을)치다, ~행해지다, ~이루어지다, 임하다, 계시다, 섬기다, 만나다, 성취하다, 이루다'의 뜻이다.[200]

이 부분을 직역하면, '그것이 네 마음 (위)에 있게 하라'이다. '새기고'란 번역은 일회적 행위처럼 느껴진다. 그러나 이에 해당하는 원어는 ' ~이다'란 뜻의 상태를 나타내는 '하야(הָיָה)' 동사로서 이는 말씀이 마음 위에 있는, 즉 말씀이 인격 위에 반영되는 삶이 일시적인 상태로 끝나는 일회적 행위가 되어서는 안 되며 오히려 항상 지속되는

---

198) 한성천·김시열, *op. cit.*, p. 405.

199) 원어성서원, *op. cit.*, p. 1131.

200) 김용환, *op. cit.*, p. 162.

상태에 있어야함을 강조한다. 그리고 '너의 마음 위에'라고 번역되어야 하는 '알레바베카(עַל־לְבָבֶךָ)'라는 표현은 5:22에 나온 '알 쉐네 루호트 아바님(עַל־שְׁנֵי לֻחֹת אֲבָנִים)' 즉, '두 돌판 위에'라는 표현과 대구를 이룬다.

우리는 이 두 구절의 대구를 통해서 하나님께서 두 돌판에 율법을 새기어 주신 행위가 실제로는 그 돌 판에 새겨진 율법이 이스라엘 백성들의 마음 위에 있기를 원하신 하나님의 마음을 반영하고 있다는 사실을 확인할 수 있다. 그러나 이스라엘 백성들은 하나님이 주신 그 율법을 돌판에만 머물게 했으며, 그 결과 하나님께서는 예레미야의 외침을 통해 앞으로 일어날 모든 하나님의 백성에게는 직접 그 마음에 율법을 심어 주시겠다고 약속하신다(렘 31:33).[201]

$$\text{וְשִׁנַּנְתָּם לְבָנֶיךָ וְדִבַּרְתָּ בָּם בְּשִׁבְתְּךָ בְּבֵיתֶךָ וּבְלֶכְתְּךָ בַדֶּרֶךְ}$$
$$\text{וּבְשָׁכְבְּךָ וּבְקוּמֶךָ}[202]$$

필자 사역

(신 6:7) 그것들을 네 자녀들에게 부지런히 가르치고,

네가 집에 앉았을 때,

길을 갈 때,

누웠을 때,

일어날 때에 그것을 말하라.

---

201) 한성천·김시열, *op. cit.*, p. 406.
202) 원어성서원, *op. cit.*, p. 1131.

본문의 구조는 평행 대구법으로 기록되어 있다.

A 네 자녀에게 부지런히 가르치며(וְשִׁנַּנְתָּם לְבָנֶיךָ, 웨쉰나느탐 레바네카)

A' 이 말씀을 강론할 것이며(וְדִבַּרְתָּ בָּם, 웨딥바르타 빰)

B 집에 앉았을 때에든지(בְּשִׁבְתְּךָ בְּבֵיתֶךָ, 뻬쉬브테카 뻬베테카)

B' 길에 행할 때에든지 (וּבְלֶכְתְּךָ בַדֶּרֶךְ, 우벨레크테카 밧데레크)

C 누웠을 때에든지(וּבְשָׁכְבְּךָ, 우베쇼크빼카)

C' 일어날 때에든지 (וּבְקוּמֶךָ, 우베쿠메카)

'대구법'이란 문자 그대로 어조가 비슷한 문구를 한 쌍으로 제시하여 운율의 생성을 통한 친밀하고도 자연스러운 느낌 중에 기본 주제를 강조하는 세계 공통의 기본 수사법 중의 하나이다. 허브리어 문장에서 평행 대구법은 첫 구절의 내용과 이어지는 둘째구절의 내용이 어떤 형식으로 반복되는가에 따라 여러 가지로 분류된다. 그 가운데 대표적인 것으로 반의적 평행 대구법(反義的 平行 對句法)과 동의적 평행 대구법(同義的 平行 對句法) 이있다. 전자는 첫 행의 내용과 둘째 행의 내용이 대립되는 형식을 취하나 후자는 첫 행의 내용과 둘째 행의 내용·이 동일하거나 유사한 내용으로 구성되어 있다. 본문이 바로 시 1:5; 19:1; 21:1; 90:3, 4; 100:4; 114:3 등과 더불어 성경에 등장하는 동의적 평행 대구법(Synonymous parallelism)의 대표적인 실례라 할 수 있다.[203]

'부지런히 가르치며'(וְשִׁנַּנְתָּם, 웨쉰나느탐) '가르치며' שָׁנַן (8150, 샤난)

---

203) 한성천·김시열, op. cit., p. 407.

וְשִׁנַּנְתָּם 와우 계속법-피엘 완료 2인 남성 단수-3인 남성 복수CW. VPAYMS - ZMP, '날카롭게 하다, 뾰족하게 하다, 갈다, 연마하다, 가르치다, 되풀이하여 가르치다'의 뜻이다.[204]

문법이 강조 능동형으로, '말씀이 의미하는 바를 예리하게 파악하여 가르치다'라는 뜻이다.

이는 '마음에 새기게 하다', '찔러 넣다', '반복하여 가르치다'란 의미를 가진다. 자녀의 마음속에 하나님의 말씀이 새겨질 정도로 가르치라는 본문의 명령을 설천하기 위해서는 부모가 먼저 하나님의 말씀의 의미를 예리하게 파악하고 있어야 한다는 전제가 필요하다.

또한 이는 단지 말씀에 대한 지적인 측적에만 머무는 것이 아니라 3절의 내용에서 볼 수 있듯이 행함을 통해서 하나님의 말씀을 마음에 항상 간직하고 있는 상태를 드러내야 한다는 뜻이다. 이와 같은 본문은 자녀에 대한 부모의 우선적인 책임이 하나님의 언약 백성으로 교육시키는 데에 있음을 말해 준다.[205]

'이 말씀을 강론할 것이며'(וְדִבַּרְתָּ בָּם, 웨딥바르타 빰) '그리고 너는 그것들을 말하라'이다. '강론'은 דָּבַר(1696, 다바르) וְדִבַּרְתָּ 와우 계속법-피엘 완료 2인 남성 단수, CW. VPAYMS, '말하다, 선언하다, 담화하다, 명령하다, 약속하다, 경고하다, 위협하다, 노래하다, 선포하다, 가르치다, 토론하다, 강론하다'의 뜻이다.[206]

문법이 와우 계속법, 강조 능동형이다. 계속적으로 말하고 가르쳐야 한다는 것이다. 삶의 전반에서 부모가 가르쳐야 한다. 그러기 위

---

204) 김용환, *op. cit.*, p. 693.

205) 한성천·김시열, *op. cit.*, p. 409.

206) 김용환, *op. cit.*, pp. 141- 142.

해서는 부모가 말씀을 알고 있어야 한다.

'앉았을 때' יָשַׁב(3427, 야샤브) בְּשִׁבְתְּךָ 전치사-칼 부정사 연계-2인 남성 단수, P. VQNG- YMS, '앉다, 머무르다, 살다, 거주하다'의 뜻이다.[207]

'행할 때' יָלַךְ(3212, 얄라크) וּבְלֶכְתְּךָ 접속사-전치사-칼 부정사 연계-2인 남성 단수, C. P. VQNG -YMS, '가다, 오다, 걷다, 따라오다, 행하다, 동행하다, 진행하다, 청종하다, 준행하다'의 뜻이다.[208]

'누웠을 때' שָׁכַב (7901 샤카브) וּבְשָׁכְבְּךָ 접속사-전치사-칼 부정사 연계-2인 남성 단수, C. P. VQNG -YMS, '눕다, 드러눕다, 유숙하는 것, 동침(성교)하는 것, 죽어서 눕는 것'의 뜻이다.[209]

'일어날 때' קוּם (6965, 쿰). וּבְקוּמֶךָ: 접속사-전치사-칼 부정사 연계-2인 남성 단수, C. P. VQNG - YMS, '일어나다, 일어서다, 세우다, 일으키다, 살다, 성립하다, 복구하다, 건립하다, 확정하다, 견고히 하다'의 뜻이다.[210]

삶의 전 영역과 모든 순간, 모든 대에서 '쉐마교육'은 이루어져야 하고 부모가 가르쳐야 한다는 것이다.

וּקְשַׁרְתָּם לְאוֹת עַל-יָדֶךָ וְהָיוּ לְטֹטָפֹת בֵּין עֵינֶיךָ:[211]

---

207) *ibid.*, pp. 290-291.

208) *ibid.*, p. 269.

209) *ibid.*, p. 672.

210) *ibid.*, pp. 598 - 599.

211) 원어성서원, *op. cit.*, p. 1131.

(신 6:8) 그것들을 네 손에 표징으로 묶고,

네 눈 사이에 기호로 두라.

'묶고' קָשַׁר (7194, 카샤르) וּקְשַׁרְתָּם 와우 계속법-칼 완료 2인 남성 단수-3인 남성 복수CW. VQAYMS-ZMP, '함께 매다, 묶다, 연합하다, 공모하다, 연결되다, 하나가 되다'의 뜻이다.[212]

'카사르'는 '묶다'라는 의미로, 하나님은 이스라엘에게 자기의 율법(말씀)을 이마와 손목에 붙여 매라고 가르쳤다(신 6:8). 다시 말해 그들의 사상과 행위는 하나님의 말씀에 의해 지배를 받아야 했다. 경건한 부모의 명령은(잠 6:21) 인자 및 진리와 아울러 손가락(또는 목)에 매고(잠 3:3) 마음 판에 새겨야 한다(참조: 렘 31:3 1이하).

종말에 시온은 신부가 보석을 자랑하듯 귀환한 자기의 자녀들을 과시해보일 것이다(사 49:18). 우리는 경건한 자들도 이와 같이 하나님의 말씀을 자랑할 것이라고 부언할 수 있는 것이다. 예수 당시의 유대교는 확실히 하나님의 말씀을 문자 그대로 몸에 부착시킴으로써 그 명령을 이행하였다. 그러나 거기에 다른 사항들을 추가함으로써 장식품이었던 것을 무거운 짐으로 만들어 버렸다(마 23:4).[213]

'기호를 삼고' אוֹת (226, 오트) לְאֹת 전치사-명사 남성 단수, P.NMS, '표시, 표징, 징조, 표적'의 뜻이며,[214] '오트'는 아와(אָוָה, 184: 표시하다)에서 유래했으며, '표시하다, 가리키다, 기술하다, 긋다'의 뜻이 있

---

212)　김용환, *op. cit.*, p. 617.

213)　이병철, *op. cit.*, 7194.

214)　김용환, *op. cit.*, p. 23.

다.[215)

‘오트’는 언약의 표시, 곧 그것을 보증하는 표시를 의미한다. 무지개는 노아 언약의 표시며, 무지개의 표시는 하나님께서 자신과 모든 생물 사이에 세운 영원한 언약을 생각나게 한다(창 9:14-16).

할례는 아브라함 언약의 표시이며, 할례는 하나님의 백성에 속한 자들과 그렇지 않은 다른 민족들과 구별하는 일종의 신앙고백이다(창 17:1 이하).

안식일도 언약의 한 표시(징)이다. 안식일은 구약시대에서 할례의 표시(징)과 같은 부류에 속한 것이다. 출 31:13, 출 31:16-17, 겔 20:12 이하에서 안식일은 하나님과 이스라엘 사이의 표시(징)이며, 이방인과 구별하는 표시(징)로 주어진 것이다.[216)

‘오트’는 ‘표시 (KJV, sign)’란 뜻이며, ‘토타포트’는 ‘띠(KJV, frontlets)’, ‘띠 모양의 끈’을 뜻한다. 본래 이 두 단어는 하나님의 말씀을 그만큼 자신의 생각과 삶 속에 긴밀하게 부착시키라는 은유적인 표현이다. 특히 ‘미간(KJV, between …eyes)’에 붙이는 표는 자신의 신분을 나타내는 역할을 했다.

예를 들어 고대 노예들은 미간에 상견의 인(印)을 맞았고 요한계시록에 보면 짐승이 사람들에게 오른손이나 이마에 표를 받게 할 것이라는 예언이 기록되어 있다(계 13;16).

따라서 ‘미간에 붙여 표를 삼으라’는 말은 하나님의 자녀로서의 신분을 잊지 말고 이에 합당한 생활을 하라는 의미이다.

---

215) *ibid.*, p. 20.

216) 이병철, *op. cit.*, 226.

     히브리 사상으로 본 주제별 연구 시리즈 1

그런데 후대 유대인들은 본 절을 문자적인 명령으로 받아들여서 유월절 규례(출 13:2-10)와 장자 성별 규례(출 13:11-17)와 신앙 교육 명령(6:4-9) 및 율법에 대한 복중 규례(11:13-22) 등 4중류의 성구를 적은 양피지를 네모난 '성구함(聖句函, phylactery)'에 넣어 그것을 머리에 붙이거나 손에 메고 다녔다. 물론 하나님의 말씀을 그만큼 중요하게 여겨서 문자 그대로 순종하는 자세를 그릇되었다고 말할 수 없다. 하지만 이는 지극히 형식적인 의식이었고 후대로 갈수록 더욱 형식화만 되어 갔다.[217]

'표를 삼고' טוֹטָפֹה (2903, 토타파) לְטוֹטָפֹת 전치사-명사 여성 복수, P. NFP, '머리띠, 표, 기호'의 뜻이다.[218]

'토타파'는 '에워싸다'는 뜻의 사용하지 않는 어원에서 유래했으며, 이마에 두르는 머리띠(특히 유대인들은 기도할 때 모세율법이 기록된 양피지 두루마리를 머리띠로 사용했다)를 의미한다.

'토파파'는 기념물로서 양 눈 사이의 앞이마에 붙이는 표(mark)나 기호(sign)를 의미한다.

이것은 이마 장식으로서 머리띠 형태일 것이다. 구약성경에서 이 단어는 3회(출 13:16, 신 6:8, 신 11:18) 나온다.

이마에 "장식"하는 것은 언제나 "너희 손에 표를" 만드는 것과 연결되었다. 아마도 이런 "표들"은 이스라엘로 하여금 율법을 그들의 사고방식과 행동에 침투하도록 함으로써 식별되었던 여호와의 종으로서 특징지었던 것 같다. 문자 그대로의 "표"(그 형태가 무엇이든지 간

---

217) 한성천·김시열, *op. cit.*, p. 410.
218) 김용환, *op. cit.*, p.242.

에)가 "이마 장식"으로서의 하나님의 계명—무교절의 법령(출 13:1-10), 초태생에 관한 규례(출 13:11-16), 그리고 모세 언약의 전 규정(신 6:8, 신 11:8)—과 비유적으로 동일시될 때, 그 본래의 의미를 지닌다. 이 "이마 장식"은 이스라엘 사람들로 하여금 주의 계명을 상고하고 그 계명을 지키게끔 상기시켜 주는 앞이마의 '기억물'이어야 했다(참조: 출 13:9). 후에 유대인들은 이 "이마 장식"을 전적으로 겉치장하는 식으로 받아들였으므로 예수로부터 비난을 받았다(마 23:5). 그들은 이마와 손목에 작은 상자를 매달고 그 속에 회상시키는 것으로서 성경 구절들을 넣어 두었다. 이런 성구함들 중의 하나가 쿰란 동굴에서 발견되었다.[219]

וּכְתַבְתָּם עַל־מְזוּזֹת בֵּיתֶךָ וּבִשְׁעָרֶיךָ׃[220]

필자 사역

(신 6:9) 그것들을 네 집의 문설주와

네 성문들에 기록하라.

'기록하라' כָּתַב(3789, 카타브) וּכְתַבְתָּם 와우 계속법-칼 완료 2인 남성 단수-3인 남성 복수, CW. VQAYMS - ZMP. '글을 쓰다, 기록하다, 명부에 올리다, 등록하다, 계수하다, 새기다'의 뜻이다.[221]

문법이 와우계속법, 능동형이다. 능동형에서 이 이 단어는 아래의

---

219) 이병철, *op. cit.*, 2903.
220) 원어성서원, *op. cit.*, p. 1131.
221) 김용환, *op. cit.*, p. 324.

다음의 뜻으로 쓰인다.

① '쓰다, 기록하다, 새기다'-출 34:27, 출 24:12, 출 39:30, 신 10:4 등

② '등록하다, 명부에 올리다'-대상 24:6, 민 11:26, 느 12:22, 대상 4:41, 렘 22:30, 사 4:3, 단 12:1, 시 87:6

③ '결정하다'-욥 13:26[222]

'문설주' מְזוּזֹת(4201, 메주자) מְזוּזֹת 명사 여성 복수 연계, NFPG, '문설주, 문기둥'의 뜻이 있다.[223]

'메주자'는 지즈(זִיז, 2123)에서 유래했으며, '현저하다, 움직이다, 돌아다니다, 풍부하다, 풍부, 많음, 충만, 들의 충만한 것, 즉, 기가서 풀을 뜯고 있는 것들'의 뜻이 있다.[224]

앞 절(8절)에서 설명한 경문을 미간에 표나 손목에 기호로 삼으라는 명령에 대한 반응과 마찬가지로 유대인들은 본 절의 명령에 대해서도 문자적으로 받아들여 실천했다. 더욱이 '문설주'로 번역된 '메주조트(מְזוּזֹת)'의 단수형인 '메주자(מְזוּזָה)'는 양 피지로 된 성구를 기록한 문서를 담는 조그마한 상자를 일컫는 이름 되었다. 그러나 앞 절과 같이 본 절의 명령도 상정적인 의미로 해석되어야 한다.

한편 본문에 나온 '메주조트(מְזוּזֹת)'는 실제로 개개인의 집 문의 문설주들을 가리킨다. 이는 출애굽 때에 이스라엘 백성들이 유월절 어린양의 피를 발라 사람의 장자와 짐승의 초태생을 죽음으로부터

---

222) 이병철, *op. cit.*, 3789.

223) 김용환, *op. cit.*, p. 357.

224) 최현기, *op. cit.*, p. 265.

면하게 한 상징적인 곳이기도 하다(출 12:21-30).[225]

'바깥문' שַׁעַר(8179 샤아르). וּבִשְׁעָרֶיךָ: 접속사-전치사-명사 남성 복수-2인 남성 단수, C.P.NMP. - YMS, '문 성문, 문밖, 성안'의 뜻이다.[226]

'샤아르'는 שָׁעַר(8176, 샤아르)에서 유래했으며, '생각하다, 계산하다, 분리하다, 쪼개다, 떼어놓다, 값을 매기다, 평가하다'의 뜻이다.[227]

'샤아르'는 복합적인 문 전체 및 그 문의 양쪽에 남아있는 빈 공간을 의미한다. 구약성경에서 이 단어는 370여 회 나온다. 비유 및 상징적 표현으로서 문은 성읍(창 22:17), 구원(창 28:17, 시 118:20, 사 26:2), 사망의 권세(문)(시 9:13, 시 107:18, 사 38:10), 하늘나라(시 100:4, 시 118:19), 복음(사 60:11)을 가리킨다.[228]

'바깥문'에 해당하는 '쏴아르(שַׁעַר)'는 안문과 대조되는 개인의 집에 있는 바깥문을 일컫는 것이 아니고 한 마을이나 도시의 입구를 일컫는 말이다. 따라서 본문이 말하는 것은 자기의 개인적인 생활 공간에서든지 혹은 도시 공동체 안에서든지 하나님의 말씀을 기준으로 살라는 의미이다. 뿐만 아니라 이는 더 나아가 집을 출입하거나 또는 멀리 다른 지역이나 타국으로 떠나거나 돌아올 때라도 하나님의 백성은 그들이 거하는 삶의 현장에서 언제나 하나님 말씀의 다스림을 받아야 한다는 사설을 가르쳐준다.[229]

---

225) 한성천·김시열, *op. cit.*, p. 411.
226) 김용환, *op. cit.*, pp. 695 -696.
227) *ibid.*, p. 695.
228) 이병철, *op. cit.*, 8179.
229) 한성천·김시열, *op. cit.*, p. 411.

'쉐마'의 본문은 신앙 고백+언약 선언+교육 헌장에까지 이어지는 것이다. "여호와만이 유일한 하나님이시며, 그분을 전 존재로 사랑하며, 그 말씀으로 삶을 구성하라"는 것이다.

듣는 교육(עמש)만이 아니고, 지식 전달이 아니라 순종을 목표로 한 교육하는 것이며, 신앙은 "단순히 이해하고 순종하는 것"이 아니라, '쉐마'는 "하나님의 말씀을 듣고 삶의 반응"을 실천하는 것이다.

'쉐마'는 전인적 교육을 하는 것이다. 마음(내면)에서 말(대화)로 이어지고, 행동(삶의 리듬)으로 나타나고 공간(집, 성문)에서 실천하는 것이다.

'쉐마'는 가정 중심 교육이다. 제사장이나 성소가 먼저가 아니라 부모가 1차 교육자이고 회당교육 이전에 가정 '쉐마' 교육이 있어야 한다.

'쉐마'는 반복과 생활화이다. 정규 수업만이 아니라 일상의 모든 순간이 교실이다. 앉아 있을 때, 걸을 때, 잠잘 때, 일어날 때, 즉 삶의 전 시간대까지 확산되어야 한다.

유대교 전통 속에서 '쉐마' 교육이 이루어진다. 매일 아침저녁 '쉐마' 낭송, '메주자', '테필린'을 통한 시각·촉각 교육이다.

'쉐마'는 "기억하는 신앙"에서만이 머무르지 않고 "사는 신앙"으로 이어지게 하는 것이다. '쉐마 교육'이란, 유일하신 하나님을 전 존재로 사랑하도록 말씀을 삶 전체에 새기는 '언약적 교육'이다.

14장

'쉐마 이스라엘'(שְׁמַע יִשְׂרָאֵל) (2)

"쉐마 이스라엘(שְׁמַע יִשְׂרָאֵל, 들으라! 이스라엘)." 이처럼 하나님의 절대명령인 이 말씀에서 이스라엘의 신앙이 시작된다. 이스라엘의 역사기원은 자생적으로 역사위에 전적으로 하나님에 의해서 선택되었고, 구원받았다. 그리고 땅(אֶרֶץ, 에레쯔)의 선물과 동시에 계약(בְּרִית, 베리트)을 맺음으로 국가가 탄생되었고 하나님의 백성이 되었다.

그런고로 이스라엘은 유일신 여호와의(אֶחָד יהוה, 에하드 야훼)음성을 듣고(שְׁמַע, 쉐마) 그 명령을 준행해야 한다.[230]

오늘 "네 아들이 하나님이 누구냐고" 물으면 이스라엘의 부모들은 명쾌하게 그리고 확고하게 하나님이 어떤 분이신가를 설명해주어야 한다. 바로 여기서 종교교육이 시작되는 것이다. 아동들의 의문을 풀어주고 율법(말씀)을 구체적으로 설명해주어야 하며 선민 됨의 의식을 깊이 심어 주어야 한다.

이스라엘의 신앙교육은 가정(בַּיִת, 바이트)이요, 부모와 함께 살고 있으면서 하나님을 배우면서 성장한다.

---

230)　이병렬, *op. cit.*, p. 261.

"아들"을 "벤"(בֵּן)이라고 한다. "딸"은 "바트"(בַּת)라고 한다. "바트"는 "벤"에서 유래했으며, "벤"은 "바나"에서 유래되었다.

בָּנָה(1129, 바나)는 '짓다, 세우다, 건축하다, 만들다, 증축하다, 건설하다, 번성하다, 회복하다'의 뜻이다.[231]

아들은 집을 세우는 자요, 가정을 일으키는 자다. 그렇게 때문에 자녀의 신앙교육, 신앙전수는 가정의 건설과 직결되며 하나님의 백성의 양육과 직결된다.

이스라엘의 신앙교육에서 빼놓을 수 없는 것들이 있다. 그것은 이스라엘을 지탱해주는 힘이요, 보배와 같은 것들이다.

첫째는, 토라요, 둘째는, 모라요, 셋째는, 호라요, 넷째는, 몰라요, 다섯째는, 칼라이다.

1. '토라'(תּוֹרָה, 율법)

'율법'은 תּוֹרָה(8451, 토라)이며, '율법, 지시, 가르침, 훈계, 계명, 법령, 규례, 교훈, 말씀'의 뜻이다.[232]

'토라'는 구약성경에서 토라의 의미는 넓은 범위의 의미, 즉, ① 일반적으로 정결과 부정에 관한 개개의 질문들에 대한 제사장들의 지시, ② 시내 산에서 수여한 언약의 율법의 개개 계명들, 특히 제사장 문서에서 제의적 명령들, ③ 언약 율법 전체(신명기에서 최초로 나타

---

231) 김용환, *op. cit.*, p. 97.
232) *ibid.*, p. 714.

남)라는 의미로 사용되었다. 본래 토라(대개 단수로 쓰임)는 하나님께로부터 온 훈계, 주어진 상황에 대한 명령을 뜻하였다. 역시 나타나는 복수는 그러한 훈계들의 구체성과 다양성을 나타내었다(참조: 출 16:28, 출 18:16, 출 18:20, 세 구절 모두 충분한 의의를 살려 ton nomon[율법]으로 번역하였음). 주어진 상황에 대한 훈계가 선지자들이나(사 1:10, 사 5:24 과 그 외 여러 곳, 미 4:2, 렘 6:19) 제사장들(호 4:6, 렘 2:8, 신 17:9, 신 17:11, 겔 7:26) 또는 어떤 재판장을 통해서 주어졌다(신 17:9, 신 17:11 이하). 선지자들은 여호와로부터 받지 않고 독단으로 훈계를 주는 제사장들과 선지자들에게 심판을 경고하였다(렘 2:8, 렘 8:8, 습 3:4, 겔 22:26).[233]

이스라엘에 있어서 토라(율법, 신의 말씀)는 이스라엘을 생존케 하는 생명이요, 맥박이며 힘의 근원이 된다.

토라 없이 이스라엘은 존재할 수 없으며 종교교육이란 생각할 수 없다.

애굽을 탈출하고 홍해를 기적으로 건널 때 까지는 하나의 민중(עַם הָאָרֶץ, 암 하아레츠)에 불과했다(출 5:5). 그러나 시내 산에서 율법 전수는 선민의 탄생이었으며, 광야 40년의 세월은 율법을 통한 이스라엘 백성의 훈련의 도장이었다. 그래서 정신사적인 면에서 볼 때 토라전수는 홍해 도강보다 월등이 더 중요함을 말하고 있는 것이다.

토라는 이스라엘 백성의 안내서요, 선민 이스라엘 공동체의 지침서이다. 이 세상에서 아름답고 고귀한 법이 그 속에 있다. 인권을 소중히 여기며, 억눌린 자의 호소를 들어 응답해준다. 그리고 고난받

---

233)　이병철, *op. cit.*, 8451

는 자의 눈물을 하나님이 친히 닦아 주신다. 이스라엘은 평등을 유지하며 상하의 구별 없고 소유의 차별이 없다.

이스라엘에 있어서 어린이는 내일의 주인이 아니라 오늘의 주인으로 성장한다. 왜냐하면 종교적 절기행사에 어른과 함께 어린이도 참석하며 식의 일부를 담당하고 있기 때문이다.[234]

'토라'는 야라(יָרָה, 3384)에서 유래했으며, '던지다, 투표하다, 제비를 뽑다, 기초를 놓다, 토대를 놓다, 양육하다, 창설하다, 가르치다, 교훈하다, 적시다, 윤택하다, 물을 뿌리다, 교육하다'의 뜻이다.[235]

"야라"란 '안내하다(사람을), 정확히 지시하다, 과녁을 뚫다, 정확히 쏘다, 어떤 형상으로 만들어 놓다' 등의 의미가 있다. 그렇다. 토라는 인간의 양심을 뚫고 정통을 쏘는 것이며, 인간이 누구며 하나님이 어떤 분인가를 정확히 지시하며 바른 길로 안내해준다. 토라의 교육은 하나님이 필요한 인간, 가정과 사화와 국가가 필요한 인간을 만들어 놓은 교훈서이다.

토라는 이처럼 "야라"에서 유래했기 때문에 인생에 있어서 가장 귀중한 지침서이다. 그런 이 "야라"가 명사 "모라"로 변하면 선생이 되고 "호라"로 변하면 부모가 된다. 여기의 히브리어의 묘미와 깊은 뜻이 있으며 선생(모라)과 부모(호라)의 책임을 명시해준다.

그래서 이스라엘의 선생은 율법에 정통해야 하며, 아동을 바르게 가르쳐야 하며, 하나님의 형상으로 만들어 놓아야 한다. 또한 "호라"인 부모는 가정에서 선생이요, 교육을 담당한 가장이 된다. 자식은

---

234) 이병렬, *op. cit.*, pp. 262-263.
235) 김용환, *op. cit.*, p. 286.

자기가 낳았으나 키우기는 하나님의 말씀인 율법으로 키운다.

이스라엘의 강함은 바로 여기에 있으며 청소년들의 범죄행위가 없음에도 바로 여기에 있다. 하나님의 말씀인 "토라"는 이스라엘 국가에 주어졌고, "모라"는 사회에 있어 아이들을 바르게 키워간다.

그래서 이스라엘은 선생이 셋이 있다. "토라"와 "모라"와 "호라"이다.[236]

2. '모라'(מוֹרֶה, 선생)

וְלֹא־ שָׁמַעְתִּי בְּקוֹל מוֹרָי וְלִמְלַמְּדַי לֹא־ הִטִּיתִי אָזְנִי:[237]

필자 사역

(잠 5:13) "그리고 나는 내 교사들의

음성에 듣지 않았고,

나를 가르치던 자들에게

내 귀를 기울이지 않았다."

מוֹרֶה(4176, 모레) מוֹרָי 명사 남성 복수-1인 공성 단수, NMP- XCS, '모레, 상수리나무의 언덕'의 뜻이다. [238]

'모레'는 세겜 근처의 지역 이름이다. 이곳은 원래 가나안 족속의

---

236) 이병렬, *op. cit.*, p. 263.
237) 원어성서원, *op. cit.*, p. 628.
238) 김용환, *op. cit.*, p. 355.

땅이었다.(창 12:5, 창 12:6, 신 11:30). 아브람이 하란을 떠나 모레 상수리나무에 이르렀다(창 12:6).

이곳에서 하나님이 아브람에게 나타나셨으며(창 12:7), 이곳에서 아브람이 여호와를 위해 단을 쌓았다(창 12:8). 이곳에서 아브람이 벧엘 동편으로 갔다(창 12:8).

'모레'는 מוֹרֶה(4175, 모레)와 동일하며, '교사, 지시하는 자, 선지자, 궁수, 이른 비'의 뜻이다.[239]

'모라'의 어근도 앞서 다룬 바 있는 "야라"(יָרָה)이다.

야라(יָרָה, 3384)에서 유래했으며, 던지다, 투표하다, 제비를 뽑다, 기초를 놓다, 토대를놓다, 양육하다, 창설하다, 가르치다, 교훈하다, 적시다, 윤택하다, 물을 뿌리다, 교육하다,의 뜻이다.[240]

"야라"란 "안내하다"(사람을), "정확히 지시하다", "과녁을 뚫다", "정확히 쏘다", "어떤 형상으로 만들어 놓다" 등이다

'모라'는 하나님의 일반 계시와 특별 계시의 전달자이며, 부모·교회·목회의 가르침의 연속선상에 있다.

최종 권위는 'Scriptura(성경말씀)'이며, 선생은 권위의 근원이 아니라 말씀의 청지기이다. 이스라엘의 아동교육은 어머니 품안에서 시작되며 아버지에게 율법을 배우고 학교 교육이 시작된다. 이스라엘의 의무교육은 9년제이다(초등학교 6년, 중학교 3년).

이스라엘의 아동들은 학교에 들어오기 전 이미 하나님을 알고 있으며, 선민임도 알고 있다. 이미 부모를 통해서 배웠으며, 보고 들은

---

239) *ibid.*
240) *ibid.*, p. 286.

것이 율법이요, 종교행위이기 때문이다.

이스라엘의 초등학교는 인구관계도 있겠지만 학생 수가 그리 많지 않다. 한 학급의 학생 수는 대체로 35명 이내로, 때로는 보조교사가 도와주며 아주 자유롭게 공부한다.

이스라엘의 아동들은 초등학교를 졸업하면 대부분 구약성경을 알게 된다. 왜냐하면 교과서 안에 신앙의 조상 아브라함이 들어 있으며 이스라엘의 구출자 모세가 나온다.

그리고 이스라엘 아동들의 희망인 다윗 왕이 등장한다. 이렇게 교과 과정에 따라 거의 구약과 율법을 배워 알고 있으며 행하고 있다. 구약은 또 역사서가 되기 때문에 이스라엘의 아동들은 거의 하나님의 구원사(救援史)를 알고 있다. 이스라엘의 아동들을 볼 때 어른과 같은 아이들이다. 종교교육의 힘이 얼마나 큰가를 알 수 있다. 유대인이 되는 것은 출생에서 되는 것이 아니다. 오직 교육의 힘이다. 유다종교를 통해서 교육으로 유대인이 되는것이다. 유대인에게 있어서 아동교육은 종교가 앞선다.

히브리어로 배운다는 동사를 "라마드"(לָמַד, 3925)라고 하고, 그리고 선생이 가르칠 때는 "림메드"(לִמֵּד, 3928, 림무드)라고 한다. 배운다는 "라마드"(לָמַד)의 능동 강조 형이 가르친다는 "림메드"(לִמֵּד)이다. 그래서 어법상으로 해석하면 "가르친다."는 것은 "더 많이 배운다, 열심히 공부한다, 계속해서 쉬지 않고 공부한다."이다. 그렇다. 이스라엘의 교사인 '모라'는 더 많이 배우는 사람이요, 학생보다 훨씬 더 공부하는 사람이다. 이토록 노력하는 사람이 선생이요, 모라이다. 이런 훌륭한 선생 밑에서 공부하는 유대인 아동들이기 때문에 어릴 때부터 생각이 다르고 하나님의 역사를 하나님이 주관하신다고 믿고 있다.

이스라엘의 아동교육은 학교 성적으로 평가되지 않는다. 더구나 점수로 우열을 가리지도 않는다. 공부 중 수학이 모자라면 그 어머니에게 통고하며 상담하며 수학문제에 관심을 가져달라고 부탁한다. 그리고 그 아이에 대해서는 오히려 격려하는 분위기다. 온전히 성경에 근거한 전인 교육이며, 사랑의 교육이고 인격교육이다. 이렇게 공부한 유대인이기 때문에 세계적인 학자가 유대인에게서 많이 배출되며 노벨상도 인구 대비 세계에서 제일 많이 수상했다. 이 모든 것이 우연한 일이 아니다. '모라'의 힘이 큰 것을 잊어서는 안 된다.[241]

잠언 5장은 "쉐마 교육"을 거부한 자의 종말을 지혜 문학적으로 증언하고 있다.

'모라'(교사)의 음성을 거부한 결과는 파멸이라는 지혜의 인과를 분명히 드러내고 있다.

"쉐마"는 언약 신앙의 요약이며, 모라는 말씀의 봉사자이다.

모라는 말만 하는 교사가 아니며 삶으로 '쉐마'를 증거 해야 한다.

하나님 사랑의 모델이 되어야 하고 언약적 충성의 실례가 되어야 한다.

"쉐마 교육"은 모범 없는 교육을 허용하지 않는다.

최종 권위 성경(율법)이며, 교육 목적 전인적 순종을 목적으로 한다.

"쉐마 없는 교육은 지식이 되고, 모라 없는 쉐마는 구호가 된다."

---

241)　이병렬, *op. cit.* pp. 264-265

모라(מוֹרֶה)는 쉐마를 암송으로 끝내지 않고, 삶의 방향으로 '조준'하게 만드는 언약적 교사이다.

3. '호라'(הוֹרֶה, 이스라엘의 부모)

שְׁמַע בְּנִי מוּסַר אָבִיךָ וְאַל־ תִּטֹּשׁ תּוֹרַת אִמֶּךָ:242)

필자 사역

(잠 1:8) "내 아들아,

네 아버지의 훈계를 들으며

네 어머니의 법을 떠나지 말라."

הוֹרֶה (4175, 호레) '(이른) 비, 교사'의 뜻이다.

'모라'와 '호라'는 같은 단어를 사용하면서 접두어를 다르게 쓴다.

단수형 הוֹרֶה(hōreh)은 부모, 낳은 자, 가르치는 자이고, 복수형 (가장 일반적) הוֹרִים(hōrīm)은 부모들(아버지와 어머니)이다.

현대 히브리어에서도 "부모"는 הוֹרִים이다.

'모라'(מוֹרֶה)는 가르치는 자이고, '호레'(הוֹרֶה)는 낳고 가르치는 자이다.

'모라'는 성경에서 명확히 사용되지만, '호라'는 거의 없다.

아버지: אב 아브, 어머니: אם 엠, הוֹרֶה (호레) = '부모'라는 의미는 구약 히브리어에서 일반적·기술적 용법이 아니다.

---

242) 원어성서원, *op. cit.,* p. 615

후기 랍비들이 부모를 '가르치는 자'로 개념을 세웠다. 따라서 '호레'는 성경 단어라기보다 성경 신학을 반영한 '언약적 개념어'이다.

히브리 전통에서 '부모'(הוֹרֶה, 호레)는 토라를 전수하는 교사이다.

즉, 히브리어에서 부모는 생물학적 개념이 아니라 언약적·교육적 개념이다.

이스라엘의 가정에 있어서 아버지와 어머니가 될 때와 "부모"가 될 때는 그 느낌이 다르다. 아버지는 이어지는 조상을 의미하며 어머니는 인생의 기초를 말한다.

아버지가 아들을 낳을 때 모양이 닮은 아들을 낳을 것뿐이다. 그리고 어머니가 자식을 생산할 때 죽는 존재인 육신의 아들(딸도 포함)을 낳은 것뿐이다. 인간으로서 '나'를 탄생한 것이 아니다. 아들이 내가 되는 것, 나로서 성장하는 것은 오로지 교육의 힘이다. 특히 종교교육의 힘으로 바른 나를 만들어 간다. 그래서 부모(호라)가 될 때는 가정은 학교가 되며 부모는 선생이 된다. 그리고 자녀는 학생(תַּלְמִיד, 탈미드)이 된다. 그래서 나로서 성장해 간다.[243]

'학생' תַּלְמִיד(8527, 탈미드)는 '제자, 생도'의 뜻이다.[244]

'탈미드'는 라마드(לָמַד, 3925)에서 유래했으며, '매질하여 벌하다, 숙달되다, 능통하게 하다, 길들이다, 배우다, 가르치다, 훈련(시행)하다'의 뜻이다.[245]

이스라엘의 가정(בַּיִת)은 곧 집이요, 학교이자 회당이 된다. 그래서 유대인 가정의 모든 집 문설주마다 성경이 들어 있는 '메주자'라는 박

---

243) 이병렬, *op. cit.*, p. 265.

244) 김용환, *op. cit.*, p. 719.

245) 김용환, *op. cit.*, pp. 337 - 338.

스가 붙어 있다. 성경의 구절은 신 6:4절에서 9절의 내용이다. 그 집 안에서 출입하는 모든 가족들은 출입 시마다 메주자에 손을 대고 다시 그 손을 입에 대며 하루의 평안을 신께 기도한다. 이 광경을 지켜 본 이스라엘의 아동들도 따라서 일치한 행동을 한다. 참으로 하나님의 선민답게 진실하게 성장한다. 생활을 통해서 종교를 배우기 때문이다.

이스라엘의 아동들은 유년 시절에는 어머니에 의해서 유대인으로 키워지며(모세의 어머니가 모세를 키우듯이) 말을 배우고 글을 배울 무렵에는 아버지에 의해서 하나님을 배우고 율법을 배우며 성경을 읽기 위해서 글을 배운다. 이스라엘이 나라 없이 2,000여년을 방랑하면서도 히브리어를 잊지 않고 유지한 것은 성경(토라)과 안식일(샤바트)과 부모(호라)의 힘이다. 세계에서 제일 먼저 의무교육을 실시한 민족이 있다면 그들이 곧 유대인들이다.

유다인 어머니들은 어린아이를 데리고 이웃집 마실을 가지 않으며 식사 시간에 TV를 보지 않는다. 즐거운 식사 시간을 대화로 보내며 부모와 함께 있으면서 음식을 나누고 하나님을 배우며 자선하는 방법도 배운다.

히브리어 '부모(הורה)'는 '낳은 사람'만이 아니라, 하나님의 길을 자녀에게 '조준하여 가르치는 자'이다.

'모라'는 '가르치는 기능'이고, '호라'는 '가르쳐야 할 언약적 책임'이다.

'모라'는 가르칠 수도 있고, 안 가르칠 수도 있다. 역할 중심이며 위임이 가능하다.

'호라'는 반드시 가르쳐야 하고, 책임 중심이며, 위임이 불가하다.

'호라'는 가정언약의 교사 직분이고 '모라'는 교회, 공동체의 말씀

봉사직분이다.

'모라'는 직분이고, '호라'는 피할 수 없는 소명이다.

'호라'의 어근 역시 '야라'(יָרָה)에서 왔다.

야라(יָרָה, 3384)에서 유래했으며, 던지다, 투표하다, 제비를 뽑다, 기초를 놓다, 토대를놓다, 양육하다, 창설하다, 가르치다, 교훈하다, 적시다, 윤택하다, 물을 뿌리다, 교육하다,의 뜻이다.[246]

"야라"란 "안내하다"(사람을), "정확히 지시하다", "과녁을 뚫다", "정확히 쏘다", "어떤 형상으로 만들어 놓다" 등이다.

토라-모라-호라가 모두 같은 어근 야라(יָרָה)에서 나온 이유는, 히브리 성경의 계시·교육·권위에 대한 사고방식이 하나의 신학적 축으로 묶여 있기 때문이다.

단어의 우연한 중복이 아니라 의도된 언약적 언어 구조이다.

'야라'의 의미는 화살을 정확히 쏘다, 목표를 향해 방향을 제시하다. 핵심 개념은 정확한 방향성을 제시 하는 것이다.

이 의미를 확정해서 전개하면, '쏘다 → 가리키다 → 방향을 보여주다 → 가르치다 → 규범을 제시하다'이다.

히브리어에서 "가르침"은 단순히 정보 전달이 아니라 삶의 방향을 정조준하는 행위이다.

① 계시와 교육과 삶은 분리되지 않기 때문이다.

히브리 성경에서 토라는 곧 하나님의 계시이고, 모라는 공적 교육 담당자이며, 호라는 가정에서 교육의 출발점이요, 시작이다. 이 셋은 하나의 흐름이지, 분업 체계가 아니다.

---

246) 김용환, *op. cit.*, p. 286.

② 교육은 '권위 이전에 방향'이기 때문이다.

히브리적 사고에서, 교육은 길을 제시하는 것이며, 교사는 그 방향을 아는 자이다.

그래서 법(토라), 교사(모라), 부모(호라)는 모두 "방향제시자"라는 동일 개념 아래 있다, 토라·모라·호라가 모두 '야라'에서 나온 것은, 하나님의 계시-교육-삶이 하나의 방향으로 조준되어 있기 때문이다.

4. '물라'(מוּלָה, 할례)

토라, 모라, 호라와 직접적인 관계는 없지만 유대인들에게는 '몰라'(할례)가 있다.

이스라엘인과 유대인을 동일시해서는 안 된다. 이스라엘(Holy Land)땅 안에서 대이어 거주하면 이스라엘 사람이 될 수는 있기 때문이다(예를 들면, 베드윈인, 사마리 사마리아인, 아랍인, 등). 그러나 유대인(יְהוּדִי, 예후디)이 되는 것은 아니다.

유대인은 혈통으로도 되지만, 반쪽이 유대인인 혼혈인이라도 유대 종교(토라, 율법종교)를 신봉하고 안식일(שַׁבָּת, 샵바트)을 준수하며 할례(물라)를 받고 음식물(אָכַל, 오켈, 아칼)을 구약성경 대로 가려 먹으면 유대인이 되는 것이다.

나라 없이 온 세계를 유리방황하면서도 유대인으로 살아온 것은 율법(토라) 안식일(샵바트), 할례(물라), 음식물(오켈)의 힘이다.[247]

---

247) 이병렬, <u>아담, 너는 누구인가?</u>, (서울: 기독교대한성결교출판부, 1983), p. 129.

‘할례’ מוּלָה(4139, 물라), ‘할례, circumcision’의 뜻이다.[248]

‘물라’는 מוּל(4135, 물)에서 유래했으며, ‘할례를 행하다, 베어내다, 멸하다, 할례받다, 끊다, 꺾이다, 자르다’의 뜻이다.[249] 명사형은, ‘물라’이고, 동사형은 ‘물’이다.

זֹאת בְּרִיתִי אֲשֶׁר תִּשְׁמְרוּ בֵּינִי וּבֵינֵיכֶם וּבֵין זַרְעֲךָ אַחֲרֶיךָ

הִמּוֹל לָכֶם כָּל־זָכָר :[250]

필자 사역

(창 15:10) "이것이 나의 언약이다,

곧 너희가 지켜야 할 것인데,

나와 너희 사이와

너의 씨가 네 뒤에 있는 그들 사이에 있는 언약이다.

너희에게 속한 모든 남자는

반드시 할례를 받아야 한다."

‘할례를 받으라’ הִמּוֹל מוּל(4135, 물) 니팔 부정사 절대, VNNG. ‘할례를 행하다’의 뜻이다. 문법이 수동태 부정사이다. 이것은 할례 행위가 스스로 행하는 행위가 아니라 공동체 내에서 타인에 의해 행해지는 예식이었음을 암시해준다. 이는 할례를 통해 언약 백성의 공

---

248)   김용환, *op. cit.*, p. 353.

249)   김용환, *op. cit.*, p 352.

250)   원어성서원, *op. cit.*, p. 82

동체를 서로 확인해야 했음을 보여준다.[251]

또한 수동태의 의미는 하나님의 선택된 백성으로서 하나님의 의해 성별된 백성이라는 의미가 있다.

할례를 행하는 것은 양피, 즉 음경의 포피를 잘라내는 것이다. 하나님은 아브라함에게 그가 아브라함과의 언약의 표징(혹은 표시)으로서 이 피 흘림을 사용하는 것임을 계시하셨다. 하나님은 할례를 그와 아브라함과의 언약의 표징이자 보증으로 삼으셨다. 할례는 여호와와 이스라엘 사이의 특별한 관계를 표하며, 인치는 것이다.

미첼(O. Michel)은 '할례는 이스라엘이 하나님과 맺은 언약에 속해 있다는 표시이다…. 그것은 언약에서 약속된 축복의 보증이다'고 했다. 이스라엘 남자는 난지 8일 만에 할례를 받아야 하는데 "팔일"은 할례의 시기를 말한다. 이것은 할례가 사춘기 의식에서 엄격히 종교적인 의미를 지닌 표시로 바꾸어졌다는 것을 보여 준다. 음경의 포피를 잘라내는 습관은 아브라함 시대 훨씬 이전에 사용된 관습이었다. 이것은 아이들에게 성년이 되는 특권을 통과했음을 나타내는 사춘기 의식으로 오늘날 행해지듯이 행해졌던 것 같다. 이 의식은 약 13세 된 사내아이에게 행해졌다. 할례를 받아야 할 대상은 유대인 부모에게서 난 아이들뿐만 아니라 그 집에서 났건 사왔건 노예들에게까지 적용되었다.

물론 이것은 여호와를 믿게 된 이방인들에게까지도 적용된 것이 분명하다(창 17:12 이하). 오로지 할례를 받은 자들만이 유월절의 식사에 참예할 수 있다(출 12:43-48).

---

251)　한성천·김시열, <u>옥스퍼드 원어대전, 002, 창세기 제12-25a장</u>, (서울: 제자원, 2005), p. 236.

예레미야는 마음(렘 4:4)과 귀(렘 6:10)의 할례에 대해 언급한다. 동사 물(מול, 4135)은 구약성경에서 약 37회 나온다.(창 17장; 창 21:4; 창 34:15 이하; 출 4:25; 출 12:25; 수 5:2 이하 등). 그러나 명사 물라(מוּלָה, 4139)는 단 1번 나온다(출 4:26).[252]

할례(물라)는 아브라함과 계약(언약, 베리트)관계에서 성립된다.

하나님이 아브라함과 맺은 개인 계약에서 땅의 축복을 받는다. 구약의 축복은 땅의 소유에 있다(창 15;18).

그 후 언약의 표시로 할례의식 실시를 명령한다.

(창 17:9) "그런즉 내 언약을 지키고 네 후손 대대로 지키라."

이것은 언약의 표시로 육체의 한 부분에 손을 대는 것을 의미한다. 남자아이만 해당되며 양피를 베는 것이 할례이다.

그래서 히브리어로 할례를 "베리트 물라"(בְּרִית מוּלָה, 할례를 통한 계약)라고 한다. 이처럼 할례의 계약은 생명의 계약에 직결된다.

(창 17:13) "나의 언약이 너희 살에 있어 영원한 언약이 된다."

이 의식은 보이지 않는 계약이 육체의 일부분에 손을 대므로 계약이 눈으로 보는 계약으로 입증이 된다. 그리고 모든 유대인 개인 개인으로 확산 되며, 직접 자기의 계약으로 증명이 된다.

이토록 할례의 계약은 자자손손 대대로 이어지는 하나님의 언약

---

252) 이병철, *op. cit.*, 4135.

의 표시이다. 그래서 할례를 받지 않으면 아브라함의 자손이 아닌 것은 물론이요, 계약의 백성이 아니라는 유대인의 지론이다.[253]

할례는 단순한 의식이 아니라 언약의 표징(אֹות בְּרִית, 오트 베리트)이다.

마 22:36-40에서 우리 주님은 이것이 실로 가장 큰 계명이며 모든 율법과 예언의 개략이자 본질이라고 바리새인들에게 가르치셨다. 신명기의 구절은 참된 할례는 인간의 마음속에 새긴 하나님의 행위, 하나님이 그의 백성 가운데 창조하신 영적인 생활이었다고 분명하게 가르친다. 이것은 사도 바울이 골 2:11에서 가르친 바로 그것이다. 이 구절에서 그는 그리스도의 완전한 신성에 대해 언급하면서, "또 그 안에서 너희가 손으로 하지 아니한 할례를 받았으니 곧 육적 몸을 벗는 것이요 그리스도의 할례니라"라고 말한다(참조: 롬 2:28-29, 롬 4:9-12). 세례와 할례는 모두 언제나 죄로부터의 정화와 하나님에 대한 사랑을 포함하는 하나님의 갱생시키는 역사를 상징하므로, 교회의 어떤 무리의 사람들은, 하나님께서 구약성서의 성도들에게 명하여 유아들에게 할례를 행하게 했던 것처럼, 그들의 유아들에게 세례를 베풀었다. 교회의 다른 분파는 이런 유추를 강조하지 않고 따라서 판단할 수 있는 연령에 도달한 후, 그리스도에 대한 믿음을 고백하는 사람들에게만 세례를 베풀었다.[254]

253)　이병렬, *op. cit.*, p. 130.

254)　이병철, *op. cit.*, 4135.

5. '칼라'(כַּלָּה, 신부)

이 주제 역시 신앙교육과 직접적인 연관은 없는 단어이다.

그러나 여기 필자가 다루려고 하는 분명한 목적이 있다.

교회는 그리스도의 신부로서 역할과 사명을 감당해야 하기 때문이다.

'신부' כַּלָּה(3618, 칼라) כַּלָּה 명사 여성 단수, NFS, '신부, 약혼녀, 며느리'의 뜻이다.[255]

'칼라' כַּלָּה(3634, 칼랄)에서 유래했으며, '완성하다, 성취하다, 숙달시키다, 완전히 하다, 왕관을 쓰다, 왕관을 씌우다, 온전하게 하다'의 뜻이다.[256]

'칼라'는 이 단어는 어떤 사람 자신에게나 혹은 그 사람의 아들에 대해 서약된 여자의 제한된 관계를 의미한다. 그것은 다말(창 38:11) 혹은 룻(룻 1:6)같이 신부 혹은 오래 전에 결혼한 여자를 언급하는 것 같다. 이러한 의미에서 이들 용법 중 9회는 며느리 혹은 신부를 포함하는 성적인 부정에 관련된다. 인간관계에 대한 피조된 질서의 신성함을 깨뜨리는 것은 엄격하게 금지되었다. "너는 자부의 하체를 범치 말라 그는 네 아들의 아내니 그 하체를 범치 말지니라"(레 18:15) 등이다. 유다와 다말이 서로 속여서 근친상간의 관계, 모세의 율법에 의하면 사형에 해당하는 죄를 범하였지만(레 20:12), 하나님께서는 은혜로 그 죄를 다스리시어 근친상간의 관계에서 태어난 자손인

---

255) 김용환, *op. cit.*, p. 309.

256) *ibid.*, p, 311.

베레스가 이스라엘 왕족 계열에 속하게 되었다(창 38장).[257]

לֹא־יֵאָמֵר לָךְ עוֹד עֲזוּבָה וּלְאַרְצֵךְ לֹא־יֵאָמֵר עוֹד
שְׁמָמָה כִּי לָךְ יִקָּרֵא חֶפְצִי־בָהּ וּלְאַרְצֵךְ בְּעוּלָה
כִּי־חָפֵץ יְהוָה בָּךְ וְאַרְצֵךְ תִּבָּעֵל׃
כִּי־יִבְעַל בָּחוּר בְּתוּלָה יִבְעָלוּךְ בָּנָיִךְ וּמְשׂוֹשׂ חָתָן
עַל־כַּלָּה יָשִׂישׂ עָלַיִךְ אֱלֹהָיִךְ׃[258]

(사 62:4-5) "다시는 너를 '버려진 자'라 부르지 않을 것이며,

네 땅을 다시는 '황폐한 곳'이라 부르지 않을 것이다.

오히려 너는 '그가 기뻐하는 자'라 불릴 것이며,

네 땅은 '결혼한 자'라 불릴 것이다.

이는 여호와께서 너를 기뻐하시며,

네 땅이 결혼될 것이기 때문이다."

"젊은 남자가 처녀와 결혼하듯이,

네 아들들이 너와 결혼할 것이며,

신랑이 신부를 기뻐하듯이,

네 하나님께서 너로 말미암아 기뻐하실 것이다."

---

257) 이병철, *op. cit.*, 3618.
258) 원어성서원, *op. cit.*, p. 1007.

이사야 선지자로 하여금 장차 여호와께서 세우실 메시아의 구원 사역(사 61:1-3), 및 메시아의 사역으로 인하여 선민의 축복이 회복될 것이 예언되었다(사 61:4-11).

이에 이어지는 본 장에서는 선민을 위한 메시아의 사역을 다루고 있다.

심판의 언어가 혼인 언어로 전환되는 언약 회복 선언이며, 버려졌던 시온을 향한 하나님의 언약적 혼인 선언이다.

시온이 여호와의 축복을 온전하게 회복함을 예언하는 가운데 4-5절은 시온에 대한 여호와의 축복이 인간에게 있어서 가장 축복된 순간인 결혼에 비유되어 묘사된다.

'다시는' עוֹד(5750, 오드) עוֹד '부사, AD. 연속, 계속, 다시'의 뜻이며, 가장 강한 의미의 부정어 '로'(לֹא, 아니하며)와 '다시는'에 해당하는 부사 '오드'가 쓰여 과거와 달라진 시온의 면모를 한층 더 강조한다.[259]

'버림받은 자' עָזַב(5800, 아자브) עֲזוּבָה 칼 분사 수동 여성 단수, VQPPFS, '떠나다, 남기다, 버리다, 버려두다, 버림받다, 놓아주다, 수리하다'의 뜻이다.[260]

'헵시바' חֶפְצִי בָהּ(2657, 헤프치 바흐), '헵시바'의 뜻이며, '헤프치바흐'는 헤페츠(חֵפֶץ, 2656)에서 유래했으며, '나의 기쁨은 그녀에게 있다, 기쁨, 즐거워하다, 좋아하다, 기뻐하다'의 뜻이다.[261]

'뿔라' בָּעַל(1166, 바알) בְּעוּלָה 칼 분사 수동 여성 단수, VQPPFS,

---

259) 한성천, 김시열, 옥스퍼드 원어성경대전, 061: 이사야 제56b-66장, (서울: 제자원, 2006), p. 354.
260) 김용환, *op. cit.*, p. 503.
261) *ibid.*, p. 220.

'결혼하다, 통치하다, 지배하다'의 뜻이다.[262]

시온 백성이 다시는 버리운 자라, 또 그 땅이 다시는 황무지라 불리지 않을 것임을 언급한 데 이어 그들이 새로운 이름을 갖게 되며 그 이름으로 불릴 것임을 선언한다.

여기에서 '헵시바'에 해당하는 '헤프치 바흐'(חֶפְצִי בָהּ)는 문자적으로 '나의 기쁨이 그녀에게 있다My delight is in her'라는 의미이다.

본문 하반절에서 이사야는 이를 '이는 여호와께서 너를 기뻐하실 것이며'란 어구로 설명하고 있다. '헤프처'(חֶפְצִי)의 원형 '하파츠'(חָפֵץ)은 원래 간절히 염원하거나 기뻐하는 것을 의미하는 동사이다(1:11; 13:17; 42:21; 53:10; 55:11; 56:4; 58:2; 66:4).

그리고 '바흐'는 전치사 '(בְ)'에 '그녀'라는 여성 3인칭 접미어가 결합된 형태의 표현이다. 여기서 여성 3인칭은 1절의 시온을 지칭한다. 시온이 하나님의 뜨거운 기쁨이 되는 것은 하나님의 주권적 은혜에 기인하며 이는 궁극적으로 하나님이 새롭게 당신의 거처로 세우실 교회가 메시아의 구속 사역에 근거하여 하나님의 뜨거운 사랑과 기쁨의 대상이 될 것임을 나타낸다. 또한 '뿔라'에 해당하는 '뻬울라'(בְּעוּלָה)는 원래 '결혼하여 주인이 되다'는 의미의 동사 '빠알'(בָּעַל)의 수동태 분사 여성형으로서 결혼을 하여 남편의 소유가 된 여인을 의미한다. 이 역시 '헵시바'와 마찬가지로 하반 절에서 그 의미가 '네 땅이 결혼한 것처럼'으로 해설되고 있다.

이러한 표현은 과거에 하나님의 영광이 떠나 버렸던 땅(사54:6)에 다시 그 영광이 돌아와 옛 지위를 회복하게 될 것을 암시 한다(겔

---

262) *ibid*., p. 100.

 히브리 사상으로 본 주제별 연구 시리즈 1

43:2-5). 이 '헵시바'와 '뿔라'는 2절에서 예언되었던 새 이름과 관련되어 시온의 회복이 완전할 것임을 보여준다.[263]

'신랑이 신부를 기뻐함 같이'(וּמְשׂוֹשׂ חָתָן עַל־כַּלָּה, 우메소스 하탄 알 칼라) 신랑과 신부의 비유는 구약과 신약에서 흔히 하나님 및 그리스도와 그의 백성 및 교회와의 관계를 설명하는 비유로 자주 등장한다(호 2:19; 요 3:29; 엘 5:25). 이러한 사실은 하나님과 그의 백성, 그리스도와 그리스도인들이 마치 결혼한 부부처럼 친밀한 관계, 서로 뜨겁게 사랑하는 관계라는 사실을 암시한다. 이사야는 시온에 대한 하나님의 기뻐하심을 4절에서 '하파츠'(חפץ)라는 단어로 표현한 반면, 5절절에서는 '수스'(שׂוּשׂ)로 표현하였다. 이 단어가 구약성경에서 맨 처음 사용된 곳은 신 28:63과 30:9, 10이다. 이 두 구절에서 '수스'라는 단어는 매우 의미심장하게 사용되었다. 신 28:63에서는 하나님께서 야곱의 가족을 애굽으로 내려가게 하신 후에 아브라함의 언약을 성취하시기 위해 매우 번성케 하시기를 기뻐하셨다는 표현에 사용되었다. 또한 신 30:9에서는 그들이 여호와께 순종할 때에 그들을 기뻐 하사 그들로 온갖 축복을 누리도록 회복의 은총을 베푸신다는 표현을 전하는 데 사용되었다. 이러한 사실은 회복된 시온에 대해 여호와께서 기뻐하시는 기쁨이 어떤 성격의 기쁨언지를 암시해준다. 먼저 여호와께서 그의 백성에 대해 가지는 기쁨을 묘사하는 것이라 할 수 있다.[264]

이사야는 구원받는 이스라엘을, 그분의 오심을 예비함에 있어서

---

263) 한성천·김시열, *op. cit.*, pp. 534-355.

264) *ibid.*, p. 356.

공의의 보석과 옷으로 치장하고 그분께만 화답하는 하나님의 선택된 신부로 본다(사 49:18, 사 61:10).

그날에 하나님께서는 신부를 맞을 신랑으로서 이스라엘을 기뻐하시리라고 이사야는 말한다(사 62:5). 이러한 비유적 표현이 신약성경에서 그리스도의 신부로서의 교회의 모습에 대한 원형을 제공한다는 것은 명백하다(계 21:2).[265]

유대인들을 유대인으로 살아가게 하는 힘의 원동력은 말씀의 힘이다.

토라, 모라, 호라가 그것이다. 또한 물라, 칼라 역시 유대인들과 선택받은 하나님의 백성들이 붙들고 나아갈 힘의 원동력이 되는 것이다.

---

265) 이병철, *op. cit.*, 3618

'베이트 크네세트'(בֵּית כְּנֶסֶת)와 '케힐라'(קְהִלָּה)

우리나라에 기독교가 들어 온 후 초창기에는 모든 교회가 거의 ○○예배당, ○○교회당으로 불렸다. 그러나 언제부터인가 모르게 모든 교회가 ○○교회라고 불리고 있으며 당(堂)자가 빠져 버린 지 이미 오래다. 심지어는 일부는 ○○성전이라고도 한다.

교회당, 예배당과 교회, 그리고 유대인들의 회집장소였던 회당, 교회당에서 교(敎)를 빼면 회당(會堂)이 되고 교(敎)를 넣고 당(堂)을 빼면 교회가 된다. 이와 같이 글자 한차이로 회당도 되고 교회도 되기도 한다.[266]

성경에 보면 야고보가 처음으로 '교회'(ἐκκλησία, 에클레시아)와 '회당'(συναγωγή, 쉬나고게)을 함께 사용하고 있음을 알 수 있다. "… 사람을 외모로 취하지 말라 만일 너희가 '회당'(συναγωγή, 쉬나고게)에…(약2;1-2). 야고보는 또 말하기를 "…저는 '교회'(ἐκκλησία, 에클레시아)의 장로들을 청할 것이요, 그들은 주의 이름으로 기름을 바르며 기도할지니라."(약 5:14). 이와 같이 두 곳에서 성경의 뜻은 회당에

---

266) 이병렬, *op. cit.*, p. 135

서는 "들어오는 사람을 객관적 판단으로 차별하지 말라"는 것이며, 교회 안에서는 "어떤 일이 발생하면 주의 이름으로 기도하라"는 내용임을 알 수 있다.[267]

그래서 '회당'이 지닌 뜻과 '교회'가 지닌 뜻을 원어인 히브리어와 헬라어를 통하여 살펴보고자 한다.

1. 용어 비교

먼저, 회당을 헬라어로는 '쉬나고게'($\sigma\upsilon\nu\alpha\gamma\omega\gamma\acute{\eta}$)라고 한다.

'쉬나고게' $\sigma\upsilon\nu\alpha\gamma\omega\gamma\acute{\eta}$(4864, 쉬나고게) $\sigma\upsilon\nu\alpha\gamma\omega\gamma\alpha\hat{\iota}\varsigma$ 명사 여격 여성 복수, NDFP, '집회, 회중, 집회소, 모이는 곳, 회당'의 뜻이다.[268]

'쉬나고게'는 $\sigma\upsilon\nu\acute{\alpha}\gamma\omega$(4863, 쉬나고)에서 유래했으며, '모으다, 모이다, 모여들다, 불러 모으다, 모아들이다, 같이 모이다, 손님으로 초대하다'의 뜻이다.[269]

이 단어는 지방 유대인 공동체 사회의 모임 장소 또는 유대인들의 집회나 회중 자체를 나타낸다. 이 모임은 대부분 회당에서 열렸으므로 이 두 가지 의미를 함께 나타낸다.

성전은 예루살렘에 하나뿐이다. 법에 의하면 열 가정이 사는 곳에는 회당이 있어야 했다. 그러므로 촌락마다 회당이 있어 사람들이 모여 예배를 보았다. 이렇게 각처에 회당이 있었고 회중 가운데 유

---

267) *ibid.*

268) 김용환, *op. cit.*, pp. 1189-1190.

269) *ibid.*

능한 자는 회당장의 청으로 강의할 수 있었으므로, 갈릴리 사람들로부터 한 선생이나 선지자로 인정받은 예수님께서는 회당에서 가르치는 기회를 쉽게 얻을 수 있었다. 이 회당 제도는 예수님께서 복음을 전파하는 일에 큰 도움이 되었으니 사실상 메시아의 사역을 위하여 준비된 것이라고 생각된다. 회당에서의 그의 강의는 청중의 칭송을 받은 것이다.[270]

'회당'을 의미하는 히브리어는 '베이트크네세트'(בֵּית כְּנֶסֶת)이다.

'베이트크네세트'(בֵּית כְּנֶסֶת)는 '베이트'(בֵּית)와 '크네세트'(כְּנֶסֶת)의 합성어이다.

'베이트' בֵּית (1004, 바이트)는 '집, 장소, 가정'의 뜻이며, '크네세트'(כְּנֶסֶת)는 '집회, 회합'의 뜻이며, '모임의 집, 집회장소'의 뜻을 가진 합성어이다.

또한, '크네세트'는 כָּנַס (3664, 카나스)에서 유래했으며, '모으다 수집하다, 모아들이다, 집합하다, 거두다'의 뜻이다.[271]

그리고 '교회'를 가리키는 히브리어는 קָהָל (6951, 카할) '모임, 집회, 회중, 회합'의 뜻이다.[272]

'카할'은 קְהִלָּה (6952, 케힐라)에서, '케힐라'는 קָהַל (6950, 카할)에서 유래하였으며, '모으다, 소집하다, 모여들다, 함께 모이다'의 뜻이다.[273]

모임은 다음과 같은 목적에서 이루어졌다. ① 공동 방어를 위해(에 8:11, 에 9:2, 에 9:15-16, 에 9:18), ② 전쟁을 하기 위해(수 22:12, 삿 20:1),

---

270) 이병철, *op. cit.*, 4863.
271) 김용환, *op. cit.*, p. 313.
272) *ibid.*, p. 597.
273) *ibid.*

③ 예배드리기 위해(대하 20:26), ④ 우상을 요구하기 위해(출 32:1), ⑤ 아론에게 기름을 붓기 위해(레 8:4), ⑥ 회막을 세우기 위해(수 18:1), ⑦ 법궤를 성전에 옮기기 위해(왕상 8:2, 대하 5:3), ⑧ 폭도들의 모임에(렘 26:9), ⑨ 거역하기 위해(민 16:3, 민 20:2, 삼하 20:14)서이다.

히필형은 백성이나(신 4:10), 유사들과 장로들(신 31:28), 각 지파(왕상 12:21) 등과 같은 집단들의 모임에 사용되었으며 모임의 목적에 있어서는 니팔형과 마찬가지로 다양성을 보여준다. 그 외에도 다음과 같은 목적을 가진 모임이 언급된다. 인구 조사를 위한 모임(민 8:9), 아론의 위임식을 위해(레 8:3), 반석에서 물을 내기 위해(민 20:8), 율법의 말씀을 듣기 위해(출 35:1, 신 31:12, 신 31:28), 모세의 고별 설교를 듣기 위해(신 4:10)서이다.[274]

교회를 의미하는 헬라어는, '엑클레시아'(ἐκκλησία)라고 한다.

'엑클레시아'는 ἐκκλησία(1577, 엑클레시아) '집회, 회중, 교회'의 뜻이 있다.[275]

'엑클레시아'는 '에크'(ἐκ, ἐξ, 1537: ~로부터)와 칼레오(καλέω, 2564: 부르다 call)에서 유래되었으며, 따라서 이 단어는 '불러낸 자들(의 전체)'라는 의미를 가진다.[276]

엑클레시아는 거의 항상 히브리어 카할의 역어로 사용되었으며, 하지만 카할이 항상 엑클레시아로 번역되지는 않았다. 예를 들어, 엑클레시아는 창세기에서 민수기까지 23개 절, 예레미아 5개 절, 에스겔 15개 절에 나오지 않는다. 그 대신 쉬나고게(회중, 회당; 창세기에

---

274) 이병철, *op. cit.*, 6951.
275) 김용환, *op. cit.*, pp. 905~906.
276) 이병철. *op. cit.*, 1577.

서 민수기까지 21개 절, 에스겔, 예레미야 등에서 나옴), 쉬스타세이스(모임, 연합; 창 49:6), 오클로스(군중, 다수; 렘 31:8, 겔 16:40, 겔 17:17, 겔 23:24 등), 플레도스(큰 수, 회중, 무리; 출 12:6, 대하 31:18)가 역어로 사용되었다.

70인 역본에서 엑클레시아는 '집회(assembly)'를 뜻하며, 따라서 '모임, 회집'이란 의미(참조: 신 9:10; 18:16의 총회)와 '모인 자들, 회중'이라는 의미(왕상 8:65의 큰 회중)를 가진다. 실제적 의미는 '모인 자들', 곧 '집회를 구성한 자들'이다. 삼상 19:20의 "선지자 무리"라는 표현이 이를 지지한다.

신명기에서 엑클레시아/카할은 무엇보다도 시내산 언약을 맺기 위해 모인 회중을 의미하고 있다(신 9:10). 엑클레시아/ 카할은 여호와의 이름과 연결됨으로써 제한적인 특별한 의미를 가지게 된다(엑클레시아 퀴리우=케할 예호와: 신 23:2 이하, 참조: 대상 28:8, 느 13:1, 미 2:5). 신명기(9:10; 10:4; 18:16)에서 케할 예호와의 결합이 정당화된 이유를 볼 수 있다. 야웨와 그의 백성과의 관계를 처음 확립한 엑클레시아/카할은 시내 산에 있는 회중이며, 야웨와 이스라엘이 함께 하는 날이 '욤 학카할', 곧 집회의 날(총회의 날)이다. 야웨는 그들을 모두 하나로 부르시는 분이시다.

여기서 엑클레시아/카할은 여호와께서 소집한 백성, 곧 여호와께서 주신 규례들에 구속을 받는 백성을 나타내며, 그들의 여호와 언약에 참여는 순종에 의해서만 이루어지는 것이다. 따라서 엑클레시아/카할은 또한 특별하고 엄숙한 집회의 종교적 요소를 포함하고 있었다. 솔로몬 성전 봉헌 때에 예배하는 공동체는 엑클레시아/카할이며(왕상 8:14 이하; 대하 6:3), 에스라가 율법책을 남자, 여자. 아이들에게 "율법을 낭독하고 …하나님 여호와께 죄를 자복하고 하나님께 경배"했던 초막절의 집회(혹은 모인 회중)(느 8:2 느 8:17), 히스기야의 명령에 따라 유월절을 지키기 위해 모인 백성(대하 30:2; 대하 30:4; 대하 30:13; 대하 30:17), 국가적 위기에서 여호사밧이 하나님께 예배하기 위해 소집한 이스라엘 회중은 엑클레시아/ 카할이다(대하 20:5; 대하 20:14). 카할이 신약성경의 엑클레시아로 발전한 것에 관해서, 우리는 이 말이 시내산에서 언약의 체결에 참예한 자들과 또한 에스라의 지도 아래 율법에 새로이 서약한 자들에 대해 사용된 사실을 고려해야 한다. 따라서 엑클레시아/카할은 언약과, 그리고 그것과 함께 하나님의 약속을 가진 자들을 가리키는 전문용어이다. 적어도 에스라 시대에(참조: 이미 렘 44:15에서) 여인들과 아이들이 엑클레시아/카할에 속했다는 사실 역시 의미심장한 것이다. 이것은 카할이 70인 역본에서 엑클레시아로 번역된 이유의 하나이다. 사실은 카할이라는 용어 자체가 여인들과 아이들도 충분한 자격이 있는 것으로 허락된 기독교 공동체를 뜻할 수 있는 적합한 용어인 반면에, 쉬나고게는 그 요점이 남자들만의 참여와 관련되기 때문에 적합하지 않은 용어이다.[277]

'케힐라'가 먼저 존재하였으며, '베이트 크네세트'는 '케힐라'를 담는 공간이다.

일정한 공간이 없어도 '케힐라'는 존재가 가능하다.

'케힐라' 없이 '베이트 크네세트'는 껍데기에 지나지 않는다.

회당은 건물이 아니라 언약 공동체의 표현이다.

---

277) *ibid.*, 1577.

     히브리 사상으로 본 주제별 연구 시리즈 1

예수님은 회당(베이트 크네세트)에서 가르치면서, 새로운 '케힐라' 형성(제자 공동체)했다. '베이트 크네세트'는 "모임의 집"이요, '케힐라'는 "하나님께 소집된 언약 공동체"다.

2. 두 용어의 유래

회당의 기원은 분명히 알 수 없다. 주전 6세기 바벨론에 포로 된 유대인들이 그들의 성전과 분리되었을 때 율법을 이행하려는 노력으로서 모세 오경을 연구, 토의하기 위하여 지역적 모임을 가진 것을 그 기원으로 본다. 그러나 회당은 제사의 장소가 아니고 기도와 교육의 장소로서 생기게 된 것이다. R. H. Pfeiffer는 회당의 기원을 바벨론 포로들에게 한 에스겔의 말에서 찾는다. "선지자의 집의 모임"(겔 8:1; 겔 20:1-3은 아마 후일 회당에서의 모임의 원형이었을 것이다(렘 39:8의 백성의 집과 비교). 이 초기의 집 회당들은 사도 시대의 집 교회(행 2:1; 골 4:15)와 맞먹는 것이다. 회당은 구약에서 시 74:8에 "하나님의 모든 회당(A.S.V.와 난외에는 집회소들)을 불살랐나이다"고 한 것 외에 언급되지 아니하였다. 만일 이것이 주전 165년의 마카비 사변 때의 일을 취급한 것이라면 유대인의 회당이 분명하다. 그리고 에스라(B.C. 5세기)가 회중 앞에서 모세의 율법 책을 읽은 것을 회당 의식으로 본다면 그것이 우리가 성경에서 찾을 수 있는 회당의 최초의 기원일 것이다(느 8).[278]

---

278) 이병철, *op. cit.*, 4863.

회당의 시작은 누구도 정확히 대답할 수 없다. 대체로 바빌론으로 유배당한 (B.C. 586년경 예루살렘 멸망 후) 포수인 유대인에게는 그들의 구심점인 성전이 없었다. 유대인들은 유배지에서 재빨리 생활에 적응 어느 정도 안정된 후 성전을 그리워한 나머지 회당제도가 싹트기 시작했다. 이면에서는 예레미야의 공헌도 잊어서는 안 된다.

예레미야는 이때 그들에게 하나님은 그 곳에서도 계시니 안심하고 생활에 전념하라는 희망의 서신을 보낸다. 그곳에 정착 가정을 꾸미고 부지런히 활동할 것. 그곳 사람들에게 영향을 주며 떳떳이 살아가라고 격려한다. 그리고 때가 오면 70년 후(제1차 포로 시대로부터 B.C. 597년경) 귀환할 것이라고 말하였다(렘 29:1-32).

예루살렘 멸망 후 50년이 지난 후 페르시아 고레스에 의해 바빌론제국이 멸망한 후 이스라엘 백성은 유대백성이 되어 귀환, 성전재건에 혼신의 힘을 쏟는다.

그러나 산발랏을 중심한 혼혈민족인 사마리아나 그 주변 몇 나라에 의해서 성전재건은 중지당하고 다시 고난에 직면, 실의에 빠진다. 이 무렵 엘리트인 지도자 총독 느헤미야와 학사 에스라가 귀국 고난에 빠진 귀환 동포에게 희망을 주고 눈물겨운 노력과 하나님의 도우심으로 B.C. 516년에 제2의 성전이 재건 완성된다. 이때에 활동한 학사 에스라가 바빌론 체류 시 안식일(샵바트)과 회당제도를 창설 다시 율법을 연구·교육시켰으며『탈무드』를 편찬하는 데 지대한 공헌을 하였다. 그리고 에스라가 귀국 시회당제도와 안식일 예배를 예루살렘에서 시작하였다고 한다. 또 일설에 의하면 바빌론 포수 후 얼마가 지나면서 그곳 생활이 적응이 되자, 안식일을 지켰으며(유대인은 어디로 잡혀 가든지 안식일엔 결코 일하지 않았다. 이것 때문에 더 많은 핍박을 받으면서도) 회당제도를 만들어 안식일마다 모여 율법(토라)을 연구, 다시 편찬했다고 한다. 그러나 회당제도의 결정적인 영향을 준 사람은 에스라이다.

에스라가 귀국 후 유다에도 회당제도가 시작되었으며 여러 지방으로 확산되어 나갔다. 그리고 주님께서도 초기 복음을 전파할 때는 회당을 찾으셨다. 그중에 유명한 회당은 갈릴리에 있는 가버나움 회당이다. 그리고 바울도 초기 복음 증거 시에도 소아시아에 있는 여러 곳의 회당을 찾아다니면서 복음을 증거 했으나 그 후 디아스포라들이 반대 박해를 하기 시작하자 이방 백성에게 전도, 그곳에서 싹트기 시작한 것이 교회(엑클레시아, ἐκκλησία)의 시작이다.[279]

예수가 세상에 계실 때 한 번 '교회'란 말을 언급한 일이 있다. 가이사랴 빌립보에서 베드로에게 "…너는 베드로라 이 반석 위에 내 교회(케힐라, קְהִלָּה)를 세우리니…(마 16:18)"라고 하신 것이다. 여기서 교회란 무형의 교회를 말한다. 그래서 예수 당시까지 회당의 시대이고 바울 이후부터 교회란 말이 등장하기 시작한다. 환언하면 유다와 예루살렘 멸망에서 시작하여 예수 당시까지(유대교는 그 후 계속해서 현재까지 회당제도) 회당제도의 영향 속에 있었으나 예수의 십자가 사건, 죽음과 부활 후 이 복음을 전수받은 바울이 이방세계의 복음 증거가 시작된 후부터는 교회가 이 세상에 등장하기 시작하였다.[280]

---

279) 이병렬, *op. cit.*, pp. 136~137.
280) *ibid*, p. 137.

3. 기능

회당의 임무는 그 근방에 사는 백성의 예배와 교육을 위한 작은 성전으로 사용되고, 헌물이나 헌금을 받고, 구제와 장례식과 재판을 하는 등 그 지역 사회의 생활 중심이 되었다. 회당의 직원은 회당의 업무를 맡고 집회를 관리하는 회당장, 구제하는 집사들, 신학 교사, 통역, 성경 말씀이 기록된 두루마리를 내왔다가 들여놓으며 회당을 청소하며 안식일이 온 것을 모든 사람에게 알리기 위하여 나팔을 부는 조수(종)가 있었던 것으로 생각된다. 회당의 예배는 안식일에 드리며 주간의 제2, 제5일에도 모였다.

초기 기독교 시대에 사용된 의식을 보면, ① 시편이나 감사 기도로 시작하여 유대 신조(쉐마)를 암송한다. ② 율법의 정해진 부분의 낭독, 예언서의 자유 낭독, 그것의 설명이나 설교가 뒤따랐다. 일정한 설교자가 없고 누구나 자격자로 인정받으면 성경을 읽고 설명한 후 설교했다. 아주 낯선 나그네도 회당장의 초청이나 허락으로 성경을 읽고 설교할 수 있었다(눅 4:16; 행 13:15). ③ 회당장의 축도 내지(민 6:24-26) 한 회원의 기도로 폐회되었다. 대개 이런 순서로 예배를 본 것 같다.

회당은 오늘날의 교회처럼 유대인의 종교 생활에 유익을 주는 중요한 기관이었다.

회당은 그의 아버지의 날과 말씀이 공적으로 인정되는 장소였다. 그러므로 회당은 가장 진지한 종교적인 사람들이 즐겨 모이는 곳이다. 예수님께서 세상에 계시던 날에 서기관들과 바리새인들이 유대인들의 최고 선생으로서 회당에서 가르쳤다. 우리는 유대인의 회당이 이러한 가르침 아래 성령의 임재와 축복을 크게 경험했다고 생각하기 곤란하다. 그러나 우리는 그때에 우리 주님께서 회당들을 방문하여 가르치고 전도하고 병을 고친 것을 본다. 그는 어린 시절부터 안식일에 회당에 가는 것이 습관이었다. 회당에는 그의 비위에 맞지 않는 설교나 행사가 많았을 것이나 늘 다니 셨다. 그는 하나님께 예배하는 날, 예배하는 사람들과 떠나지 않으셨다. 그는 그의 사역을 역시 회당에서 시작하였다.[281]

앞에서 이미 언급했지만, 헬라어로 회당을 '쉬나고게'(συναγωγη)라고 한다. '쉬나고게'는 합성어이다. 즉, 전치사 '쉰'(συν, 함께)와 동사 '아고'(αγω)인데 그 뜻은 '내가 모은다, 모인다, 함께 모인다'이다. 그래서 '쉰'+아고(συν + αγω)에서 '쉬나고게'란 명사가 왔다. "쉬나고게"(συναγωγη)의 의미는 '같이 모인다, 친절하게 영접한다, 만나다, 인도하다, 안내하다'로 "유대인의 회집소, 함께 모이는 장소, 예배 드리는 집합소"로 통한다.

그래서 함께 모여 의논하고, 친절히 상담하고, 선한 길로 인도하는 처소로 생각할 수 있다. 그러나 여기서 회당을 히브리어로 다시 생각하면 회당이 지닌 의미를 구체적으로 알 수 있다.[282]

회당을 의미하는 히브리어로는 세 가지가 있다.

① '베이트 하크네세크'(בית הכנסת)

"정치하는 집"이란 뜻이다(오늘날 현재 이스라엘 국회의사당을 '베이트

---

281)　이병철, *op. cit.*, 4863.

282)　이병렬, *op. cit.*, p. 137

하크네세트'라고 한다). '베이트 하크네세트'는 히브리성경에서 "회당 건물명"으로는 직접 쓰이지 않지만 집회. 모임개념으로 제2 성전기 이후 정착된 용어이다.

회당 초기 바빌론 유배지에서 말하는 정치란 오늘 우리가 생각하는 정치관(政治觀)이 아니다. 그 당시 여러 곳에 흩어져 생활에 지친 유대인들이 만식일이 돌아오면 회당에 모여 먼저 살아있는 기쁨을 나누면서 친구들의 안부를 묻고, 생활상을 말한다. 그리고 먼 고국에 대해 아는 대로 묻고 전한다. 공동체로서 서로 돕고 협조한다. 병자나 가난한 자, 어려운 자가 있으면 서로 협조하고 위로한다. 서로 상담하면서 희망을 준다. 신상에 일어난 사건을 말하면서 함께 빵을 나눈다. 하나의 공동체로서 의식 있는 행동이다. 유대인 회합에서만 느껴지는 따뜻한 분위기이다. 디아스포라에게 회당이 있는한 그들은 어디 가서 있던지 어느 나라에 살든지 그들은 외롭지가 않다. 왜냐하면 그들은 회당을 통해서 망국의 한을 달래면서 수천년간을 살아왔기 때문이고 또 그렇게 살아갈 것이다.[283]

② '베이트 하티폴라'(בֵּית הַתְּפִלָּה)

'티폴라'는 תְּפִלָּה(8605, 테필라)이며, '기도, 중재, 탄원, 간청'의 뜻이다.[284]

'테필라'는 פָּלַל(6419, 팔랄)에서 유래했으며, '심판하다, 처벌하다, 간섭하다, 간구하다, 기도하다, 빌다, 중재하다, 유리하게 판단하다,

---

283) *ibid.*, p. 138.

284) 김용환, *op. cit.*, p. 726.

묵도하다'의 뜻이다. [285]

집이라는 뜻이 있는 베이트와 합하면, "그 기도의 집", 곧 기도를 위해 구별된 장소를 의미한다. 기도는 단순한 말이 아니라 하나님 앞에서 자신을 심판대에 세우며 중보하는 행위이다.

성경에서 사용하는 핵심 본문은 사 56:7이다.

וַהֲבִיאוֹתִים אֶל־ הַר קָדְשִׁי וְשִׂמַּחְתִּים בְּבֵית תְּפִלָּתִי עוֹלֹתֵיהֶם וְזִבְחֵיהֶם לְרָצוֹן עַל־ מִזְבְּחִי כִּי בֵיתִי בֵּית־ תְּפִלָּה יִקָּרֵא לְכָל־ הָעַמִּים׃ [286]

필자 사역

(사 56:7) "그리고 내가 그들을 나의 거룩한 산으로 데려올 것이며,

나의 기도의 집 안에서 내가 그들을 기쁘게 할 것이다.

그들의 번제들과 그들의 제물들은 나의 제단 위에서

기쁘게 받아들여질 것이니,

이는 나의 집이 '기도의 집'이라 불릴 것이며,

모든 민족들을 위함이기 때문이다."

위 본문 중에서 "내 집은 만민이 기도하는 집이라 일컬음이 될 것이라"고 했다.

---

285) *ibid.*, p. 554.
286) 원어성서원, *op. cit.*, p. 987.

히브리어로는 'כִּי בֵיתִי בֵּית־תְּפִלָּה יִקָּרֵא לְכָל־הָעַמִּים'이다. 여기서 'בֵּית־תְּפִלָּה'가 직접 등장한다.

훗날 예수님의 성전 정화 사건 때 이 개념을 직접 인용하셨다(마 21:13, 막 11:17).

유대인들은 안식일이 오면(금요일 오후부터 안식일 시작) 저녁에 온 가족이 함께 모여(먼데 여행 갔어도 가급적이면 돌아옴) 안식일 예배를 가정에서 먼저 시작한다. 그리고 안식일 저녁에 드리는 기도를 한다. 그리고 기도의 집(בֵּית־תְּפִלָּה, '베이트하티폴라')에 공동체가 함께 모여 많은 시간을 써가면서 열정적인 기도를 드린다. 히브리어로 '기도'란 동사 팔랄(hitpel, פָּלַל)에서 유래했는데 깊은 뜻이 숨어 있다. 오늘 우리교회가 안일하게 생각하면서 공연의 허공을 치는 큰 소리로 떠드는 기도와는 그 유가 다르다.

'팔랄'의 뜻은, '쪼개다, 분해하다, 다시 조립하다' 등으로 하나님 앞에 자기 자신을 깨끗이 청소한 후 다시 조립하는 마음가짐을 기도라고 한다. 하나님 앞에서 자기 죄를 완전히 분해 소제한 후 자기 자신을 새롭게 조립하는 것을 기도라고 한다.

중언부언 기도란 있을 수가 없다. 하나님 앞에 인격적인 대면이 없으면 기도가 아니다. 그래서 신 앞에 바른 기도 신의 뜻을 순종(하나님 밑에서 하나님의 말씀을 경청하는 태도)하고 신의 뜻을 알아(야다, יָדַע)행한다는 것이 얼마나 어려운가를 우리는 깨닫고 느껴야 한다. 기도 자가 이토록 힘들고 어렵기 때문에 주님께서 직접 그의 제자들에게 기도를 가르쳐 주신 것을 깊이 생각해야 할 것이다(마 6:9-13). 오늘도 우리의 입을 통해서 주님이 가르쳐 주신 기도가 얼마나

많이 희생당하고 있는가.[287]

③ '베이트 하미드라쉬'(בֵּית הַמִדְרָשׁ)

'미드라쉬'는 '다라쉬'(דָּרַשׁ, 1875)에서 유래했으며 '자주 가다, 찾다, 구하다, 문의하다, 탐구하다, 해석하다, 간절히 구하다, 알아보다, 조사하다, 연구하다'의 뜻이다.[288]

집이라는 뜻을 가진 '베이트'가 합해져서 '연구하는 집'이라는 뜻이다. 율법(토라)을 생명으로 여기고 깊이 공부하고 연구한다는 뜻이다.

"베이트 하미드라쉬"라는 표현은 히브리 성경에 직접 나오지 않는다. 그러나 개념은 분명히 존재한다. 대표적 개념 본문은 느헤미야 8장이 대표적이다.

에스라가 율법을 낭독 레위인들이 "뜻을 해석하여 깨닫게 함"이 언급되었고, 또한, 공적 해석·교육의 장면이 나온다. 이것이 '베이트 하미드라쉬'의 성경적 원형이다. '베이트하미드라쉬'의 특징은 랍비를 중심으로 모였고, 암송+질문+토론과 문자적 읽기+적용적 해석을 병행하였다. 이로써 제자 공동체가 형성되었다.

단순 강의실이 아니라 해석 공동체였다.

성경 본문을 질문하고 확장하고 적용하는 해석 전통이 되었다.

주요 유형은 '미드라쉬 할라카'는 율법 적용을 하고, '미드라쉬 아가다'는 서사·신학·윤리를 연구했다.

'베이트 하미드라쉬'는 이 두 종류의 미드라쉬가 실제로 수행되는 장소였다.

---

287) 이병렬, *op. cit.*, pp. 138-139.
288) 김용환, *op. cit.*, p. 155.

'베이트 하미드라쉬'는 "말씀을 단순히 읽지 않고, 질문하며 삶에 적용하도록 공동체적으로 탐구하는 신앙의 학교"이다. 포로기 이후에 성전 접근이 제한되고, 지역 공동체가 필요해졌다는 것이다. 그래서 만들어진 회당은 말씀 낭독+기도가 중심이 되었다.

포로기 이후 유대 공동체에는 세 핵심 공간이 형성되었다.

그래서 회당은 종종 3가지 기능적 특성을 지니게 된다.

> '베이트 하크네세트'(בֵּית הַכְּנֶסֶת): 모임, 예배
>
> '베이트 하티폴라'(בֵּית־תְּפִלָּה): 기도
>
> '베이트 하미드라쉬'(בֵּית הַמִּדְרָשׁ): '배움의 집', 학습, 해석

회당에 모여 생활에 도움이 되는 지혜로운 정치도 해야 한다. 그리고 신의 뜻을 순종하기 위하여 열심히 똑바른 기도를 해야 한다. 그러나 이 두 가지 즉, 활력 있는 양심생활과 하나님이 바라시는 기도를 하기 위해서는 무엇보다도 주의 말씀을 연구하는 자세가 가장 필요하다. 성경을 바르게 보는 눈이 열려야 하며 성경과 더불어 사는 생활이 얼마나 소중한가를 깨닫고 최선을 다해 성경을 연구하는 데 많은 시간을 바쳐야 할 것이다. 바빌론으로 유배 갔던 에스겔은 하나님의 임재와 감흥 속에 두루마리 성경을 먹으면서 달기가 꿀맛 같았다(겔 3:1-3)는 고백을 오늘 우리도 해야 할 것이다. [289]

교회란 헬라어로 '엑클레시아'(ἐκκλησία)라고 하는데 이 역시 합성어이다.

---

289) 이병렬, *op. cit.*, p. 139.

　　히브리 사상으로 본 주제별 연구 시리즈 1

전치사 '에크'(ἐκ, 밖으로 나가다)와 동사 '카레오'(καλέω)인데 '카레오'란 '불러내다, 직책을 주다, 소집하다, 명령하다, 지정하다, 임명하다, 준비하다, 자활하다, 갖추다'의 뜻이다. 그래서 명사로 교회 '엑클레시아'(ἐκκλησία, ἐκ + καλέω)는 '직책을 주기 위한 회집, 임명받기 위한 모임, 명명(크리스챤이라고)받기 위해 만나는 장소'로 볼 수 있다.

또, 교회를 히브리어로는 '케힐라'(קְהִלָּה)라고 하는데 주로 회중(會衆)을 의미하고 있으며, 이스라엘 민족의 회합을 의미하기도 한다. 출애굽기 16:3에는 '온 회중'으로 나와 있으며 예레미야 26:9에는 "모든 백성이 여호와의 집에서 예레미야에게로 모여드니라", 또한 느헤미야 13:1에는 "하나님의 회에(בִּקְהַל הָאֱלֹהִים, 베카할 하엘로힘)"으로, 신명기 31:30에는 "모세가 이스라엘 총회(קְהִלָּה, 케힐라)에서…"라고 하며 뜻은 말을 듣기 위해 모이는 회중으로 말하고 있다.

교회(케힐라, קְהִלָּה)는 동사 '카할'(קָהַל)에서 왔는데 "불러내다"의 뜻으로 '카할, קָהַל'이란 말은 초기 장막(오헬, אֹהֶל)에서 발전하여 '콜'(קוֹל, 소리 음성)로 변하여 '카할'로 왔다고 한다. 그래서 종합해보면 '하나님의 콜(음성)을 듣기 위해서 특정 장소에 모인다'로 해석이 가능하다.

교회 '케힐라, קְהִלָּה'는 이스라엘의 공동체가 일정한 장소에 모여 이스라엘을 구속한(가알, גָּאַל, 속량한) 하나님의 준비된 말씀을 듣는 장소를 말한다. 그래서 '케힐라, קְהִלָּה(교회)에 모여 주의 음성을 듣고 '엑클레시아'(ἐκκλησία, 교회)에 모여 성도로서 사명을 받은 후 맡은 직분에 충실한 삶을 말한다. 오늘의 교회는 '회당'으로서 그 본분을 다한 후 '교회로서 책임'을 다할 때 '교회당'이라고 말할 수 있을 것이다.[290]

---

290) *ibid.*, p. 140.

16장

'미드바르'(מִדְבָּר)와 '메다바르'(מְדַבֵּר)

'미드바르'(מִדְבָּר)는 '광야'를 의미하고 '메다바르'(מְדַבֵּר)는 '말하다'를 의미한다.

두 단어 모두 자음은 같으나 모음변화로 하나는 광야가 되고 하나는 말하다가 된다.

같은 어근에서 '말씀이 없는 상태'(미드바르, מִדְבָּר)가 되고, '말씀이 선포되는 상태'(메다바르, מְדַבֵּר)가 된다.

'미드바르'는 מִדְבָּר(4057)이며, '광야, 항무지, 목초지(사막이 아니라 가축을 먹이기에 적당한)'의 뜻이다. [291]

'미드바르'는 다바르(דָּבַר, 1696)에서 유래했으며, '정돈하다, 안내하다, 인도하다, 통치하다, 말씀하다, 명령하다, 기도하다, 선포하다, 선언하다, 위로하다, 복종하다, 말씀, 명령'의 뜻이다. [292]

'여기서 "말하다"의 명사는 "다바르"(דָּבָר, λόγος)로 '말'인데, 이 '말'(다바르)의 뜻은 '행동, 사건, 사상, 의견' 등으로 광범위한 뜻이 내포

---

291) 김용환, *op. cit.*, p. 347.
292) 김용환, *op. cit.*, pp. 141-142.

된 말이다. 그래서 이 '말'(다바르)가 동사로 변하면 뜻이 강한 동사(piel, 능동 강조형 동사)로 단순히 '말하다'(아마르, אָמַר, say)가 아니고, 사상이 있고, 의미가 있으며, 의견이 있고, 행동이 있는 말을 의미한다. 그래서 이 '말하다'가 능동 분사로 변하면 '메다바르'(מְדַבֵּר)'로 '그가 말하다'가 된다. 그리고 '말하다' 속에는 강한 뜻이 내포되었다.

> (민 1:1) "이스라엘 자손이 애굽 땅에서 나온 후 제 2년 2월 1일에 시내 광야(미드바르, מִדְבַּר)에서 여호와가 모세에게 말씀하여(메다바르, מְדַבֵּר, 와우 계속법, 피엘 미완료형, וַיְדַבֵּר) 이르시되"

이처럼 여호와의 말씀(다바르)은 광야(미드바르)에서 들려오고 광야에서 여호와는 모세에게 말씀(메다바르)하신다. 여호와의 말씀은 현재 일어나고 있는 사건으로 받아들여야 하기 때문에 시제에 구애받지 아니한다. 그래서 여호와가 지금 말씀하고 계시다(메다바르) 받아들이는 것이 신앙의 결단이다.[293]

미드바르는 일반적으로 세 유형의 지역을 묘사하는데 사용 된다: 목초지(수 2:22, 시 65:12, 렘 23:10); 사람이 살고 있지 않는 땅(신 32:10, 욥 38:26, 잠 21:19, 렘 9:1); 오아시스 혹은 도시와 읍이 여기저기에 존재하는 넓은 지역, 유다의 광야에는 그 안에 적어도 6개의 도시가 있었다. 요르단의 광야(충적의 평야)에는 도시들이 존재하며 시내 광야에는 그 지역 안에 많은 오아시스들이 있다. '미드바르'는 또한 비유적으로 사용된다.(호 2:5, 렘 2:31).

---

293)　이병렬, *op. cit.*, p. 112.

이 광야는 가끔 포도, 샘, 물웅덩이, 강, 즐거이 쉴만한 장소 등이 없다는 뜻의 부정적 의미로 묘사되며, 혹은 주목할 만한 진술, 즉 "하나님이 광야에서 능히 식탁을 준비하시랴"(시 78:19)라고 묘사된다.[294] 여호와의 말씀(메다바르)은 광야에서(미드바르) 들려 올 때가 많다. 이스라엘의 선택 과정은 거의 광야에서 일어났으며, 광야에서 여호와의 말씀이 드려왔다. 그래서 "광야의 말씀"은 분리할 수도 없으며 밀접한 관계에 놓여 있다. 그리고 광야에서 말씀이 들려오는 것을 알아야 한다.[295]

산과 물과 같이 구약성경에서 광야는 거룩한 곳의 이중성을 나타내고 있다. 즉, 광야는 여호와께서 자신을 나타내시는 곳이며, 그러나 또한 귀신들의 거주지이며 이들은 불결한 것과 병과 죽음으로 인간들을 위협하고 있다. "거룩한 곳", 즉 광야에 주어지는 긍정적인 가치는 광야에서 하나님의 현현과 관계되는 수많은 기사에 의하여 나타나게 된다. 엘리야가 이세벨을 피하여 도망할 때 광야에서 천사가 음식으로 엘리야를 강건하게 하였다(왕상 19:4-6), 호렙(출 3:1 이하; 왕상 19:11-18)과 시내(출 19)에서 하나님이 나타나심은 산에서뿐만 아니라 광야에서도 현현하셨다. 이스라엘의 40년간 광야의 유랑(출애굽기에서 신명기까지; 참조: 신 8:2)은 특별히 하나님과 밀착되는 시간으로 간주되고 있다(호 9:10 참조: 호 11:1, 호 12:10[호 12:9]; 호 13:4 이하) 종말론적 구원에 대한 소망은 또한 광야와 연관된 생각과 관계되고 있다(사 40:3, 렘 31[38]:2, 겔 34:25, 호 2:16-25).

---

294) 이병철, *op. cit.*, 4057.
295) 이병렬, *op. cit.*, pp. 112-113.

여호와와 밀접한 생활을 하기를 원하는 자마다 어느 시대나 레갑 족속처럼 황량한 환경을 만들어 생활하는 것을 선택하는데 그 기원은 엘리야 시대의 예언적 부흥 운동에 있는 것이다. 그들은 집 대신에 천막에서 살았다(렘 35:7, 렘 35:9 이하). 적어도 일 년에 한 번 모든 유대인들은 '천막'의 장막절을 기념할 때 광야에서 그들의 조상들이 한 것처럼 '천막'에서 생활한다(레 23:34-36, 레 23:42 이하; 신 16:13-17).[296]

문화가 있고 종교가 있으며, 학원이 있고 무역하고, 상업이 있는 도시에 살고 있는 아브라함에게 여호와의 말씀이 임했다. 그 곳에 있는 모든 소유(고향, 친척, 가정까지)를 버리고 내가 네게 지시한 땅(보여준 땅 신앙으로)으로 가라고 명령을 내린다.(창 12:1). 여기서 지시한 땅이란 광야로 가라는 뜻과 같은 말이다. 가나안의 황무지를 향해서 아브라함은 장도에 오른다. 살기 좋은 곳에서 쓸쓸한 땅으로 가는 것이다. 그는 숲이 우거진 하란에서 다메섹을 거쳐 세겜에 이르고 유다광야가 있는 헤브론, 브에르쉐바, 그랄, 그리고 드디어는 애굽까지 들어간다. 이토록 아브라함은 황무지 광야를 배회 하면서 광야(미드바르) 그곳에서 여호와의 말씀을 듣는다. 그리고 믿음의 원조로 이스라엘의 조상으로 성장한다.[297]

애굽에서 종살이로 고통받는 아브라함의 후예들의 구출사건도 광야에서 시작된다.

모세가 미디안 광야에서 여호와의 말씀을 들었다. 모세는 광야에

---

296)　이병철, *op. cit.*, 4057.
297)　이병렬, *op. cit.*, p. 113.

서 지도자로 훈련을 쌓았으며, 광야에서 여호와의 말씀을 들은 후
절세의 지도자로 성장한다.

애굽에서 구출받은 이스라엘도 시내 산 호렙에 이르러 아브라함
의 하나님 여호와로부터 계약과 법령(토라)을 받는다. 시내 산에서
여호와의 말씀을 받은 후 보무도 당당하게 한 민족을 형성하여 가
나안을 향해서 진군한다. 가는 도중 광야에서 말씀으로 훈련시켜
노예근성을 청산시키고, 이상이 있는 민족으로 성장하여 가나안에
입주한다.

광야는 말씀이 들려오는 곳이요, 말씀의 훈련장이기도 하다. 여호
와는 사막의 하나님으로 광야에서 말씀하고 계시기 때문이다.[298]

이렇듯 광야는 여호와의 말씀이 있는 곳이기에 교회가 되는
것이다.

광야는 여호와께서 말씀하시는 곳이다. 광야의 모래바람이 불고,
밤에는 영하로, 낮에 뜨거운 해가 내리 쬐는 그런 곳이다. 그러한
시설이 열악하고 환경이 불편하지만 여호와의 생명의 말씀을 들을
수 있는 곳이면 그곳이 광야교회이다. 여호와께서 말씀하시므로 그
곳이 교회요, 천국이 되는 것이다. [299]

종교가 있고 성전이 있는 예루살렘에서 말씀이 들려온 것이 아니
라 시내 광야 호렙산 말씀이 들려왔다. '호렙'이란 '쓸쓸한, 건조한,
황량한, 외로운, 버려진, 불모의 땅' 등으로 의미가 다양하다. 외롭고
쓸쓸하고 황량한 광야에서 여호와의 생명의 말씀이 들려왔다.

---

298) *ibid.*

299) 김현덕, 설교할 수 있다. "광야교회"(경기도: 도서출판 헤세드, 2023), p. 43.

　　　　　히브리 사상으로 본 주제별 연구 시리즈 1

וַיְדַבֵּר אֱלֹהִים אֵת כָּל־ הַדְּבָרִים הָאֵלֶּה לֵאמֹר: [300]

(출 20:1) "그리고 하나님께서

이 모든 말씀들을

말씀하여 이르시되"

'그리고 말씀하셨다' דָּבַר (1696, 다바르) וַיְדַבֵּר 와우 계속법-칼 미완 3인 남성 단수, CW. VQIZMS, '말하다'의 뜻이다.

'모든 말씀들을' דָּבַר (1697, 다바르) הַדְּבָרִים 관사-명사 남성 복수, D. NMP, '말씀, 언어, 일, 명령, 사건, 계명, 규례, 행적, 생각'의 뜻이다.[301]

וַיְדַבֵּר יְהוָה אֶל־ מֹשֶׁה בְּמִדְבַּר סִינַי בְּאֹהֶל
מוֹעֵד בְּאֶחָד לַחֹדֶשׁ הַשֵּׁנִי בַּשָּׁנָה הַשֵּׁנִית
לְצֵאתָם מֵאֶרֶץ מִצְרַיִם לֵאמֹר: [302]

(민 1:1) "그리고 말씀하셨다, 여호와께서, 모세에게,

시내의 광야에서, 만남의 장막에서,

둘째 달의 첫째 날에,

이집트 땅에서 그들이 나온 지 둘째 해에,

말하여 이르시되."

---

300) 원어성서원, *op. cit.*, p. 454.

301) 김용환, *op. cit.*, pp. 142- 143.

302) 원어성서원, *op. cit.*, p. 805

'시내의 광야'(בְּמִדְבַּר סִינַי, 베미드바르 시나이) 말씀은 도시나 성전이 아니라 광야에 선포하셨다.

'만남의 장막에서'(בְּאֹהֶל מוֹעֵד, 베오헬 모에드)하나님이 임재하시는 장소에서 말씀하신다. 말씀은 혼돈이 아니라 임재의 질서 속에서 임하신다. 사람이 정한 곳이 아닌 하나님이 정하신 만남의 장소가 회막이요, 장막이다.

'오헬'은 אֹהֶל(168, 오헬), '천막, 거처, 회막, 성막'을 뜻하며[303] '정해진 시간과 장소에서의 만남'을 의미한다.

'이사야'(יְשַׁעְיָה, 여호와는 구원이시다)는 예언의 말씀을 선포하고 있다(사 35:1-10).

$$יְשֻׂשׂוּם מִדְבָּר וְצִיָּה וְתָגֵל עֲרָבָה וְתִפְרַח כַּחֲבַצָּלֶת:[304]$$

필자 사역

(사 35:1) "기뻐할 것이다, 광야(מִדְבָּר)와 메마른 땅이,

즐거워할 것이다, 사막 평지가,

피어날 것이다, 백합처럼."

이사야의 꿈(חֲלוֹם, 할롬)은 광야에서 이루어진다. 사막(מִדְבָּר)에서 여호와가 오시며, 그날이 오면 사막이 터져 생수가 강처럼 흐른다. 황량하고 거친 사막에서 꽃이 핀다. 광야가 변하여 신천지가 된다

---

303) 김용환, *op. cit.*, p. 19.
304) 원어성서원, *op. cit.*, p. 900.

   히브리 사상으로 본 주제별 연구 시리즈 1

는 이사야 선지자의 노래는 사막에서 말씀이 나온다는 그의 환상
(חָזָה, 하자)이다.

예수님이 광야 시험을 당하셨다. 그 광야에서 말씀으로 승리하
셨다.

미드바르(מִדְבָּר)에서 메다바르(מְדַבֵּר)로 승리하셨다.

미드바르(מִדְבָּר, 광야, 침묵)는 메다바르(מְדַבֵּר, 계시)를 낳고, 다바르(,
말씀)는 성육신(그리스도)으로 완성된다.

즉, 광야는 버림받은 장소가 아니라 하나님이 가장 선명하게 말씀
하시는 무대 미드바르(מִדְבָּר, 4057)는 "말씀이 없는 곳"이 아니라, "말
씀 외에는 의지할 것이 없는 곳"이며, 그곳에서 하나님은 반드시 메
다바르(מְדַבֵּר, 1696)하신다.

현대를 사는 사람들에게 '광야'가 없다.

마음의 광야가 있어야 한다.

삶의 지친 내 마음 한 구석에 살기 위해서 동분서주하는 내 마음
속에 광야는 있어야 한다, 광야가 있어야 말씀하시는 주님을 만날
수 있고, 여호와의 임재를 경험하게 된다.

여호와의 말씀을 들을 수 있게 된다.

모든 잡다한 소음을 제거하고 마음의 광야 앞에 서야 한다.

'광야'(미드바르)는 곧 여호와의 말씀(메다바르)을 들을 수 있는 유일
한 곳이다.

17장

'눈'(עַיִן, eye)과 '샘'(עַיִן, spring)

눈과 샘은 같은 단어이면서 다른 뜻을 갖고 있다.

1. 눈(עַיִן, eye)

예수님께서 말씀하시기를 "눈은 몸의 등불이니 그러므로 네 눈이 성하면 온몸이 밝은 것이요"(마 6:22)라고 하셨다.

'눈'은 몸의 등불이다. 또는 '눈'은 영혼의 창문이다. 이런 표현들이 있다.

성경에서 '눈'이 가지고 있는 의미가 무엇일까?

예수님이 말씀하신 '눈'은 ὀφθαλμός(3788, 오프달모스)이며, '눈, 시각 기관, 정신적, 영영적 이해력, 안목'의 뜻이다.[305]

'오프달모스'는 ὀπτάνω(3700, 옵타노)에서 유래했으며, '보다, 바라보다, 보이다, 나타나다, 보여지다(부활하신 그리스도에 대하여)'의 뜻이

---

305) 김용환, *op. cit.*, p. 1100.

다.[306]

‘오프달모스’는 비유적으로, ‘가장 소중하고 사랑스러운 것’을 의미한다.

‘눈’은 도덕적 언급과 더불어 건전할 수도 있고 건전하지 못할 수도 있다는 가능성이 고려되고 있다(마 6:23). 악하고 시기적인 눈이 있다(마 20:15, 막 7:22). 눈이 죄를 범하도록 유혹하기도 한다(요일 2:16, 벧후 2:14). 때로는 범죄의 원인이 될 수도 있다(마 5:29).[307]

‘오프달모스’는 구약에서는 거의 항상 ‘아인’(@yI[)으로 나타난다.

구약 히브리어에서 ‘아인’(!yI[, 5869, 눈)은 ‘눈, 시력, 목전, 미간, 백주, 샘물, 샘, 보암직하다, 눈짓하다, 주목하다, 겸손하다, 바라보다’의 뜻이다.[308] ‘아인’(!yI[, 5869)은 눈 그 자체 이상의 것을 암시한다. 때때로 이 단어는 전체 보는 과정과 나아가 이해하고 순종하는 전체 과정을 나타낸다(렘 5:21).

그러나 구약성경에서 이러한 비유적 방식으로 많이 사용되는 것은 귀이다.

눈은 지식, 성격, 태도, 성향, 견해, 열정 및 반응을 표현하는 데 사용된다.

눈은 인간의 내적 생각의 좋은 지표이다. 몸의 모든 신체기관들 중에서 눈은 보다 중요한 것 중의 하나로 간주되었다.

만일 주인이 종의 눈을 상하게 하여 못 쓰게 하면 그 종은 자동적으로 면천되었다(출 21:26). 인간(레 21:20, 왕하 4:34), 짐승(창 39:41), 새

---

306) *ibid.*, p. 1090.
307) 이병철, *op. cit.*, 3788.
308) 김용환, *op. cit.*, p. 507.

(욥 28:7, 욥 39:29)뿐만 아니라 바퀴(겔 1:18, 겔 10:12, 여기에서 눈들은 널리 만물을 보시는 하나님을 상징한다), 돌(슥 3:9, 여기에서 눈들은 돌의 깎은 면들을 가리킨다. 참조: 출 10:15, "온 땅의 눈[표면]")과 눈을 사용할 수 없는 우상들에게도 눈이 있는 것으로 간주된다.

신인 동형론적으로 하나님께도 눈이 있는 것으로 묘사된다.

하나님의 눈은 도처에 있으며 선과 악을 감찰한다(잠 15:3). 하나님의 눈은 온 세상 전체에서 의인을 지키는데 집중하고 있으며(대하 16:9), 한편으로는 죄인을 파멸시키기 위해 죄인들에게 집중하고 있다(암 9:8). 인간은 주의 눈에서 은총을 발견할 수 있다(창 6:8). 인간은 여호와의 눈에(여호와가 보시기에) 올바르게 행할 수도 있고(왕상 15:11) 악을 행할 수도 있다(왕상 16:25).

인간은 하나님에게 그의 눈을 뜨시라고 기도한다(왕하 19:16=사 37:17, 단 9:18). 하나님께서 그의 눈을 가리울 때, 그는 인간의 기도와 필요를 무시하신다(사 1:15).

하나님께서 그의 눈을 인간에게 향하실 때, 그는 인간을 살피시고 구원해주신다(시 33:18, 시 34:15, H16).[309]

성경은 가난한 사람들에게 '야라 아인'(תֵּרַע עֵינוֹ, 미운 눈)으로 보는 것에 대해 경고하고 있다(신28:54). 여기 '야라'는 יֵרַע(3415 야라) תֵּרַע 타라, 칼 미완 3인 여성 단수, VQIZFS, '떨다, 흔들리다, 몹시 걱정하다, 근심하다, 악하다, 나쁘다, 해롭다, 시기하다'의 뜻이다.[310]

---

309) 이병철, *op. cit.*, 5869.
310) 김용환, *op. cit.*, p. 289.

(신 28:54) "너희 중에 온유하고 연약한 남자까지 그의 형제와 그의 품의

아내와 그의 남은 자녀를 미운 눈으로 바라보며"

자비를 갖거나 동정심을 갖는 것은 '하스 아인'(עֵינְךָ חָוֹס, 인색한 눈, 궁휼의 눈)을 갖는 것이라고 한다(신 7:16). 여기 '하스'는 חוּס(2347, 후스) חָוֹס 칼 미완 3인 여성 단수, VQIZFS, '불쌍히 여기다, 측은히 여기다, 동정하다'의 뜻이다.[311]

하나님께서는 자기의 백성들이 우상 숭배하는 자들을 거부하기를 얼마나 원하시는가를 설명하신다. 즉 긍휼히 보지 말며 애석히 여기지 말라. 저들은 저들의 보상을 받는다. 따라서 그들은 가나안 인들을 긍휼히 여겨서는 안 된다.

(신 7:16) "네 하나님 여호와께서 네게 붙이신 모든 민족을 네 눈이 긍휼히

보지 말고 진멸하고 그 신을 섬기지 말라 그것이 네게 올무가 되리라."

저들이 아낌을 받아서는 안 된다.[312]

또한 눈은 거만함의 표시가 될 수 있다. '룸 에이나우'(רוּם עֵינָיו, 높은 눈)이라고 했다(사 10:12). 여기 '룸'은 רוּם(7312, 룸) רוּם 명사 남성 단수 연계, NMSG, '높은, 거만, 교만'의 뜻이다. [313]

(사 10:12) "앗수르 왕의 완악한 마음의 열매와 높은 눈의 자랑을 벌하시리라."

---

311) 김용환, *op. cit.*, p. 194.
312) 이병철, *op. cit.*, 2347.
313) 김용환, *op. cit.*, p. 629.

‘룸’의 긍정적인 면과 부정적인 면의 의미가 동시에 사용되었는데, 구약성경에는 긍정적인 의미를 지닌 몇 개의 관용어가 나온다. 가장 빈번한 용법은 하나님의 높으심에 대해 사용되어 하나님의 높은 지위를 표현한다.(“하나님을 높일지로다”, 삼하 22:47, 시 18:46, 참조: 시 113:4, 사 6:1). 지혜는 너무 높아서 미련한 자가 미치지 못할 것이라고 기술되어 있다(잠 24:7).

구원은 구원받은 자의 머리의 높이와 동등하다(시 27:6, 문자적으로는 “내 머리가 내 원수들보다 높다.” 이 구절은 전형적으로 수동태 “들리다[Be lifted up]”라고 번역됨을 주의하자. 한글개역 “내 머리가… 내 원수 위에 들리리니”). 상대적인 높이는 상대적인 정치적 지위를 표현한다(민 24:7). “높은 손”은 승리를 상징한다(민 33:3). 하나님의 높은 손은 심판할 준비를 나타낸다(사 26:11). 높은 뿔은 기쁨을 가리킨다(삼상 2:1). 부정적인 관용어들로는 다음과 같은 것들이 있다. 높은 마음은 철면피(신 8:14)나 교만(겔 31:10)을 나타낸다. 높은 눈(시 131:1)과 높은 팔(욥 38:15)도 역시 주제넘음, 건방짐을 나타낸다. ‘높은 자’ 혹은 ‘오만한 자’(삼하 22:28)는 사악한 자를 나타내는 시어인데, 이는 마치 ‘고난받는’ 및 ‘겸손한’과 같은 용어들이 의인을 묘사하는 것과 매한가지다.[314]

반대로 하나님이 구원하는 겸손한 사람의 특징은 ‘샤흐 에이나임’(שַׁח עֵינַיִם, 낮은 눈)이라고 한다(욥22:29). 여기 ‘샤흐’는 שַׁח(7807, 샤흐) וְשַׁח 접속사-형용사 남성 단수 연계, C. AMSG, ‘낮은, 낙담한, 떨어

---

314) 이병철, *op. cit.*, 7311.

    히브리 사상으로 본 주제별 연구 시리즈 1

진, 비천한, 겸손한'의 뜻이다.[315]

'샤흐'는 샤하흐(שָׁחַח, 7817)에서 유래했으며, '가라앉다, 아래로 던져지다, 복종하다, 낮추다, 굴복하다'의 뜻이다.[316]

(욥 22:29) "사람들이 너를 낮추거든 너는 교만했노라고 말하라, 하나님은 겸손한 자(שַׁח עֵינַיִם)를 구원하시리라."

눈은 영적인 능력으로 묘사된다. 아담과 하와는 금지된 열매를 먹은 후에 그들의 눈이 떠졌다. 그들은 그들의 결백(innocence)을 상실하였으며 이제 육체적 벌거벗음과 영적 벌거벗음을 인식하게 되었다(창 3:5, 창 3:7). 눈이 있어도 하나님을 볼 수 없다(렘 5:21). 하나님은 눈을 멀게 하실 수도 있고(사 6:10, 사 44:18) 눈을 뜨게 하실 수도 있다(민 22:31, 왕하 6:17). 여호와를 바라보는 눈은 기대와 확신을 나타낸다.(시 133:2). 여호와의 율법은 눈을 밝게 한다.(시 19:8, H9, 참조: 삼상 14:28, 눈을 밝게 한다는 말은 활기를 돋구고 소생시킨다는 것을 가리킨다. 스 9:8, 시 13:3, H4).

이사야는 그의 눈으로 하나님을 뵈었다고 고백했다(사 6:5). 그러나 이러한 특권은 대개 종말론적 차원에 국한되어 있다(사 33:17, 겔 38:23, 참조: 계:1:7).

눈은 인간의 내적 존재의 거울이다. 눈은 관대함(잠 22:9, "선한 눈"), 인색함(잠 23:6, "악한 눈"), 계획(시 17:11), 교만(잠 6:17, 사 2:11), 겸손(욥

---

315)　김용환, *op. cit.*, p. 665
316)　*ibid.*, p. 666.

22:29), 조롱(잠 30:17), 동정(겔 16:5), 탐욕(전 4:8)을 반영한다.

"당신의 눈에"라는 표현은 견해 또는 판단과 같은 뜻이다. 사사기에 의하면 각 사람은 각자의 눈에(자신의 보기에) 옳은 일을 행했다(삿 21:15). 어리석은 자는 자신의 눈에는(스스로 보기에는) 옳다(잠 12:15). 성전은 예루살렘 거민의 눈에(보기에) 강도의 소굴이 되었다(렘 7:11). 사라는 하갈에게 모욕을 당했으나(창 16:4, 창 16:5), 아브라함은 이스마엘로 인하여 근심하였다(창 21:11, 창 21:12).

특별한 관심으로 보호하겠다는 약속은 문자적으로 '그의 눈동자(apple of his eye)'라는 어구로 표현된다(신 32:10, 슥 2:8).[317]

2. 샘(עַיִן, spring)

같은 단어이면서도 그 뜻은 다르게 쓰인다.

아인은 '샘물spring, 샘fountain'을 의미한다.

이 단어는 산중턱이나 계곡의 틈에서 흘러나오는 물을 지칭한다. 이것은 '우물'이나 '저수지'와는 구별되어야 한다. 동의어로는, 역시 샘을 의미하지만 비유적인 방식으로 자주 사용되는 '마코르'와 사실상 '아인'과 같은 의미를 지니는 '마얀'이 있다.

가나안 땅은 "좋은 땅, 많은 시냇물의 땅, 계곡과 구릉에서 샘물(עַיִן)이 흘러나오는 땅"으로 묘사되었다. 야곱은 그의 아들들을 축복할 때 요셉(에브라임과 므낫세 지파)을 위하여 가장 큰 축복 가운데 하

---

317) 이병철, *op. cit.*, 5869.

나를 남겨두었다. 야곱은 요셉을 샘 곁의 열매를 풍성히 맺는 곧 가지에 비유한다(창 49:22). 이것은 므낫세와 에브라임 지파가 가나안에 '심기움'을 가리키며 비옥하고 중요한 영토를 그들이 확보할 것임을 시사한다.[318]

בֵּן פֹּרָת יוֹסֵף בֵּן פֹּרָת עֲלֵי־עָיִן בָּנוֹת צָעֲדָה עֲלֵי־שׁוּר׃[319]

필자 사역

(창 49:22) "열매 많은 아들 요셉이여,

샘 곁에 있는 열매 많은 아들,

그 가지들이 담 위로 뻗어 간다."

이 구절에서 '아인'(עַיִן) 은, '눈'(עִין, eye)이 아니라 반드시 '샘'(עִין, spring)으로 이해해야 한다. 요셉의 생명력, 공급, 하나님의 은혜의 근원임을 암시한다.

잠 8:28에는 샘이라는 말과 깊음이라는 말이 결합한 "깊음의 샘(fountains of the deep)"(한글개역, "바다의 샘")이라는 표현이 나오는데, 이는 또한 깊음의 샘들의 근원임을 시사하는 것 같다. 이 구절의 정확한 의미는 알기 어렵다. 70인 역본에 따르면 깊음의 샘들을 강화시키고, 즉 확립하시고, 바다의 경계를 고정하시는 이는 하나님이신 것 같다. 그러나 여기에서 바다의 경계들은 '대양(ocean)'이라는 해석

---

318) *ibid.*

319) 원어성서원, *op. cit.*, p. 319.

을 지지하며 '아인 테홈'은 단순히 바다의 표면을 의미할 수 있다. 창 7:11에서 이 단어는 해저 수원들을 가리키는 것 같다. 어쨌든 지혜는 하나님께서 이러한 창조 활동을 하실 때 이미 존재해 있었다.[320]

이러한 샘들에서 일어난 일은 중요하다.

이스라엘 민족은 '엘림'의 열두 샘에서 원기를 회복하였다(출 15:27, 민 33:9).

וַיָּבֹאוּ אֵילִמָה וְשָׁם שְׁתֵּים עֶשְׂרֵה עֵינֹת מַיִם וְשִׁבְעִים תְּמָרִים וַיַּחֲנוּ־שָׁם עַל־הַמָּיִם:[321]

필자 사역

(출 15:27) "그리고 그들은 엘림에 이르렀다.

거기에는 열두 개의 물 샘들과

일흔 그루의 종려나무들이 있었으며,

그들은 그곳, 물 곁에 진을 쳤다."

"물의 샘들"(עֵינֹת מַיִם, 에이노트 마임)의 '에이노트'(עֵינֹת)는, עַיִן(5869, 아인)의 명사 여성 복수 연계, NFPG, 역시 '샘'으로 이해해야 한다.

하갈이 여호와의 사자를 만난 것은 술 길 샘물 곁에서였다(창 16:7-14, 술은 아브라함[창 20:1]과 이삭[창 25:11]이 거주했던 브엘라해로이로 추정됨). 후대에 샘은 비유적으로 하나님에 대해 사용되었으며, 원

---

320) 이병철, *op. cit.*, 5869.
321) 원어성서원, *op. cit.*, p. 428.

기를 회복시켜 주는 하나님의 능력의 상징으로 사용 되었다.[322]

'눈'(עַיִן)은 몸 안에 있으나 밖을 향해 열려 있으며, 내부의 생명의 밖을 향해 '드러나는 창구'이고, '샘'(עַיִן) 땅속 깊은 곳에 감추어진 물이 지표로 솟아오르는 지점이다.

즉, 눈은 몸의 샘이요 샘은 땅의 샘이다.

눈은 인식의 통로요, 샘은 생명의 통로이다.

눈은 계시를 받는 기관이요, 샘은 은혜가 흘러나오는 자리이다.

눈은 하나님을 우러러 '봄'이요, 샘은 우러러 보는 자에게 하나님께서 은혜를 '공급하심'이다.

샘은 광야에서 생존을 가능하게 하는 유일한 장소이며, 눈은 인간이 세상을 인식하는 창이다. 둘 다 '생명을 유지하게 하는 근원'이다.

히브리 사상에서 하나님은 보시는 분(רָאָה, 7200, 라아, 살피시는 하나님)이요, 동시에 공급하시는 분이시다.

그래서 "여호와의 눈"은 보호와 감찰의 의미가 있고, "샘"은 은혜의 공급원이 된다.

예수님께서 요 7:38에서 "그 배에서 생수의 강이 흘러나리라"고 하였는데, 히브리 사고에서는 '눈에서 샘에 터진다'는 개념과 정확히 연결되어지는 것이다.

이렇듯, 히브리어에서는 '눈'(עַיִן) '샘'(עַיִן)은 "보이지 않는 깊은 곳에서 생명이 밖으로 드러나는 자리"하는 하나의 개념으로 묶여 있다.

---

322) 이병철, *op. cit.*, 5869

18장
샤론의 수선화(חֲבַצֶּלֶת, 하밧첼레트) 

샤론의 꽃은 무엇을 말하는가?

골짜기의 백합화는 무슨 꽃인가?

찬송가 "샤론의 꽃 예수"라고 부르는 찬송은 적절한 것인가?

אֲנִי חֲבַצֶּלֶת הַשָּׁרוֹן שׁוֹשַׁנַּת הָעֲמָקִים׃[323]

(아 2:1) "나는 샤론의 한 송이 꽃이며,

골짜기들의 한 백합이다."

'수선화' חֲבַצֶּלֶת(2261, 하밧첼레트) חֲבַצֶּלֶת 명사 여성 단수 연계, NFSG, '수선화'라는 뜻이며(히브리 원어적으로 장미라는 의미는 없다), '하밧첼레트'는 '(코를 자극하는) 양기가 있다, 밝다, 빛나다, 찬란하다'

---

323)　원어성서원, *op. cit.*, p. 760.

의 뜻이다.[324]

'하밧첼레트'는 חָמֵץ(2556, 하메츠)에서 유래했으며, '시큼하다, 발효되다, 붉다'의 뜻이며, 비유적으로는 눈부신, 화려한, (눈부신 진홍색에 대해 쓰임), 억압당하는 자를 의미한다.[325]

이 꽃은 어근의 뜻으로 보아 구속사적인 의미는 분명코 억압당하고 진홍색 피를 흘리는 예수 그리스도를 예표, 상징한다.

또한, '샤론'은 שָׁרוֹן(8289, 샤론) הַשָּׁרוֹן 관사-고유명사, D. NE '샤론, 평야'라는 뜻이다. 지중해 연안인 욥바에서 갈멜산에 이르기까지 펼쳐진 평원이다.

'샤론'은 יָשַׁר(3477, 야샤르)에서 왔으며, '곧은, 정직한, 올바른, 의로운, 공의로운, 진실한, 정직하다, 곧게 하다, 옳게 여기다'라는 뜻이다.[326] 의로우시고, 올바르시고, 굽은 것을 곧게 하시는 예수 그리스도를 예표, 상징한다.

또한, '골짜기'는 עֵמֶק(6010, 에메크). הָעֲמָקִים 관사-명사 남성 복수, D. NMP, '골짜기'의 뜻이다. '에메크'는 아마크(עָמַק, 6009:)에서 유래했고, '심히, 깊게 하다, 깊은 곳'의 뜻이며, 은유적으로는 '살펴볼 수 없다, 헤아릴 수 없다'를 의미한다.[327]

또한, '백합화'는 שׁוּשַׁן(7799, 슈샨) שׁוֹשַׁנַּת 명사 여성 단수 연계, NFSG, '백합'의 뜻이며, 복수형은 שׁוֹשַׁנִּים '소산님'이다. '슈샨'은 שׂושׂ(7797, 수스)에서 유래했으며, '크게 기뻐하다, 기뻐하다, 즐거워하다'

---

324) 최현기, *op. cit.*, p. 275.
325) *ibid*, p. 295.
326) *ibid*, p. 792.
327) 김용환, *op. cit.*, p. 520.

의 뜻이다. [328]

이 '수스'는 아 2:1과 사35:1에서 유일하게 쓰였다. 그 구절은 메시아의 예언 시이다.

(사 35:1) "광야와(4057) 메마른 땅이(6723) 기뻐하며(7797 - יְשֻׂשׂוּם, 수스/예수숨, 필자) 사막이(6160) 백합화 같이(2261) 피어(6524) 즐거워하며(1523)"

'사론의 장미the rose of Sharon'가 '무궁화'를 가리킨다는 말은 잘못된 주장이다.

샤론의 수선화는 팔레스틴 어느 골짜기에서도 발견할 수 있는 흔하디 흔한 야생 들꽃 중의 하나이다. 평범하고 야생 들꽃처럼 수수한, 사람들 눈에 띄지 않는 존재임을 표현하고 있다.

'백합'은 '백합白合'이 아니고 '백합百合'이다. 흰 꽃이 아니고 복수 형태로 100가지가 넘는 무수하게 피어 있는 들꽃들을 의미한다. 이스라엘 지역에서 흔히 볼 수 있는 무수한 들꽃들을 의미한다. 예수께서 '들의 백합화를 보라'(마 6:28)고 하셨다. 수많은 꽃들을 가리키는 말이다.

한편 이 말은 구속사적 관점에서 보면, 목자가 자신이 관리하고 먹이는 양 떼들에게 꽃들의 이름을 일일이 지어줘서 그 이름으로 양들을 부르는 히브리인들의 전통에 따라 목자 되시는 예수님이 성도들을 일일이 먹이시고 기르심을 의미한다.

---

328)　최현기, *op. cit.*, p. 759.

19장
'바라크'(בָּרַךְ)와 '아세르'(אֶשֶׁר): 성경이 말하는 복(창 12:1-3, 시 1:1-2)

생명의 근원(생명나무: 지성소, 언약궤, 말씀)복의 근원 예수 그리스도는 영원 전부터 복의 근원, 생명의 근원이시다. 지금도 복의 근원, 생명의 근원이시다.

앞으로 영원히 복의 근원, 생명의 근원이시다.

첫 번째 창조 때에도 영원한 복의 근원, 생명의 근원이시다.

1. 하나님은 만물에게 복을 선포해주시면서 창조하셨다

1) 복의 어원

① (히) בָּרַךְ(1288, 바라크)는 '무릎을 꿇다, 꿇어 엎드리다, 축복하다, 번성하다, 찬양하다, 복을 내리다, 저주하다, 욕하다'의 뜻이다.[329]

---

329) 김용환, *op. cit.*, pp. 109-110.

하나님이 "내려주시는 복"이다. 어근의 의미는 무릎 꿇다, 아래로 흐르다, 방향은 위에서 아래로 흐른다는 의미이며, 성격은 주권적, 언약적, 선언적 복을 말한다.

하나님이 복을 주신다는 개념이다. 이것은 구원의 복을 의미한다.

(헬) εὐλογία (2129, 율로기아)는 '찬양, 축복, 복, 연보, 좋게 말함, 훌륭한 말이나 고상한 말'의 뜻이다.[330]

명사 '율로기아'는 히)바라크의 역어로 사용되었다. 신약성경은 구약성경의 복의 개념을 많이 이어받는다. 히 7:1은 멜기세덱이 아브라함을 축복하였다고 하며(창 14:19 이하), 이로부터 그의 높은 지위나 우월성을 추론하는데, 더 큰 자가 더 작은 자를 축복하는 것은 당연하기 때문이다(히 7:6 이하). 히 11:20 이하는 이삭이 야곱을 축복하였고(창 27:28 이하), 야곱이 요셉의 아들들을 축복하였으며(창 48:15 이하), 그들이 믿음으로 그렇게 하였다고 한다. 신약성경 기자들은 조상으로부터 후손으로의 축복의 전수가 하나님께서 아브라함에게 하신 위대한 약속에 대한 흔들리지 않는 확신에서 일어난다고 생각하지 않을 수 없다. 확신을 가지고 축복하는 자는 그가 축복한 자를 하나님의 보호 안으로 밀어 넣는다.[331]

② (히) אֶשֶׁר(835, 에세르) '행복한 사람, 복되다, 복이 있다'의 뜻이다.[332]

'에세르'는 אָשַׁר(833, 아샤르)에서 유래했으며, '곧다, 솔직하다, 행하

---

330)　김용환, *op. cit.*, p. 956.
331)　이병철, *op. cit.*, 2129
332)　김용환, *op. cit.*, p. 71.

다, 기쁘다, 복되다, 축복하다, 감사하다, 복된 자, 인도자'의 뜻이
다.[333]

'에세르'는 "복 있는 상태"를 의미한다. 어근의 의미가 곧다, 형통하
다, 행복하다, 의미이며, 방향은 복된 상태와 결과를 의미하며, 삶의
조건, 환경, 풍요의 체감을 말한다.

즉, 인간이 복을 받아 누리며 복되게 된 상태를 의미한다. 구원의
복을 받은 자가 땅에서 누리는 풍요의 상태를 의미한다.[334]

아세르는 감탄사이다. "복된 사람", "이 얼마나 복된 사람인가" 의
미이다. "복되도다", "복이 있는 사람"의 뜻이다.

(헬)μακάριος(3107, 마카리오스) Μακάριοι 형용사 주격 남성 복수,
'복된, 행복한, 복이 되는 복스러운'의 뜻이다.[335]

'마카리오스'는 히)'에세르'의 역어로 사용되었다. 이 명사는 언제
나 남성 복수 연계형 아쉬레로 나오며, '~는 복되도다(복이 있도다)'라
고 번역할 수 있다. 따라서 마카리오스는 70인 역본에서 지상의 축
복들(집회서 25:8, 창 30:13, 시 127:5), 번영(욥 29:10 이하), 지혜로운 삶
(잠 3:13 집회서 14:20)에 관한 것이든 하나님의 계명들을 이행하는 것
(시 1:1; 41:1[2]; 119:1)에 관한 것이든지 간에 관계없다. 지혜 전승의
영향을 받은 이 시편들은 하나님을 의지하는 자를 복이 있다고 선
언한다. "여호와를 의지하는 자는 다 복이 있도다."(시 2:12; 34:8[9];
참조: 시 84:12[13], 사 30:18)[336]

---

333) *ibid.,* p. 70.
334) 이병철, *op. cit.,* 835.
335) 김용환, *op. cit.,* p. 1047.
336) 이병철, *op. cit.,* 3107.

바라크는 구속사의 출발점이다.

하나님이 은혜로 먼저 복을 선언하시고 인간의 공로 이전에 먼저 은혜로 복을 주심이다.

아세르는 언약 백성이 역사 속에서 누리는 풍요의 결과이다. 땅, 평안, 풍요, 안식이 그것이다.

(엡 1:3) "그리스도 안에서 하늘에 속한 모든 신령한 복으로 복주시나니"

바라크는 십자가에서 이미 선언되었고, 아세르는 성령 안에서 맛보되, 최종 완성은 재림 때 이루어진다. 바라크는 "하나님이 복을 시작하신 사건이고 아세르는 그 복이 삶 속에서 체현된 상태를 의미한다.

구속사는 바라크로 시작하여 새 하늘과 새 땅에서 완전한 아세르로 완성된다.

εὐλογέω는 복을 "선언하시는 하나님의 행위"이고, μακάριος는 그 선언으로 인해 "복된 존재가 된 상태"이다.

율로게오(εὐλογέω)는 언약의 시작이고, 마카리오스(μακάριος)는 구속의 열매이다.

2) 하나님이 천하 만물들을 창조하시는 방법

① 복을 선포해 가면서 만들어 가신 것이다.

② 창조의 목적이 복을 받아 복을 나누고 모든 만물이 다 기쁨의 복을 누리게 하려고 창조하신 것이다.

③ 그리고 복을 누릴 수 있도록 창조의 질서와 법을 세우셨다

2. 복의 본질

1) 생명의 근원이신 하나님이 자신의 형상대로 창조하신 언약 백
   성들이 영원히 하나님 곁에서 함께 동행하는 것이다.

2) 주님 곁에 기뻐하는 존재로 영원히 머물도록 필요한 모든 것을
   공급해주고 도와주시겠다는 약속이다. (사역 동사처럼 주님의 주
   도적, 일방적 열심 으로 만들어 가시는 의미의 복이다.)

3) 결국 그리스도께서 대속의 제물로 핏값을 치러 성취해서라도
   반드시 너를 내 곁에 영원한 기쁨의 동반자로 만들고 말 것이
   다. 나의 열심으로 나의 살과 피를 찢어서라도 너와 연합한 한
   몸 된 성전이 될 것이다.

4) 주님과 함께 동행하는 존재로 만들어가기 위해 일방적으로 모
   든 것을 지원하시는 하나님의 열심과 성실하심이 복의 본질적
   인 의미인 것이다.

3. 만물을 창조하신 목적과 질서

1) 물고기들은 열심히 헤엄치고 온 물속을 다니면서 생육하고 번성하여 물속에 충만해 가는 것이 복주신대로, 창조하신 목적과 뜻에 순종하는 복된 삶이다

2) 새들도 하나님이 새들을 창조하시면서 동시에 생육하고 번성하라는 복을 주신 대로 열심히 온 세상을 충만하게 날아다니며 노래하고 번식하는 것이 하나님이 창조하신 목적대로 바르게 살아가는 것이다.

3) 인간을 특별하게 창조하실 때
   ① 하나님의 형상과 모양대로 지으셨고
   ② 그 형상과 모양을 가지고 하나님과 교제하고
   ③ 주님과 동행하는 예배의 삶을 통해 세상을 정복하고
   ④ 하나님의 형상으로 예배하는 경건의 능력으로
   ⑤ 만물을 다스리는 것이 창조하신 목적이고 창조질서를 지키는 것이다.

4) 히브리원어성경이 말하는 복은 만사형통과 만사평안이라기보다도 하나님이 입혀주신 형상으로 하나님의 형상과 교제하고 동행하는 예배와 경배와 경외의 삶을 복의 본질을 의미한다.

5) 물댄 동산의 기쁨과 만사형통과 부귀영화와 무병장수와 모든

원수들을 제압하고 만물을 다스리는 축복은 복의 본질인 하나
님과 함께 사귀고 함께 기쁨으로 동행하는 예배자의 경건한 삶
을 살아가는 자들에게 덤으로 더하여주시는 사이드 메뉴인 것
이다.

6) 히브리어에 능통한 이스라엘 학자들은 성경에서 말하는 모든
복의 개념을 하나님과 함께 동행 하는 실제적인 삶과 동의어로
본다.

20장

'아스레이'(אַשְׁרֵי)와 '아세르'(אָשַׁר)

하나님이 주시는 축복은 "베라카"(בְּרָכָה)인데 인간 편에서 하나님께 나가는 행동은 "아스레이"(אַשְׁרֵי)라고 하는 "복으로 주는 행복과 성도의 바른 행동에서 얻은 행복"을 말한다. 시편 1편이 말하고 있는 "복 있는 자"는 바로 아브라함의 축복을 받기 위한 인간 편에서 응답하는 복된 행동을 말한다.

"아스레이"(אַשְׁרֵי)는 동사 "아사르"(אָשַׁר)에서 유래했다. '똑바르다, 정직하다, 공명정대하다, 번영하다, 성공하다, 전진하다, 지위가 향상되다, 높이 오르다' 등의 뜻이 있으며, 여호와의 복, 아브라함에게 약속한 축복을 받기 위해서는 "아스레이"(אַשְׁרֵי), 즉, 똑바르고, 정직하며, 공명정대한 행동을 하는 자가 진정한 의미에서 복을 받은 자이다.

복 있는 자란 하나님에 의해서 번영하며, 전진하고, 향상되며, 고상한 품성의 소유자로 변화한다.

하나님의 "베라카"(בְּרָכָה)와 인간의 "아스레이"(אַשְׁרֵי)가 일치가 되어 평화를 누리고 행복한 날들을 보내기 위해서는 몇 가지 금기 사항이 있음을 알아야 한다.

"아스레이"(אַשְׁרֵי) 복 있는 자는 첫째, 악인(רָשָׁע)의 길로 가서는 안 된다.

축복의 상징인 아브라함의 신앙을 버리고 율법을 멀리하는 자가 "레사야"(רָשָׁע)다. 인간 본성의 악한 자를 말한다. 그의 행동을 악을 만들며, 불법과 불의를 행하는 자들이다.[337]

'악인' רָשָׁע(7563, 라샤) רְשָׁעִים 레솨임, 형용사 남성 복수, AMP, '사악한, 죄를 범한, 범죄의, 불법, 악한, 악인, 행악 자, 악행, 죄악'의 뜻이다.[338]

'라샤'는 רָשַׁע(7561, 라샤)에서 유래했으며, '시끄럽게 하다, 사악하다, 위반하다, 범죄하다, 행악하다, 잘못하다, 악행하다, 악, 죄'의 뜻이다.[339]

"라샤"의 길로 가는 자들은 자신은 물론 이웃에게 고통과 손해를 준다. 그리고 이들의 가는 길은 죽음이요, 멸망이다(잠 14:12, 16, 25).

둘째, 죄인(חַטָּא)과 함께 연합하여 인간의 고상한 품성을 파괴하는 자들과 함께해선 안 된다.

"하타"(חַטָּא)의 죄란, 종교행위를 통해서 범하는 도덕적이고 윤리적인 죄를 말한다.

'죄인' חַטָּא(2400, 핫타) חַטָּאִים, 하타임, 형용사 남성 복수, AMP. '악한 자, 죄인, 죄 많은, 범죄 한 사람들, 비난을 받는 사람, 비난할 만한 사람'의 뜻이다.[340]

---

337) 이병렬, *op. cit.*, pp. 33-34.
338) 김용환, *op. cit.*, p. 646.
339) *ibid.*, 645-646.
340) 김용환, *op. cit.*, p. 199.

생명의 종교요, 구원의 종교, 그리고 도덕종교인 여호와의 신앙을 미신화하고 쾌락을 추구하며 여호와의 이름을 빙자하여 맘몬을 추구하는 자들이다. 물질세계에 더 깊은 관심을 두고 행동하는 자들을 "하타"(חטא)의 죄라고 한다. 고상한 것보다 실질적이고 저속한 것을, 신의 뜻이 아니라 자기의 뜻을 신의 뜻인 양 과장하며 영적 폭력을 행사하는 죄가 다름 아닌 "하타"(חטא)이다. 이 죄는 종교인들이 범하기 쉬우며, 특히 종교적 지도자들이 넘어지기 쉬운 죄이다. '하타'(חטא)의 죄란 하나님의 것보다 카이사의 것을 더 사랑하는 자들이다.

셋째, '오만한 자'의 자리에 앉아 있는 자들과 있어서는 안 된다.

오만(傲慢)이란 히브리어 '레쯔'(לץ)인데, '조롱하는 사람, 거만한, 경망한 자, 멸시하는 자'를 말한다.

'레츠'는 '루츠'에서 유래했으며, לוּץ(3887, 루츠) לֵצִים, 레침, 칼 분사 남성 복수, VQPAMP, '업신여기다, 조롱하다, 거만하다, 흉내 내다, 비웃다, 사람을 우습게 여기다'의 뜻이다.[341]

인간의 오만불손하고 방자한 행동을 말한다. 마치 바벨탑을 쌓듯이 자기를 과장하고 높이는 자이다. 돼먹지 않은 인간의 행동이다.

남을 우습게 여기고, 조소하며, 경멸하는 자의 행동이다. "신은 죽었다"고 소리치며 그 자리에 자기가 앉으려는 니체나 히틀러 같은 망령된 자들이다. 자기 권력의 힘만 믿고 정의와 공법을 우습게 여기는 자들이다. 이 오만불손한 자들의 말로는 자명하다.

비극이요, 멸망으로 종말을 고한다. 그리고 평화를 사랑하는 인류

---

341)　김용환, *op. cit.*, p. 334.

의 적이요, 하나님의 원수이다.

우리는 오만한 자가 되지 말고 링컨이나 파스칼처럼 살다가 신의 왕국에 들어가야 할 것이다.

복된 자 "아스레이"(אַשְׁרֵי)는 악한 행동과 죄인의 자리에서 떠나야 한다. 그리고 신을 업신여기는 오만한 자와는 대면도 하지 말아야 한다.

복(אַשְׁרֵי, 베라카)의 내용이 담긴 율법(תּוֹרָה, 토라, 인생의 안내서, 생의 지침서)을 주야로 소리 내어 읽어(הָגָה, 하가) 생명의 양식을 삼아야 한다. 단호한 태도로 정중하게 토라를 읽고 철저하게 생활화 할 때 아브라함의 복(בְּרָכָה, 베라카)이 나의 복(אַשְׁרֵי, 아스레이)이 되는 것이다.

이러한 복 있는 자로서 행동을 하는 자만이 하나님이 아브라함에게 약속한 진정한 축복을 받을 수 있을 것이다.[342]

---

342) 이병렬, *op. cit.*, pp. 34-35.

21장

'모시아'(מוֹשִׁיעַ)와 '고엘'(גֹּאֵל):
요셉의 경우를 중심으로(창 37장, 39장)

요셉은 '도탄'(דֹּתָן, 두 개의 우물)에서 골육인 형제들에 의해서 '이스마엘'의 후예인 대상들에게 노예(עֶבֶד, 에베드)로 팔려갔다. 아버지 야곱의 명을 받은 요셉은 고향 헤브론을 떠나 형들의 행적을 찾아 수백 리 길을 북상하여 '도탄'(דֹּתָן)에서 그리운 형들을 만났는데도 환대는커녕 죽음의 길로 팔려갔다.

요셉이 이처럼 화를 당한 것은 아버지 야곱이 요셉을 향한 편애와 요셉의 경망한 행동에도 그 원인이 있었다. 그는 형들의 비행을 부친에게 고해 바쳤으며, 자기가 꿈꾼 것을 자랑 삼아 늘어놓았다.

(창 37:2) "…요셉이 십칠 세의 소년으로서 그의 형들과 함께 양을 칠 때에… 그가 그들의 잘못을 아버지에게 말하더라."

(창 37:3) 그리고 아버지에 의해서 귀인이나 고관들이 입은 채색 옷을 혼자만 입고 있었다.

'채색 옷'(כְּתֹנֶת פַּסִּים, 케토네트 파심) '무릎까지 내려오는 긴 옷'의 뜻이다.

'케토네트' כְּתֹנֶת (3801, 케토네트), '가죽옷, 털, 겉옷, 속옷, 채색 옷, 무릎까지 내려오는 긴 옷'의 뜻이다.[343]

구약성경에서 이 단어는 29회 나온다. 아담의 옷은 가죽으로 만들었다(창 3:21). 그러나 대부분 세마포로 만들었다(창 37:3, 삼하 15:32, 사 22:21). 여인들도 세마포로 만든 옷을 입었다(삼하 13:18, 아 5:3). 특별히 제사장들은 세마포로 만든 옷을 입었다(출 28:4, 출 29:5, 출 39:27, 레 8:7, 레10:5, 스 2:69, 느 7:69).[344]

'파심' פַּס (6446, 파스) :פַּסִּים, 파심, 명사 남성 복수, NMP, '손이나 발의 평평한 바닥'을 의미한다.[345]

요셉의 외투에 있어서 특이했던 것은 그 색깔이 아니라 오히려 긴 소맷자락을 가졌다는 점과 옷의 길이가 그의 발목까지 내려왔다는 점이다. 여기서 "위하여 채색 옷을 지었더니"라는 말은 문자적으로 '그는 그를 위하여 발목까지 내려오는 긴 소매 외투를 지었다.'이다.

요셉은 야곱의 노년에 얻은 아들이므로 총애를 받았다. 더 어린 자녀가 일반적으로 더 나이든 자녀가 결코 경험하지 못하는 특권과 편애를 누린다. 당시에는 모든 사람이 외투를 가지고 있었다. 대부분의 외투는 무릎길이에 짧은 소매를 가진 것이었다.

대조적으로 요셉의 것은 발까지 내려오는 긴 소매 외투였다. 이러한 의복은 육체노동에 적합하지 않았다. 그것은 관리자 또는 감독

---

343) 김용환 *op. cit.*, p. 325
344) 이병철, *op. cit.*, 3801.
345) 김용환, *op. cit.*, p. 558.

자, 아마도 왕족이 입는 그러한 의복이었다.[346]

이런 것들이 화근이 되어 팔려가게 된 것이다. 처음에는 아주 죽여 없애려고 했으나 장남 르우벤과 사남 유다에 의해서 겨우 죽음을 면하고 때마침 그리로 지나가는 이스마엘 대상들에 의해서 은 20개로 팔려가는 신세가 된 것이다. 당시 은 20개란 노동자의 일 년 분 임금에 해당되는 금액이었다.

애굽으로 끌려간 요셉은 바로의 신하 시위대장 '보디발'(פוֹטִיפַר)에게 상당한 금액으로 팔아 넘겨졌다(창 37:36).

'팔았더라' מָכַר (4376, 마카르) מִכְרוּ 칼 완료 3인 공성 복수, VQAZCP, '바꾸다, 팔리다, 미혹하다, 민족을 팔다, 배신하다, 포기하다, 넘기다, 팔다'의 뜻이다.[347]

당시 노예(עֶבֶד, 에베드)살아 잇는 재산이요 움직이는 도구에 불과했다. 사상의 자유는 물론 생각할 수 있는 지유마저도 노예들에게는 없었다.

요셉은 '나아르'(נַעַר)로 영특하고 기지에 넘쳐 있었다.

그의 젊은 몸은 노예로서 값진 산 재산이었다. 그의 티 없이 맑은 눈, 그리고 그의 성실한 태도와 민첩한 행동은 주인의 마음에 들어 "에베드"(עֶבֶד)로서 드물게 보는 특권을 누리고 있었다.

어느 날, 요셉에게 참으로 견디기 어려운 도덕적 위기가 닥쳐왔다. 보디발의 아내 미모의 부인이 남편이 먼 곳으로 출타한 틈을 노려 요셉을 유혹한 것이다. 주인의 명령에 절대 복종해야 할 노예 신분

---

346) 이병철, op. cit., 6446.

347) 김용환, op. cit., p. 369.

으로는 거절이란 있을 수 없었다. 죽으라면 죽는 시늉까지 해야 할 요셉으로는 거절할 수 없는 입장이었다. 하물며 동침을 명한 것이다. 요셉은 젊은 청년이었다. 어떻게 거절할 수 있겠는가.[348]

그러나 요셉은 유혹을 "거절했다"(창 39:8).

(요셉이) "거절하며" מָאֵן(3985, 마엔) וַיְמָאֵן '바에마엔' 와우 계속법-피엘 미완 3인 남성 단수, CW. CPIZMS, '거절하다, 거부하다, 싫어하다, 거역하다'의 뜻이다.[349] 문법이 피엘 동사로 강조 능동형으로, 강한 뜻이 들어 있다. 그것은 '단연코 거절했다, 뿌리쳤다, 호령하며 물러나게 했다'는 뜻이다. 요셉은 후환이 두려워 마지못해 거절한 것이 아니라 의연한 자세로 흔들리지 않고 준엄하게 꾸짖어 거절한 것이다. 일개 종(노예)에게서 결코 볼 수 없는 담대함이다.

유대인 랍비들은 이역만리 타국에 끌려온 요셉이 고국에 계신 아버지 야곱의 얼굴과 그의 교훈을 생각하며 이 엄청난 유혹을 뿌리치고 승리했을 것이라고 말한다.[350]

요셉은 의로운 행동이 화근이 되어 다시 감옥에 들어가게 되었다. 인간의 최악의 상태로 떨어지는 곳이 감옥이며, 감옥이란 처참한 곳은 이 지상에는 없다. 그리고 감옥은 범법자가 최후로 들어가는 곳이다. 그러나 죄 없는 요셉은 정의롭고 공평한 행동을 하다가 잡혀간 것이다. 이때도 성경은 "여호와께서 여전히 요셉과 함께 했다"(창 39:21)고 기록했다.[351]

<hr>

348) 이병렬, *op. cit.*, p. 64.
349) 김용환, *op. cit.*, p. 343.
350) 이병렬, *op. cit.*, p. 64.
351) *ibid.*

וַיְהִי יְהוָה֙ אֶת־יוֹסֵף וַיֵּט אֵלָיו חָסֶד וַיִּתֵּן חִנּוֹ בְּעֵינֵי
שַׂר בֵּית־הַסֹּהַר: [352]

필자 사역

(창 39:21) "그리고 여호와께서 요셉과 함께 계셨고,

그에게 인애를 기울이셨으며,

감옥의 집 장관의 눈에 그의 은혜를 주셨다."

창 39장은 크게 두 장소를 배경으로 하고 있다. 보디발의 집(1-19절)과 감옥(21-23절)이다. 가나안에서 아버지의 사랑을 온 몸에 받으며 생활한 요셉에게 이 두 장소는 고통과 좌절의 장소가 될 수 있었다. 그러나 성경은 두 장소의 생활을 기록하는 첫 부분에 모두 '그리고 여호와께서 요셉과 함께 하시다(2절)'라는 문구를 기록했다. 그리고 이 선언 뒤에는 바로 이어서 '그가 형통케 되었더라'는 결과도 기록하고 있다(2, 23절). 노예로 팔려온 것이나 감옥에 갇힌 일은 누가 보아도 비참한 일이다. 그러나 그러한 상황 속에서도 하나님께서 함께 하시면 오히려 형통케 된다는 것이 역설적인 진실이다.[353]

감옥 안에 있는 요셉을 구출하려면 두 사람이 있어야 한다. 하나는 "모시아(מוֹשִׁיעַ)"라는 "구원자"이며 또 하나는 "고엘(גוֹאֵל)"이라는 "구속자"가 있어야 한다.

"모시야"(מוֹשִׁיעַ)는 יָשַׁע(3467, 야샤)의 히필 분사 남성 단수로, 권력

---

352) 원어성서원, *op. cit.*, 247.

353) 한성천·김시열. <u>옥스퍼드 원어성경대전</u>. 004: 창세기 제37-50장(서울: 제자원, 2006), p. 175.

이나 능력이 있는 자가 자기의 힘을 발휘하여 구출해내고 해방을 시켜주는 자이다. 그리고 "고엘"(גֹּאֵל)은 גָּאַל(1350, 가알)의 동사 완료형으로 '구속하다, 놓아주다, 속량하다, 되사다'의 뜻으로 법적으로 응분의 대가를 지불하고 속량하는 자를 말한다. 전자는 권력의 힘이요, 후자는 법적인 힘을 말하는 것이다.

요셉에게 있어서 "모시아"(מוֹשִׁיעַ) 나 "고엘"(גֹּאֵל)을 기대하기는 거의 불가능한 일이었다.

왜냐하면 당시에 "모시아"(מוֹשִׁיעַ)는 바로가 되어야 한다. 그러나 바로는 무명의 노예인 요셉을 알 턱이 없다. 그리고 또 한사람은 부족(שֵׁבֶט, 세베트)이나 씨족(מִשְׁפָּחָה, 미스파하)을 대표하는 야곱이 "고엘"(גֹּאֵל)이어야 한다. 당시 사회 풍습으로 부족이나 씨족 중 누구 하나가 팔려갔다면 부족의 우두머리가 구속자(גֹּאֵל, 고엘)가 되어 대가를 지불하고 법적으로 해방시켜 데려와야 한다. 그러나 부족의 대표인 야곱은 요셉이 죽은 줄로만 알고 있었다. 그리고 같은 형제인 야곱의 아들들이 요셉을 팔아버린 것이다. 당시 부족사회에 있어서는 있을 수 없는 죄를 그의 형들이 범한 것이었다.[354]

이런 면에서 볼 때 요셉을 구출해줄 "모시아"(מוֹשִׁיעַ)와 "고엘"(גֹּאֵל)은 있을 수가 없었다.

그러나 "요셉"(יוֹסֵף)은 이름 그대로 '다시 하다, 더하다'의 뜻이다. 감옥 안에서 순전히 자기의 힘으로 (물론 하나님이 힘께 하셨다) 그의 창조적인 꿈과 굴하지 않은 신념으로 드디어 바로를 움직여 감옥에서 구출을 받고 구속을 받는다. 권력의 힘으로 그를 석방시켰으며

---

354) 이병렬, *op. cit.*, p. 65.

그를 구속했다(바로가 보디발에게 대가를 지불했을 것이다). 그러나 바로가 한 것이 아니었다. 요셉으로 하여금 바로가 그렇게 할 수 있도록 하나님이 만들었다. 요셉이 족장의 반령에 들어간 것은 그 자신이 구원자의 일을 했기 때문이다.

요셉은 감옥에서 나오자 애굽의 막강한 권력을 한 손에 쥐고 지상의 생존권을 흔들었다.

(창 41:56-57) "온 지면에 기근이 있을 때 요셉이 창고를 열면 식량이 있었다."

요셉에 의해서 애굽과 그 주변 사람들은 생명의 연장을 보장 받았다. 당시 요셉이 구원자가 된 것이다. 그러나 그는 "고엘"(גֹּאֵל)은 아니었다. 구속자로 산 것이 아니라 "구원자"로 산 것이다. 구약의 요셉은 구원자로 즉 "모시야"로 군림했다. 그러나 일시적인 구원자였다.

신약의 예수 그리스도는 십자가상에서 인류를 향해 "모시아"(מוֹשִׁיעַ, 히브리어로 모시아는 예수와 어근이 같다)로 우리를 구원해주셨으며, 그의 피를 흘려 "고엘"이 되어 우리의 죄를 속량해주신 것이다. 그래서 예수 그리스도만이 참 우리의 "모시야"(מוֹשִׁיעַ)이시며 우리의 영원한 "고엘"(גֹּאֵל)이 되신 것이다.[355]

---

355) *ibid.*

    히브리 사상으로 본 주제별 연구 시리즈 1

22장

'게토네트'(כְּתֹנֶת), '베게드'(בֶּגֶד), '시믈라'(שִׂמְלָה):
요셉이 입은 3가지 옷

1. 케토네트(כְּתֹנֶת, 3801): 선택과 신분의 옷

וְיִשְׂרָאֵל אָהַב אֶת־ יוֹסֵף מִכָּל־ בָּנָיו כִּי־ בֶן־ זְקֻנִים הוּא
לוֹ וְעָשָׂה לוֹ כְּתֹנֶת פַּסִּים׃[356]

필자 사역

(창 37:3) "그리고 이스라엘은

그의 모든 아들들보다 요셉을 사랑하였는데,

이는 그가 자기에게 노년에 얻은 아들이었기 때문이며,

그래서 그를 위하여 손과 발까지

내려오는 케토네트를 만들어 주었다."

---

356)   원어성서원, *op. cit.*, p. 228.

'옷' כֻּתֹּנֶת(3801, 케토네트) כֻּתֹּנֶת 명사 여성 단수 연계, NFSG, '긴 옷'
이라는 뜻이다.[357] 요셉이 입은 외투에 있어서 특이했던 것은 그 색
깔이 아니라 오히려 긴 소맷자락을 가졌다는 점과 옷의 길이가 그
의 발목까지 내려왔다는 점이다. 여기서 '위하여 채색 옷을 지었더
니'라는 말은 문자적으로 그는 그를 위하여 발목까지 내려오는 긴
소매 외투를 지었다는 것을 의미한다. 요셉이 어려서부터 입었던 것
이 긴 옷이었다.

대부분 외투는 무릎길이에 짧은 소매를 가진 것이었다. 대조적으
로 요셉의 것은 발까지 내려오는 긴 소매 외투였다. 이러한 의복은
육체노동에 적합하지 않았다. 그것은 관리자 도는 감독자, 아마도
일하지 않는 왕족이 입는 그러한 의복이었다.[358]

'채색'은 פַּס(6446, 파스) :פַּסִּים 명사 남성 복수, NMP, '손이나 발의
평평한 바닥'이란 뜻이다.[359]

채색 옷(כֻּתֹּנֶת פַּסִּים, 케테노트 파심)은 손바닥까지 소매가 내려오며,
발바닥까지 내려오는 긴 소매의 외투를 의미한다. 구속사적 의미로
는 천국 백성을 상징하며, 죄인의 신분에서 의인의 신분으로 정체성
이 변화된 모습을 상징한다.

요셉의 채색 옷(כֻּתֹּנֶת פַּסִּים, 케테노트 파심)은 자신의 정체성을 의미
하며 하나님의 구속 역사하심이 있었다는 것을 알 수 있다. 채색 옷
(כֻּתֹּנֶת פַּסִּים, 케테노트 파심)은 세마포 천으로 만든 것이다. 족장 시대
에는 아무나 입을 수 없었으며, 특별하게 구별된 사람의 옷이었다.

---

357) 김용환. *op. cit.*, 325.
358) 이성호, <u>나도 원전 설교할 수 있다</u>, "요셉이 입은 세 가지 옷"(경기도: 도서출판 헤세드, 2025), p. 30.
359) 김용환, *op. cit.*, p. 558.

비록 요셉이 열한 번째 태어난 아들이었지만 구속사적 의미로 볼 때 그는 영적인 장자였던 것이다. 하나님이 요셉을 통하여 구속의 은총을 베풀어 주셨고 결국, 애굽의 총리가 되었으며, 출애굽의 역사가 요셉을 통하여 시작되었고, 그의 몸이 세겜 땅에 묻힘으로 언약이 성취되는 결과를 가져오게 된다. 요셉이 입었던 채색 옷(כְּתֹנֶת פַּסִּים, 케테노트 파심)은 하나님의 작정과 섭리에 따라 이루어진 것이며 장차 구원받은 백성이 입을 세마포 옷이라는 것을 상징한다.[360]

요셉이 아버지 야곱으로부터 입혀 받은 '케토네트'(כְּתֹנֶת), 곧 창세기 37장에 나타나는 채색 옷(כְּתֹנֶת פַּסִּים, 케테노트 파심)은 히브리어로 피부에 가장 가까이 닿는 옷을 가리키며 노동을 전제로 한 옷이 아니라 상속자나 통치적 지위를 암시하는 긴 옷이라는 점에서, 요셉이 어떠한 공로나 행위를 통해서가 아니라 전적으로 아버지의 선택과 사랑에 의해 다른 형제들과 구별된 신분으로 세워졌음을 시각적으로 드러내는 표징이었고, 이 옷이 형제들의 시기와 미움을 불러일으켰다는 사실은 하나님의 선택이 언제나 세상 안에서 갈등과 대립을 야기한다는 구속사적 현실을 보여주며, 더 나아가 '케토네트'(כְּתֹנֶת)라는 동일한 단어가 창세기 3장 21절에서 하나님께서 타락한 아담과 하와를 위해 입히신 가죽옷에도 사용된다는 점에서, 요셉의 '케토네트'(כְּתֹנֶת)는 인간의 연약함이나 장래의 고난을 미리 아시는 하나님께서 그럼에도 불구하고 신분과 언약을 덮어 주시는 은혜의 옷이며, 이는 사역 이전에 이미 하나님의 아들로 선언되신 그리스도

---

360) 이성호, *op. cit.,*

의 신분과 연결되어, 구속사는 언제나 행위의 결과가 아니라 선택과
은혜에서 시작된다는 진리를 상징적으로 증언한다.

2. 베게드(בֶּגֶד, 899): 시험과 배반의 옷

וַיְהִי כַהֲרִימִי קוֹלִי וָאֶקְרָא וַיַּעֲזֹב בִּגְדוֹ אֶצְלִי וַיָּנָס הַחוּצָה:[361]

필자 사역

(창 39:18) "내가 내 목소리를 높여 외치자,

그가 그의 옷을 내 곁에 버려두고,

도망쳐서 밖으로 나갔다."

'옷'을 בֶּגֶד(899, 베게드) בִּגְדוֹ 명사 남성 단수-3인 남성 단수, NMS-
ZMS, '배반, 반역, 의복, 덮개'의 뜻이다.[362], '베게드'는 바가드(בָּגַד,
898)에서 유래했으며, 부정하게 행동하다, 배반하다, 억압 한다는 뜻
이다.[363]

'베게드'(בֶּגֶד)는 일반적으로 겉옷을 가리키며, '이불'이란 의미로도
번역된다.

361) 원어성서원, *op. cit.*, pp. 246- 245.
362) 김용환, *op. cit.*, p. 76.
363) *ibid.*, p. 76.

(왕상 1:1) "다윗 왕이 나이가 많아 늙으니 이불을 덮어도 따뜻하지 아니한
지라"

이불이 '베게드'(בֶּגֶד)이다. 당시의 생활 문화로 볼 때, 겉옷은 밤에
이불로 사용했기 때문이다. 그리고 히브리인에게 겉옷은 단벌로 사
용되었다.

'베게드'의 어근이 '바가드'(בָּגַד)이며, 구속사적 의미로 볼 때, 요셉
은 보디발의 아내의 유혹을 떨쳐 버리기 위해 겉옷을 버리고 도망쳤
지만 자신의 정체성을 지키기 위해 부정한 행동을 하지 않고 끝까
지 지키기 위함이었던 것이다.

즉, 하나님께서 주신 꿈이 이루어지기를 소망했으며, 그 뜻에 결
단코 배반하지 않았다. 비록 현재는 종의 신분이었지만, 아버지 야
곱이 처음부터 입혀주었던 채색 옷에 대해 깊이 마음에 품고 있었
으며, 장차 이루어질 결과를 기다리며 믿음의 정절을 지켰던 것이
다.[364]

보디발의 아내가 붙잡은 옷이요, '베게드'는 타락한 세상과의 접촉
지점이 된다.

이 옷을 붙잡으면 죄를 짓게 되고, 벗어버리면 고난을 겪게된다.

요셉은 죄 대신 고난을 선택하였던 것이다. 요셉에게 있어서 '베게
드'는 죄의 증거가 아니라 의로움의 증가가 되는 것이다.

요셉은 '베게드'를 버리고 도망함으로 죄의 증거를 버리고 의로움
을 선택했다.

---

364)　이성호, *op. cit.*, 31.

요셉이 보디발의 집에서 입고 있었던 '베게드'(בֶּגֶד)는 일반적인 겉옷을 가리키는 히브리어이지만 그 어근이 '배반하다'라는 뜻을 함께 지니고 있다는 점에서 이미 언어 자체가 타락한 세상 속에서의 인간관계와 도덕적 시험을 암시하고 있다.

창세기 39장에서 요셉은 이 '베게드'(בֶּגֶד)를 붙잡고 유혹하는 보디발의 아내 앞에서 죄를 선택하기보다 옷을 버려두고 도망함으로써 육체적 정결과 하나님 앞에서의 의를 지키지만, 그 결과로 그는 자유가 아니라 억울한 누명과 감옥이라는 고난을 맞이하게 되는데, 이 장면은 구속사적으로 볼 때 의인이 항상 즉각적인 보상이나 이해를 받는 것이 아니라 오히려 세상의 구조 속에서는 죄를 피한 선택이 더 큰 고난으로 이어질 수 있음을 보여주며, 동시에 요셉이 벗어던진 '베게드'(בֶּגֶד)는 죄의 증거가 아니라 그의 의로움이 세상에 의해 오해되고 왜곡되는 상징이 되어, 거짓 증언과 불의한 재판 속에서 죄인처럼 취급받으셨던 그리스도의 수난과 깊이 평행을 이루면서, 하나님 나라의 백성은 죄를 피함으로써 종종 세상의 판단 앞에서는 배반당한 자의 자리에 서게 된다는 진리를 선명하게 드러낸다.

3. 시믈라(שִׂמְלָה, 8071): 회복과 영광의 옷

וַיָּסַר פַּרְעֹה אֶת־ טַבַּעְתּוֹ מֵעַל יָדוֹ וַיִּתֵּן אֹתָהּ עַל־ יַד יוֹסֵף
וַיַּלְבֵּשׁ אֹתוֹ בִּגְדֵי־ שֵׁשׁ וַיָּשֶׂם רְבִד הַזָּהָב עַל־ צַוָּארוֹ.[365]

---

365) 원어성서원, *op. cit.*, p. 261.

(창 41:42) "그리고 바로가 자기 손에서 반지를 벗겨,

그것을 요셉의 손 위에 두었고,

그에게 세마포 옷들을 입히며,

그의 목 위에 금 사슬을 걸어 주었다."

'세마포 옷' שִׂמְלָה (8071, 시믈라) שִׂמְלֹתָיו 명사 여성 복수-3인 남성 단수, NFP -ZMS, '의복, 외투, 싸는 것, 커다란 외투'라는 뜻이다.[366]

요셉이 갈아입은 옷은 죄인의 옷이 아니라 일반적인 외투였다.

'시믈라'(שִׂמְלָה)는 수치와 관련된 단어로 사용된다. 그래서 장막에서 술에 취해 벌거벗고 있는 노아에게 셈과 야벳이 겉옷으로 덮어주었다. 그때 사용된 옷이 요셉이 옥에서 입었던 옷과 같은 단어이다. 즉 요셉에게 옷은 수치였던 것이며, 노아에게는 수치를 가리는 옷이었던 것이다. 요셉이 바로 앞에 설 때는 수치의 옷을 입지 않고 다른 옷으로 갈아입고 들어갔다.

영적인 의미로 볼 때, 죄인이었던 우리도 만왕의 왕이신 예수 그리스도 앞에 설 때는 죄인의 옷이 아니라 영광의 의의 옷으로 갈아입고 서게 될 것이다.

이 옷은 십자가에서 구속의 피를 흘리실 때, 그의 의가 나에게 전가된 옷을 의미하며 마지막 때 천국 혼인 잔치에 입을 영적 신부의 옷을 의미한다. 더 이상의 수치가 아닌 영광의 옷이다. 예수 그리스

---

366) 김용환, *op. cit.*, p. 687

도의 구속 은총 없이는 입을 수 없는 옷이다.[367]

'갈아입고' חָלַף (2498, 할라프) וַיְחַלֵּף 와우 계속법-피엘 미완 3인 남성 단수, CW. VPIZMS, '나아가다, 지나가다, 꿰뚫다, 변경하다, 바꾸다, 들어오다, 새 힘을 얻는다'는 뜻이다.[368]

요셉이 바로 앞에 설 때, 죄인의 옷이 아닌 일반 외투를 입고 섰다. 그런데 문법이 강조 능동형이다. 즉, 다시 수치를 겪는 옷으로 갈아입지 않는다는 뜻이다. 요셉에게 갈아입은 현재의 옷은 새 힘을 주는 옷이다. 수치가 아닌 왕의 꿈을 해석하는 구별된 사람의 옷이었다.

바로는 요셉의 꿈 해석을 듣고 그 해석처럼 결과가 나타나게 된 후에 애굽 땅을 다스리게 하며 그에게(창4 1:41) 자기의 인장 반지를 빼어 요셉의 손에 끼우고 그에게 세마포 옷을 입히고 금 사슬을 목에 걸어 주었다. 그 세마포 옷은 요셉이 어렸을 때, 아버지 야곱이 입혀 주었던 채색 옷(כְּתֹנֶת פַּסִּים)이었다.

구속사적 의미로 볼 때, 요셉에게 웅덩이와 옥은 영적으로 원죄를 가진 자들이 사탄에 의해서 갇혀있던 상태를 상징한다. 그러나 그 옥에서 벗어나기 위해서는 의의 옷으로 갈아입어야 한다. 즉 십자가에서 구속의 피를 흘리신 예수 그리스도의 은총을 입은 자가 입는 옷을 의미한다.

요셉이 감옥에서 나온 후 바로 앞에 서서 입게 되는 통치자의 옷, 곧 바로에게서 받은 세마포 옷으로 대표되는 '시믈라'(שִׂמְלָה)는 개인

---

367) 이성호, *op. cit.*, p. 32.
368) 김용환, *op. cit.*, p. 208.

적 필요를 위한 옷이 아니라 공적인 지위와 권위를 외적으로 드러내는 외투의 개념에 속하는데, 이 옷은 요셉이 더 이상 아버지의 집에 속한 아들이나 억울한 죄수가 아니라 열방을 다스리는 통치 구조 안에 공식적으로 세워졌음을 선언하는 상징적 행위이며, 구속사적으로 이는 하나님께서 선택하신 자를 일시적으로 벗기고 낮추시되 궁극적으로는 그분의 때에 다시 입히시고 높이시는 방식으로 역사를 이끄신다는 사실을 보여주는 결정적 장면으로서, '케토네트'(כְּתֹנֶת פַּסִּים)로 시작된 은혜의 신분이 '베게드'(בֶּגֶד)의 상실을 통한 고난의 통과 이후 '시믈라'(שִׂמְלָה)의 영광으로 완성되는 구조는 십자가에서 모든 것을 벗김 당하신 그리스도께서 부활과 승귀를 통해 영광의 몸을 입으신 사건과 연결되며, 동시에 마지막 날 성도들이 입게 될 세마포 옷과도 맞닿아 있어 요셉의 '시믈라'(שִׂמְלָה)는 개인의 성공담이 아니라 하나님의 구속 경륜이 결국 회복과 영화로 귀결된다는 종말론적 약속을 예표한다.

요셉의 세 옷, 곧 '케토네트'(כְּתֹנֶת פַּסִּים)에서 시작된 선택의 은혜와 '베게드'(בֶּגֶד)를 통해 통과한 고난과 오해, 그리고 '시믈라'(שִׂמְלָה)로 완성된 회복과 영광은 하나의 연속된 구속사적 서사로서, 하나님께서 자신의 백성을 선택하시고 잠시 벗기시며 마침내 다시 입히시는 방식으로 역사 속에서 그리스도의 길을 미리 그려 보이신 증언이라고 할 수 있다.

요셉은 예수 그리스도를 예표하는 사람이다. 우리가 받아야 할 수치와 죄가 예수 그리스도에게 옮겨지고 우리의 허물을 거두어 가셨다. 나의 상처받은 영혼을 십자가에서 치료하시고 예수 그리스도의 의가 우리에게 옮겨지고 나의 죄가 예수 그리스도의 보혈로 제거되는 은혜를 받았다.

지금까지 우리는 죄인의 옷을 입고 살았지만 예수 그리스도의 십자가의 보혈로 수치를 겪지 않고 신분이 변화되어 의인의 삶을 살게 되었다. 즉, 영적 신부가 입는 의의 옷을 갈아입고 거룩한 자가 되었다. 그러므로 의인답게 거룩하게 구별된 삶을 사는 그리스도인이 되어야 할 것이다,

23장

베레쉬트(בְּרֵאשִׁית)

창세기 1장 1절의 '태초에' רֵאשִׁית(7225, 레쉬트)라고 하였다.

רֵאשִׁית(7225, 레쉬트)는 '태초, 시작, 처음, 으뜸, 장자, 만물, 가장, 근본, 제일'의 뜻이 있다.[369]

레쉬트(명여)는 로쉬(רֹאשׁ, 7218)에서 유래했으며, '첫째, 처음, 최초, 시작, 최상의 것'을 의미한다. 구약성경에서 이 단어는 50회 나오며, 다음과 같은 의미로 사용되었다. 레쉬트는 ① '첫째, 시초, 최초, 시작'을 의미하며, 일련의 역사적 사건의 개시나 과정의 첫 단계(첫 단계, 호 9:10 세초, 신 11:12 일련의 출발점, 사 46:10), 또는 인생의 결과와 대조되는 시작을 가리킨다(욥 8:7 욥 42:12). ② 하나님에 대한 존경이나 경외와 같은 기본적이거나 필수적인 요건을 가리킨다(시 111:10 잠 1:7). ③ 어떤 사물 중에서 첫째, 혹은 가장 좋은 부분을 의미한다(핵심, 창 10:10 첫 생산, 창 49:3; 첫 부분, 신 33:21; 가장 좋은 것, 암 6:6). 어떤 학자들은 이 의미가 본래의 의미 이며, ①의 시간적 의미는 여기서 발전되었다고 한다. ④ 특히 제의를 위해 구별해둔 것들과 관련하

---

369) 김용환, *op. cit.*, p. 621.

여, 한 부류의 사물들 중에서 가장 정선한 것, 혹은 가장 좋은 것이라는 특수한 의미로 사용되었다(정선된 첫 열매, 레 2:12 레 23:10 느 12:44). ⑤ '가장 훌륭하거나 특출한 자, 장(우두머리)'에 대해 사용되었다. "태초에" 해당하는 히브리어 베레쉬트는 명사 레쉬트(רֵאשִׁית, 7225)에 전치사 베(בְּ, …에)가 접두된 것이다.[370]

"태초에"는 '한 처음에'라는 뜻이다. '한 처음'은 맨 처음이다. 차례로 따져 맨 첫 번째이다. 시간의 시초이다. 하지만 히브리어의 "태초에"라는 말에는 시간적인 의미만 들어 있는 것이 아니다. 거기에는 근원을 밝히는 뜻도 들어 있다.[371]

그래서 "태초"는 근원이라는 은유의 뜻이 있고, רֹאשׁ(7218, 로쉬/머리, 꼭대기, 우두머리, 족장; 창 2:20, 출 6:14, 레 3:2, 민 4:2, 신 5:23[372]의 뜻도 있다.

또한, 필자가 살펴 본 '베레쉬트'(בְּרֵאשִׁית)의 맨 앞에 전치사로 쓰인 בְּ(베이트)는 다음과 같은 의미들이 있다.[373]

בַּיִת는 상형적 의미는 집이며, 내면적 의미는 '~안에'라는 뜻이 있다. 그리고 어근적 의미는 가족, 혈통, 은신처, 화덕, 양식, 민족, 구원의 뜻이 있고 숫자적 의미는 2이며 갑절, 구별의 뜻이 있다. בְּ(베이트)란 하나님의 손을 통하여 생명을 얻고 집안에서 영원한 만남을 한다는 상형적 의미가 있다.[374]

---

370) 이병철 *op. cit.*, 7218

371) 왕대일, 창조신앙의 복음, 창조신앙의 영성, (서울: 기독교서회, 2016), p. 16.

372) 이동환 편, 신구약 원어은유대사전 제10권, (서울: 도서출판 로고스, 2003) p. 105.

373) 김현덕, *op. cit.*, p. 35.

374) 이성호, 원어의미, (경기도: 도서출판 헤세드, 2016), p. 15.

בֵּ : 집, ~ 안에, י : 하나님의 손, 운명, ח : 생명, 만남, 십자가.

히브리인들의 집의 개념은 가족과 혈통이 모이는 장소이며, 부부가 은밀히 거하는 장소이기도 하다. 또한 공동체의 만남의 장소이며 화덕이라는 의미가 음식을 함께 나누는 장소이기도 하다. 낮에는 강렬한 태양으로부터 보호 되고 밤에는 추위로부터 보호 받는 곳이다. 또한 가정은 토라를 토론하는 장소이며 신앙 전수의 장소가 된다. 일반인들은 무화과 나무아래서 토라를 토론하고 제사장들은 성전 안뜰, 성전 뜰, 행각, 회당에서 토론 한다. 베이트의 숫자의 의미 2는 구별함이다. 갑절의 의미가 있다. 증인과 증거의 의미도 있다.[375]

야곱이 고향을 떠나 밧단 아람으로 갈 때 중간에 잠을 잔 곳이 벧엘(בֵּית־אֵל)이다. 창 28:11에서 '야곱이 돌을 베개로 삼고 잤다'고 했다. '돌베개'는 אֶבֶן(68, 에벤) 돌stone, 반석은 예수 그리스도를 예표한다.[376] '잤다'의 동사 שָׁכַב(7901, 샤카브)라는 단어 이다. שָׁכַב(7901, 샤카브)는 '동침하다, 눕다, 강간하다, 엎드리다, 쓰러지다, 유숙하다, 드러눕다, 행음하다, 눕히다'[377]의 뜻이 있다.

벧엘은 בֵּית־אֵל(1008, 베트엘) 벧엘 Bethel로, 베트엘은 바이트(בַּיִת, 1004)와 엘(אֵל, 410)에서 유래했으며, '하나님의 집'을 의미한다. 결국 야곱이 하나님의 집에서 예수님과 연합(동침) 했다는 의미가 된다.[378] בֵּ(베이트)는 집을 짓는데 내 안에 하나님의 성전의 집을 짓는

---

375) 이성호, *op. cit.*, p. 15.
376) *Ibid.*
377) 김용환, *op. cit.*, p. 672.
378) 이병철, *op. cit.*, 1008.

다는 의미이다. 히브리어 첫 자 א(알레프)의 삶을 살게 되면 자연히 내 안에 짓는 것인데 그것은 결국 하나님의 성전을 짓는 것이다. 그 집 짓는 것은 내 밖에서 일어나는 것이 아니라 내 안에서 일어나는 일이다. 베들레헴(בֵּית לֶחֶם, 1035, 베트레헴) 베들레헴 Bethlehem이며, 베트레헴은 바이트(בַּיִת, 1004: 집 house)와 레헴(לֶחֶם, 3899: 빵, 떡 bread)이 결합된 것으로서 '떡집'을 의미한다. 우리의 영의 양식으로 오시는 예수님을 의미한다.[379] 베이트의 동사형은 바나(בנה)로 '집을 세우다, 쌓다'이며 명사는 '집, 거처 장막, 성전, 공간'의 뜻이다.[380]

רֵאשׁ	* 로쉬(רֵאשׁ): 우두머리
בְּרֵאשִׁית	* 루쉬(רוּשׁ): 가난하다, 궁핍하다
בֵּית	* 베이트(בֵּית): 집, 성전, 궁전.
ברית	* 베리트(ברית): 언약, 계약

창 1:1의 성경 맨 앞의 철자로 번역된 בְּרֵאשִׁית (베레쉬트)는 '태초에'라는 뜻이다. בְּ (~ 안에)의 전치사를 첫 글자에 집, 궁전의 의미로 사용하였다. בְּרֵאשִׁית (베레쉬트)의 어근의 의미는 '머리'라는 뜻의 רֵאשׁ (로쉬)의 의미가 들어 있다. 십자가에서 생명 계약을 맺은 예수 그리스도이시다.

ברית (베리트- 언약)가 되는 것이다. 이미 태초라는 단어 의미 속에 בְּ (~안에) 우리의 머리가 되시는 하나님께서 인간을 포함한 모든 우주

---

379)   이성호, *op. cit.*, p. 16.
380)   *Ibid.*

   히브리 사상으로 본 주제별 연구 시리즈 1

만물을 창조하셨다.[381]

창조의 목적 중에 하나가 하나님의 거룩한 집 안에서 하나님의 진리를 배우며 거룩하게 살기를 원하셨다. 그렇지만 인간의 욕심과 불순종으로 말미암아 함께할 수 없는 죄를 짓고 말았다. 여호와의 집이란 내가 여호와의 이름 안으로 들어간다는 것이다. 이 말은 내가 너희 안에 너희가 내 안에 있다는 말이다. 그 집은 물리적인 집이 아니라 내 안에 하나님의 진리, 하나님의 나라를 짓는 것이다. 하나님은 '베레쉬트'라는 말씀을 통해서 이제 내가 너희 안에 내 집을 짓겠다고 약속하시는 것이다. 그것이 언약(בְּרִית, 베리트)이다. 그 집은 십자가로 완성되는 집이다.[382]

필자가 본 바로는 하나님이 너희 안에 집을 지으시겠다고 언약하시고, 십자가로 완성하는 집, 곧 예수님이 우두머리로 계시는 집은 다름 아닌 교회이다. 또한, 히브리어는 항상 동사가 맨 앞에 나온다. 그래서 동사민족으로 불린다. 그러나 가끔씩은 명사가 맨 앞에 나오는 경우도 있다. 그것이 בְּרֵאשִׁית(베레쉬트)이다. 창세기 1:1의 시작은 명사이다. 이 단어는 '집'과 '~안에서' 뜻이 있는 전치사 בְּ와 רֵאשׁ(로쉬, 우두머리, 시작, 왕)와 십자가를 상징하는 ת로 이루어진다.[383]

רֵאשׁ(로쉬)의 어근은, רוּשׁ(7326, 루쉬) '가난하다, 궁핍하다'[384]이다.

필자가 살펴본 바로는 בְּרֵאשִׁית(베레쉬트)는 그 집의 머리되시는 분은 예수 그리스도이시다. 그 분을 왕으로 머리로 사는 곳이 집, 곧

---

381) 이성호, *op. cit.*, p. 16.
382) *Ibid.*
383) 김현덕, *op. cit.*, p.37.
384) 최현기, *op. cit.*, p. 731.

궁전이다. 그래서 집이라는 단어 בַּ(베이트) 단어 앞에 더 크게 표시하는 경우도 있다. 아담과 하와가 범죄 한 후에 이 집(בַ)에서 쫓겨나게 된다. 그래서 범죄 함으로 그 집(בַ)에서 쫓겨난 자들은 가난하고 궁핍하게 된다, 그래서 예수님은 가난한 자로 궁핍한 자가 되셔서 그들을 찾으러 오신 것이다. 그래서 예수님은 고아와 과부들과 나그네들을 찾으시고 만나셨다. 그 집(בַ)으로 다시 인도하시기 위해서이다.[385]

또한 필자가 배운 바로는 히브리인들은 בַ(집), 즉 집을 '하나'로 보았다. 1+1=2이나 1도 된다는 것이다. 야곱의 집(유대인의 집)과 이스라엘의 집(이방인의 집)이 있다고 보았다. 예수님이 오셔서 유대인이나 이방인들을 하나로 묶는 연합 사역을 하셨다. 하나로 묶어지는 곳이 천국(교회)이다.

בְּרֵאשִׁית בָּרָא אֱלֹהִים אֵת הַשָּׁמַיִם וְאֵת הָאָרֶץ:[386]

창세기 1장 1절은 7단어로 1절이 이루어졌다. אֵת(에트)가 1:1절에 2번 나온다. 이 에트는 알파와 오메가가 되시는 예수 그리스도를 의미하는 단어이다. 하늘과 땅(הַשָּׁמַיִם וְאֵת הָאָרֶץ, 하쇠마임 베에트 하에레츠)을 연결시키며 영적인 세계와 육적인 세계를 연결시키는 의미가 있다.

따라서 ו(바브)는 하늘과 땅을 매는 신성한 '고리'이고 하나님을 연결시키는 힘을 상징한다.

---

385) 김현덕, *op. cit.*, p.37.
386) 원어성서원 *op. cit.*, 창 1:1. p. 1.

   히브리 사상으로 본 주제별 연구 시리즈 1

앞의 אֵת(에트)는 초림으로 오신 예수 그리스도를 의미하는 단어이고, 뒤에 וְאֵת(바에트)는 십자가에 못 박히시고, 영원한 속죄를 이루시고 하늘로 승천하셔서, 택한 자를 찾으러 재림주로 오실 예수 그리스도를 의미하는 단어이다.[387]

이러한 내용을 살펴볼 때 이미 창 1:1에서 בְּרֵאשִׁית(베레쉬트)의 단어에서 우두머리이신 하나님과 예수 그리스도, 그리고 십자가와 생명, 구원이 나타나 있기에 하나님의 집인 교회가 시작되고 있다는 것을 알 수 있다.

---

387)　이성호, *op. cit.*, pp. 24-25.

24장

'베네 하엘로힘'(בְּנֵי הָאֱלֹהִים)과 '베노트 하아담'(בְּנוֹת הָאָדָם)

하나님께서 인간을 창조하시고, 그들에게 축복을 통하여 창조의 시작을 알린다.

'생육하고 번성하여 땅에 충만하라'는 것이며 이것이 인간에게 축복의 결과를 말해주고 있다. 하나님의 축복은 부정하거나 취소되지 않으며 영원하며 거룩한 것이다.

사람이 땅 위에서 한창 번성할 때 문제는 '세상의 딸들'이 나왔다고 한다. 이 딸들은 하나님을 알고 섬기는 딸들이 아니다. 세상을 더럽히고 '하나님의 아들들'을 더럽힐 자들을 의미한다.

1. 하나님의 아들들(בְּנֵי הָאֱלֹהִים)

וַיִּרְאוּ בְנֵי הָאֱלֹהִים אֶת־בְּנוֹת הָאָדָם כִּי טֹבֹת הֵנָּה וַיִּקְחוּ לָהֶם נָשִׁים מִכֹּל אֲשֶׁר בָּחָרוּ:388)

---

388) 원어성서원, *op. cit.*, p. 29.

(창 6:2) "하나님의 아들들이 사람의 딸들을 보았는데,

그들이 보기에 아름다웠으므로,

그들이 선택한 모든 자들 가운데서,

자기들을 위하여 아내들을 취하였다."

'하나님의 아들들 '(בְּנֵי־הָאֱלֹהִים, 베네 엘로힘) 하나님의 아들들은 셋의 후손들이다

경건한 자들을 '하나님의 자녀' 혹은 '하나님의 아들'로 부른 사례가 성경에서 많이 발견된다는 점에서 설득력이 있다(호 1:10 ; 마 5 :9 ; 눅 20:36 ; 요 1;12 ; 롬 8:14 ; 고후 6:18 ; 갈 4:7 ; 빌 2:15 ; 요일 3:1). 그리고 셋이 태어났을 때 그 아비 아담이 '하나님이 내게… 주셨다'라고 고백한 점에서도 셋의 후손이 하나님의 아들들이라고 불린 근거를 발견할 수 있다(4:25). 뿐만 아니라 셋은 에노스를 낳은 후 여호와의 이름을 부른 신앙인으로서 '하나님의 아들'로 불리기에 합당한 자였을 것이다(4:26). 그러나 가장 결정적 근거는 셋은 하나님이 직접 아벨 대신 택한 구원의 혈통이었다는 점이다.[389]

'자기들이 좋아하는'은 בָּחַר(977, 바하르) :וַיִּבְחֲרוּ 칼 완료 3인 공성 복수, VQAZCP, '좋아하다, 택하다, 선택하다, 결정하다, 결심하다, 시험하다, 기뻐하다'의 뜻이다.[390]

하나님의 아들들은 딸들의 외견상의 미모를 유심히 보고 기뻐하며 바람직하게 바라보았다는 것이다. 하나님의 아들들은 구원받은

---

389) 힌성천. 김시열, 옥스퍼드 원어성경대전, 001: 창세기 제 1- 11장, (서울: 제자원, 2005), p. 388.

390) 김용환, *op. cit.*, p. 84.

백성을 상징하며, 셋 계통의 자녀들이다.

결국 하나님의 아들들은 세상의 딸들의 외모와 성격만 보고 그들의 영성과 하나님을 향한 신앙은 전혀 고려하지 않고 선택했다는 것이다.

하나님의 아들들의 선택은 시간이 흐르면서 계속해서 세상의 딸들의 겉으로 드러난 아름다움에 빠져서 즐거워하며 하나님을 잊어버리고 결국 세상의 딸들을 선택하며 딸들의 기뻐하는 삶을 따르며 살았다는 것이다.[391]

예수님께서 부활하신 후 베드로에게 그물을 오른쪽으로 던지라고 말씀하셨다. 그때 잡은 고기가 153마리였고, 사용한 그물은 세마포 천이었다. 그 그물의 '그물'을 히브리어로 풀면 다음과 같다.

'그물을' רֶשֶׁת(7568, 레세트) '그물망, 함정, 웅덩이'의 뜻이다.[392] '레세트'는 야라쉬(יָרַשׁ, 3423)에서 유래했으며, '붙잡다, 상속하다, 재산으로 물려받다, 유업으로 받다, 상속하다, 가난하다, 점령하다, 차지하다'의 뜻이다.[393]

베드로 당시의 그물은 지금처럼 망사로 된 것이 아니라 세마포 천이었다. 날이 밝으면 그 그물은 물고기의 눈에도 띄게 된다. 그래서 그물질을 할 수 없었다. 그러나 구속사적 의미로 볼 때, 그물은 누군가에게는 함정이 될 수도 있고, 가난한 상태에서 머물 수 있으며 상속권이 박탈당할 수 있지만, 누군가에게는 땅을 점유하며, 상속자로 살아갈 수 있게 되었다는 것이다. 예수 그리스도께서 던지라는

---

391) 이성호, 나도 원전 설교할 수 있다, "하나님의 아들들", (경기도: 도서출판 헤세드, 2020), p. 20.

392) 김용환, *op. cit.*, p. 646.

393) *ibid.*, p. 290.

그물은 구원받은 백성과 구원받지 못한 백성을 구별하는 영적 도구였던 것이다. 그 그물 안에는 아무나 들어올 수 없다.

오직 예수 그리스도의 구속 은총을 입은 자녀만이 들어올 수 있다. 예수 그리스도의 초림 사역은 생명을 얻은 자와 심판을 받을 자를 구별하는 것이었다. 그리고 구별된 상속자들을 위하여 십자가에서 대속의 은총을 베풀어주실 것이다.[394]

Ἀνέβη Σίμων Πέτρος καὶ εἵλκυσεν τὸ δίκτυον εἰς τὴν γῆν μεστὸν ἰχθύων μεγάλων ἑκατὸν πεντήκοντα τριῶν· καὶ τοσούτων ὄντων οὐκ ἐσχίσθη τὸ δίκτυον.[395]

필자 사역

(요 21:11) "그러자 시몬 베드로가 올라가서,

그 그물을 땅으로 끌어당겼는데,

큰 물고기들로 가득 찬 상태로,

그 수는 백오십삼이었고,

그렇게 많은 수가 있었음에도

그 그물은 찢어지지 않았다."

'백오십삼'을 히브리어로 풀면 "하나님의 아들들"(בְּנֵי־הָאֱלֹהִים)이 된다. 게마트리아 숫자 값으로 풀면 다음과 같다.

---

394)　이성호, 나도 원전 설교할 수 있다, "찢어지지 아니하다," (경기도: 도서출판 헤세드, 2019), p. 40.

395)　원어성서원, 스테판 원어 성경(신약), (서울: 도서출판, 원어성서원, 2015), p. 1021.

בְּנֵי־ הָאֱלֹהִים

ם, 40 + י, 10 + ה, 5 + ל, 30 + א, 1 + ה, 5 = 91

י, 10 + נ, 50 + ב, 2 = 62

153마리는 구원받은 하나님의 아들들을 상징하는 수의 값이다.

교회를 말하고 열매를 상징하고 있다. 베드로는 주님으로부터 사람을 낚는 어부가 될 것이라는 사명을 받았다. 지금까지 교회는 고기들을 많이 잡는 데 집중했다. 그러나 그 그물은 찢어지지 않아야 한다는 것이다. 예수 그리스도께서 십자가에 달려 죽으셨고, 부활하신 후에 만난 제자들의 그물은 찢어지지 않았고 그물 안에 있는 물고기는 진정한 하나님의 형상을 가진 의인들을 상징한다. 즉 하나님의 아들들이 예수 그리스도의 공동체 안으로 들어오게 된 것이다.

'찢어지지' σχίζω (4977, 스키조) ἐσχίσθη 동사 직설 과거 수동 3인단수, VIAA3S, '찢다, 나누다, 분리하다, 따로 떼어놓다, 쪼갠다'는 뜻이다.[396]

그물 안에 있는 153마리의 물고기는 구원받은 백성을 상징한다. 혹시 그물이 찢어져서 내 자녀, 내 백성을 잃어버리거나 세상으로 흘려보내지 않겠다는 것이다. 하나님의 계획 안에 있는 백성의 구원이 취소되지 않는 것을 의미한다.

예수 그리스도께서 절대로 찢어지지 않도록 했다. 그리고 찢어지지 않은 의도는 그들을 멸망받을 자들에게서 따로 떼어 놓았고, 하나님의 거룩한 작정과 함께 만세 전에 구별된 그의 백성으로 확정

---

396) 김용환, *op. cit.*, p. 1198.

해주신 것이다. 예수 그리스도의 공동체 안에 들어간 자녀들 입장에서 보면 큰 은혜가 아닐 수 없다. 개혁주의 전통은 "하나님의 아들들"을 천사가 아니라, 하나님께 속한 언약 백성, 즉 셋의 경건한 후손들로 이해한다.

성경은 반복적으로 언약 백성을 "하나님의 아들"로 부른다.

(신 14:1) "너희는 너희 하나님 여호와의 자녀"

(호 1:10) "하나님의 아들들이라 일컬음을 받으리라"

"아들"이라는 표현은 존재론적 신분보다 언약적 소속과 대표성을 의미한다.

칼빈Calvin은 이 본문을 주석하며, "하나님의 아들들"을 참된 신앙을 고백하던 자들로 이해하지 않으면, 본문 전체가 윤리적·구속사적 경고로 기능할 수 없다고 보았다.

2. 사람의 딸들(בְּנוֹת הָאָדָם)

셋의 경건한 후손들과 비교되는 가인 계통의 불경건한 자들의 딸들로 이해할 수 있다. 그러나 신앙과 경건은 반드시 혈통과 일치하는 것은 아니므로 더 넓은 의미에서 하나님을 향한 경건한 신앙이 없는 보편적인 인간의 딸로 이해하여도 별무리는 없다. 여기에서 저자는 사람들을 '하엘로힘'(하나님)과 대조시키기 위해 그들을 표현할 때 복수를 쓰지 않고 단수형의 '하아담'(그 사람)을 썼으며, 결국 믿음의 근본은 하나님이시며 정욕과 죄의 원천은 아담 한 사람에게로 거슬러 올라가는 사설을 분명히 밝혀 주고 있다. 뿐만 아니라 이러한 대조적 표현을 통하여 하나님을 우선하지 않는 인간의 세속화 경향도 효과적으로 전달하고 있다.[397]

"사람의 딸들"은 단순히 여성 일반을 의미하지 않는다. 이는 히브리어 표현상 하나님을 언약적으로 알지 못하는 인류, 곧 가인의 계열에 속한 세속적 인류를 대표한다.

중요한 점은, 본문이 이 결혼을 외형적 미적 기준으로 설명한다는 것이다.

"그들이 보기에 아름다우므로"(טוֹב)

이는 창세기 3장의 선악과 사건과 구조적으로 평행을 이룬다.

"보기에 좋았고", "취함", "불순종"으로 이어지는 범죄이다.

즉, 언약 기준이 아닌 감각적·자율적 선택이다.

이 혼인은 단순한 이방 결혼이 아니라, 언약 계보 자체가 세속화된 사건이다. 혼합주의가 팽배한 시대였다.

언약적 분리 원리의 파괴한 중대한 범죄이다.

성경에서 하나님은 반복적으로 "거룩한 씨"(קֹדֶשׁ זֶרַע)라고 칭하시고 "구별된 백성"(קֹדֶשׁ גּוֹי)을 통해 메시아의 계보를 보존하신다.

그러나 창세기 6장에서 셋의 계열이 가인의 문화와 무차별적으로 결합함으로써, 신앙의 전승은 끊기고, 예배는 사라지며, 전 인류가 동일한 방향으로 타락한다.

---

397) 한성천·김시열, op. cit., pp. 388-389

이는 개인 타락이 아니라, 구속사적 통로 자체가 막히는 위기이다.

'네피림' נְפִיל (5303, 네필) הַנְּפִלִים 관사-명사 남성 복수, D.NMP. '습격이나 공격하는 자'의 뜻이다.[398]

'네필'는 נָפַל (5307, 나팔)에서 유래했으며, '떨어지다, 항복하다, 죽임을 당하다, 뽑히다, 멸하다, 넘어지다, 엎드러진다'의 뜻이 있다.[399]

네피림(נְפִלִים)은 초자연적 괴물이 아니라, 폭력적 권력자요, 자기 이름을 세운 자들이요, 하나님 없이 위대해진 인간 문명의 상징이다.

"용사"(גִּבֹּרִים)는 이후 성경에서 종종 폭력적 왕권이나 자기 영광을 추구하는 인간 권세를 가리키는 말로 사용된다.

즉, 이들은 메시아 계보를 잇는 인물들이 아니라,

하나님의 통치를 대체하려는 인간 중심질서의 상징이다.

"하나님의 아들들과 사람의 딸들" 사건은 천사와 인간의 혼합 신화가 아니라, 언약 백성이 언약을 버리고 세상과 혼합될 때 구속사 전체가 위기에 빠진다는 경고이며, 동시에 하나님께서 심판 속에서도 그리스도의 계보를 끝까지 보존하신다는 은혜의 증언이다.

---

398) 김용환, *op. cit.*, p. 450.

399) *ibid.*, pp. 450-452.

25장

'요드'(ㆍ)의 의미와 힘

히브리어 알파벳 22개 중 가장 작은 크기에도 불구하고, 풍부한 힘을 가지고 있는 특별한 글자가 있다.

히브리어 글자 요드(ㆍ)는 성경에 나오는 유명한 인물들인 야곱, 여호수아, 예수님, 그리고 하나님의 이름의 첫 글자들로 이루어 졌다.

그 요드(ㆍ)의 의미가 무엇일까?

'요드'(ㆍ)는 알파벳 22글자 중에 10번째 글자이며 숫자 값도 10이다.

'요드'(ㆍ)는 '손, 소매, 연장'이란 뜻이며, 내면적 의미는 '능력'이다. 상형문자로서의 의미는 '운명, 신의 손, 사역, 증명, 축복' 등이다. 또한 '행위, 능력, 역사, 소유, 붙잡음, 하나님의 개입'의 뜻이 있다. 작지만 결정적인 능력이 있음을 의미한다.

글자 '요드'(ㆍ)는 히브리어에서 가장 작은 글자이며, '요드'(ㆍ)는 성경에 나오는 수백 개의 중요한 이름들의 첫 글자가 되는 영광을 얻고 있다.

이스라엘(יִשְׂרָאֵל), 유다(יְהוּדָה), 예루살렘(יְרוּשָׁלַיִם), 예수(יֵשׁוּעַ), '여호수아'(יְהוֹשֻׁעַ) 그 외에 많은 이름에 나온다.

하나님의 이름인 여호와(יהוה)의 첫 글자도 '요드'(ㆍ)이며, 신성한,

중요함의 상징이다.

'여호와' יהוה'(3068, 예호와) יְהֹוָה' 고유명사, '자존자, 영원한 자, 히브리인들이 최고의 하나님으로 여기는 신의 이름'의 뜻이다.[400]

'여호와'는 הָיָה(1961, 하야)에서 유래했으며, '(장막을)치다, 임하다, 계시다, 섬기다, 만나다'의 뜻이 있다.[401] '여호와'는 이스라엘의 하나님을 나타내는 고유명사이며, '여호와, 야훼'로 음역한다.

우리가 "여호와"라고 부르는 하나님의 명칭은 본래 히브리어 4자음 문자 '요드, 헤, 와우, 헤'(YHWH)로 구성되어 있다. 이 신성 4문자(Tetragammaton)는 하나님의 인격적 이름으로 성경에서 창 2:4에 처음으로 나타나며, 구약성경을 일관해서 총 6,000여회(cf. BDB) 나타난다.[402]

모세가 호렙 산 떨기나무 가운데 계시는 '여호와 하나님'의 이름을 물었을 때, '여호와'께서 말씀하시기를 "나는 스스로 있는 자"라고 하셨다(출3:14), אֶהְיֶה אֲשֶׁר אֶהְיֶה(에흐예 아쉘 에흐예)이 동사에서 4글자(요드, 헤, 와우, 헤)가 명사로 변하면 '여호와'가 되신다. 영원한 자존자이시다.

숫자 10의 힘은 완전수 이전의 충만, 질서의 시작, 율법의 수(십계명), 언약적 책임의 뜻이 있다.

하나님이 야곱(יַעֲקֹב)을 만나시고 그 이름을 '이스라엘(יִשְׂרָאֵל)'로 바꾸어 주셨다.

'이스라엘' יִשְׂרָאֵל(3478) 고유명사, 이스라엘의 뜻이 있으며, '이스라

---

400) 김용환, *op. cit.*, p. 257.

401) *ibid.*, p. 162.

402) 이병철, *op. cit.*, 3068.

엘'은 하나님을 뜻하는 '엘'(אֵל, 410)과 '겨루다'의 뜻이 있는 '사라'(שָׂרָה, 8280)로 된 합성어이다. '다투는 자, 하나님의 군병'의 뜻이 있다.[403]

즉, '이스라엘'(יִשְׂרָאֵל)은 "하나님의 도움을 받아 싸운 자"라는 뜻이지만, 문자대로 풀면 가장 작은 자(י)를 세계 민족 중에 가장 큰 자(ל, 알파벳 22자 중에 가장 큰 글자)로 세워 주시겠다는 하나님의 놀라운 계획과 섭리하심이 들어 있는 뜻이다.

'경외'(יָרֵא, 3372, 야레)하는 자들을 '구원'(יְשׁוּעָה, 3444, 예슈아) 하시고 모든 '날'(יוֹם, 3117, 욤) 동안 '여호와'(יהוה) 하나님이 크신 '손'과 편 팔로 애굽에서 '이스라엘'(יִשְׂרָאֵל)을 '구원'(יְשׁוּעָה)하셨다.

출애굽 하셔서 '나오게'(יָצָא, 3318, 야차) 율법을 주시고 성막을 짓게 하셔서 그들 중에 영원히 '거하시'(יָשַׁב, 3427, 야샤브)겠다고 하셨다.

앞에서 언급한 모든 단어들이 '요드'(י)로 시작하는 단어이다.

요드는 또한 "손"을 의미하는 단어 야드(יָד)에서 파생되었다. 이것이 왜 중요할까?

숫자 10에는 비밀이 있다. '요드'는 히브리어 알파벳 열 번째 문자이다. 창 5장에는 아담에서 노아까지 이르는 열 세대가 있었고, 노아가 홍수에서 구원하시기 위해서 하나님께서 '손'(יָד)을 쓰셨다. 그 다음에 노아에서 아브라함까지 열 세대가 있었는데 하나님께서는 아브라함을 가나안 땅으로 데리고 오시려고 '손'(יָד)을 쓰셨다.

우리는 하나님께서 숫자 10과 관련하여 손을 쓰신 것을 이 외에도 더 있음을 알 수 있다. 십계명과, 열 가지 재앙과 소돔과 고모라의 의인 10명, 그리고 요한복음에 "나는 ~이다"(ἐγώ εἰμι, 에고 에이

---

403) 김용환, *op. cit.*, p. 295.

미)라는 말이 10번 나온다.

예수님께서 "율법의 일점일획도 결코 없어지지 아니하고"(마5:18). 라고 하셨는데 "일점"이 바로 '요드'를 가리킨다.

또한, 여호와 하나님은 하나님의 영광을 십자가에서 보이게 하신다. 이 모든 것들의 기초는 히브리어 글자 중 가장 작은 그리고 단순한 '요드'(,)이다. 하나님의 기본은 십자가로 보이게 한다.

요드는 작지만, 하나님의 손이며, 하나님의 언약이 시작되는 지점이고, 예수 그리스도에게로 이어지는 구속사의 첫 획이다.

이런 의미에서 히브리어 알파벳 중에 맨 먼저 나오는 '알레프'(א)도 하나씩 풀어 보면 '요드'(,) '바브'(ו) '요드'(,)로 되어 있다. 다시 말해 처음 '요드'는 하나님의 손이다. 그리고 못, 연결고리의 뜻인 '바브'(ו) 그리고 마지막 '요드'는 사람의 손이다.

위의 손(,, 하나님의 손)과 아래의 손(,, 사람의 손)을 연결해주는 것이 십자가의 연결 고리이다. 하나님의 손은 죄인의 손인 우리를 잡아 주시기 위해 그 아들 예수님을 십자가에서 희생시켜서 우리 손(ㅜ,)을 잡아 주셨다.

26장

'헤세드'(חֶסֶד), '아하브'(אָהַב), '아가브'(עָגַב)

구약성경에는 사랑에 대해서 대표적인 3개의 단어가 나온다.

이 단어는 히브리어로는 "헤세드", "아하브" 그리고 "아가브"라고 한다.

저속한 사랑, 보편적인 사랑, 숭고한 사랑을 각각 나타내고 있는데 이러한 사랑의 의미와 그 단계를 상고해보도록 하겠다.

1. "헤세드" חֶסֶד (2617)

"헤세드"는 חֶסֶד (2617)이며, '인자, 은혜, 인애, 은총, 성실, 아름다움, 긍휼, 열심, 질투, 시기'의 뜻이다. [404]

"헤세드"는 חָסַד (2616, 하사드)에서 유래했으며, '사랑하다, 연모하다, 시기하다, 꾸짖다, 선하다, 친절하다, 부끄럽게 하다'의 뜻이다.[405] 구약성경에서 이 단어는 약 247회 나온다.[406]

---

404) 김용환, *op. cit.*, p. 217.
405) *ibid.*, p. 217.
406) 이병렬, *op. cit.*, p. 131.

우리가 하나님의 '헤세드'에 대해 다룰 때, 문제는 물론 하나님께서 족장들 및 이스라엘과 언약적 관계를 맺었다는 점이다. 따라서 그의 '헤세드'는 모순 없이 언약적 '헤세드'로 불릴 수 있다. 그러나 동일한 증거에 의해 하나님의 공의, 심판, 충성 등이 언약적 심판 등으로 불릴 수 있었다.[407]

'헤세드'는 주로 신에게서 나오는 사랑을 말하며, 뜻도 다양하다. '헤세드' 안에는 "책임"과 "충실" 그리고 공동체에 대한 강한 "의무감"도 내포되어 있다.

'헤세드'는 하나님으로부터 나오기 때문에 추호도 거짓이 없는 사랑이라고 할 수 있다.

그래서 '헤세드'의 사랑은 성실한 계약적(하나님과 이스라엘 관계)사랑이요, 불변의 사랑(하나님이 이스라엘을 향해서)이라고도 한다.

이사야는 "다윗에게 허락한 확실한 은혜(헤세드)"라고 했다.

이 말은 하나님의 속성은 변치 않는 사랑임을 말하고 있는 것이다.

'헤세드'는 "인애", "인자" 또는 "긍휼"이라고 나올 때도 있고, 창 24:27, 49에는 "인자"로 나온다.

(삼상 20:8) "그런즉… 원컨대 네 종에게 인자(헤세드)이 행하라."

다윗과 요나단의 맹세는 하나님의 인자하심에 근거를 둔 것이다. 시편 35:5에는 '여호와의 인자(헤세드)하심'을 노래하고 있다.

하나님의 '헤세드'는 시편에서 가장 많이 나온다.

---

407)　이병철, *op. cit.*, 2617.

'헤세드'는 때로는 '호의, 친절, 은혜, 돌봐줌'도 된다. 다윗이 요나단의 아들 므비보셋에게 베푼 사랑(헤세드)은 하나님의 은총(헤세드)에서 나온 결과이다(삼하 9:3).

하나님의 이름으로 맹세했기 때문에 하나님의 '헤세드'로 므비보셋을 사랑했다.

요셉이 애굽에서 옥살이를 하고 있을 때에 하나님께서 '그에게 인자(헤세드)를 더하시매'(창 39:21). 전옥도 은혜를 입고 요셉에게 모든 사무를 맡겨 그의 앞날에 서관이 빛나게 했다.

에스라는 고백했다.

(스 7:28) "…모든 방백들 앞에서 은혜(헤세드)를 얻게 하셨도다."

이처럼 하나님이 필요한 사람은 하나님의 '헤세드'가 임해서 그들이 하는 일(하나님의 일)을 도와주신다.

하나님은 호세아를 통해서 상징적인 말씀으로 이스라엘과 맺은 혼인 관계를 변치 않은 사랑으로 표현하였다. "은총(헤세드)과 긍휼(רחמים, 레헴)히 여기심으로 네게 장가들며"(호 2:19). 우상숭배로 타락한 창녀 같은 이스라엘을 향한 하나님의 사랑(헤세드)의 고백이다.

참으로 놀라운 은혜(헤세드)이다.

패역한 이스라엘, 창녀 같은 이스라엘을 향해서 호세아는 외쳤다.

(호 12:6) "하나님께 돌아와서 인애(헤세드)와 공의(미스파트)를 지키며 항상 너희 하나님을 바라볼지어다."

호세아는 하나님과의 인자(헤세드)하심이 이스라엘을 용서해주실
것을 알았기 때문이다. 그래서 호세아를 가리켜 사랑(헤세드)의 예언
자라고 한다.[408]

출 34:6-7의 본문은 보다 더 벅차고 엄숙하다.

וַיַּעֲבֹר יְהוָה עַל־ פָּנָיו וַיִּקְרָא יְהוָה יְהוָה אֵל רַחוּם וְחַנּוּן
אֶרֶךְ אַפַּיִם וְרַב־ חֶסֶד וֶאֱמֶת׃
נֹצֵר חֶסֶד לָאֲלָפִים נֹשֵׂא עָוֹן וָפֶשַׁע וְחַטָּאָה וְנַקֵּה לֹא יְנַקֶּה פֹּקֵד
עֲוֹן אָבוֹת עַל־ בָּנִים וְעַל־ בְּנֵי בָנִים עַל־ שִׁלֵּשִׁים וְעַל־ רִבֵּעִים׃[409]

필자 사역

(출 34:6-7) "여호와, 여호와는

자비로운 하나님이시며 은혜로우신 분이시고,

분노하기를 더디 하시며,

'헤세드'와 진실이 풍성하신 분이시다.

'헤세드'를 수천 대까지 지키시는 분이시며,

죄악과 반역과 죄를 짊어지고 용서하시는 분이시나,

깨끗하게 함에 있어서는 결코 그냥 넘기지 않으시며,

아버지들의 죄악을 자녀들과

자녀들의 자녀들에게까지,

삼 대와 사 대까지 물으시는 분이시다."

---

408)   이병렬, *op. cit.*, p. 132.
409)   원어성서원, *op. cit.*, p. 553.

이 본문에서는 큰 배교 이후에 이것이 행해진 것으로 나온다. 이 것은 모세에게 보여주신 하나님의 사랑에 찬 '자기 계시'였다. 자케 펠트(Sakenfeld)가 여기에서 포로기 이전에도 '헤세드'의 신학적 용법 에는 죄 사함이 항상(적어도!) 잠재해 있었다'고 말한 것은 옳다.

하나님의 자비와의 관련은 배교할 경우에 대한 말씀과 문맥에 확 실하게 나타나있다. 어머니의 사랑이란 의미를 함축하고 있는 단어 라훔과 '노하기를 더디 하다'라는 어구와 결합되어 있는 한눈(은혜 grace)은 이것들은 모두 사랑이신 하나님의 속성을 강조한다.

그는 '헤세드'와 '에메트'에서(보다 후대의 것) 크시다. 그는 죄용서와 직접적으로 관련되어 있는 '헤세드'를 수천 대까지 지키신다. 이 모 든 것은 단순히 하나님이 그의 맹세를 지킨다는 사실만을 말해준다 는 주장은 대단치 않은 것처럼 보인다. 서약은, 그 서약을 말씀하시 는 분이 바로 애정이 깊은 하나님이기 때문에 지켜진다.[410]

어떤 학자들은 앞에서 언급한 '헤세드'와 '에메트'(진리 truth)란 어구 를 '헤세드' 안에 충성이나 성실의 개념이 있음을 옹호해주는 것으로 생각한다. 이 어구는 약 25회 나오는데, 그중 밀접하게 연관되어 있 지 않은 경우가 약 7회 이상 된다. 대부분의 학자들은 이것이 중언 법이며 한 명사가 다른 명사를 묘사하기 위해 이용된다는 견해에 동의하고 있다.

그러므로 이 어구는 '신실한 사랑faithful love'이나 '참된 친절true kind- ness' 혹은 그와 유사한 것을 의미한다. 친절과 신실은 영어에서 매 우 같은 뜻의 중언법이다. 이런 결합은 '헤세드'란 말 속에 언약에 대

---

410)　이병철, *op. cit.*, 2617

한 충성이란 개념이 들어 있음을 조장하는 것 같지는 않다. 만약 이 말 그 자체가 이미 그것을 의미했다면, 왜 '신실한faithful'이란 수식어가 첨가되었을까? 일반적으로 '헤세드'만의 용법에서처럼, 반드시 충성이 뒤따라야 하는 것으로 표현된 언약은 없다. 이것은 왕상 3:3에서 추정된다. 비록 하나님께서 다윗의 아들을 왕으로 삼으시어 그에게 '헤세드'를 보여주신 것이 사실상 언약에 따른 것이긴 했지만 그것은 또한 언약의 배후에 있는 그의 사랑에 따른 것이기도 했다.[411]

여리고 성 라합의 집에 숨어있던 정탐꾼은 생명의 보호를 받고 숨겨준 은혜를 생각하면서 이렇게 말했다.

> (수 2:14) "여호와께서 이 땅을 주실 때는 인자(헤세드)하고 진실하게 너를 대우하리라."

여리고 성이 무너졌을 때 오직 라합의 집만 구원을 받았다. 이것은 라합이 그들에게 베푼 한 때 동정이 영원한 하나님의 인자(헤세드)로 보상을 받았으며 생명의 안전을 누렸다.

여호와의 인자하심의 깊은 뜻은 여기에 있다.

> (출 20:6) "나를 사랑하고(아하브) 내 계명을 지키는 자에게는 천대까지 은혜(헤세드)를 베푸느니라."

인간은 여호와를 아하브의 사랑으로 하나님을 섬기면 하나님은

---

411) 이병철, *op. cit.*, 2617.

자손 대대로 은혜(헤세드)를 베푸신다. 비교가 안 되는 놀라운 사랑이다. 인간의 사랑(아하브)과 하나님의 사랑의 속성인 '헤세드'와는 비교할 수가 없다.

하나님의 '헤세드' 안에는 성실하고 긍휼하심이 있기 때문이다. 그리고 영원히 변치 않는 사랑이요, 자손 대대로 이어지는 약속의 사랑이기 때문이다.

오늘 우리의 구원도 인간적인 선행이나 공로가 아니라 그리스도 안에서 성취된 하나님의 인애(헤세드)에서 이루어지는 것이다.

2. '아하브'(אָהַב 또는 아헤브)

'아하브'(또는 아헤브, אָהַב 157)는 '사랑하다, 좋아하다, 기뻐하다, 사모하다, 사랑을 입다, 사랑받다, 하나님을 사랑하다, 사랑스러운'의 뜻이다.[412]

구약성경에서 사랑은 그 사람을 강요하여 그가 좋게, 또는 올바르게 평가하거나 인정하는 사물이나 사람에게로 이끌어 가는 자발적인 힘이다. 사람은 이 사랑의 힘에 제어를 받아 자기 자신을 주거나 혹은 사랑의 원인이 되는 대상을 확고히 붙잡거나 혹은 즐거움을 주는 행동을 하는 것이다. 사랑은 내적 인격에 심은 영혼의 불가해한 힘이다. 사람이 사랑의 대상을 올바로 인정하면 "마음을 다하고 성품을 다하고 힘을 다하여" 사랑한다(신 6:5). 사랑과 미움은 생의

---

412) 김용환, *op. cit.*, p. 18.

양극이다(전 3:8, 전 9:6). 사랑은 인간 상호간의 사랑, 하나님의 인간과의 사랑, 사물에 대한 사랑 등을 나타낸다.

하나님은 인간에게 자기를 "사랑하라"고 명하셨다(신 6:5). 그리고 시편에는 이 계명에 대한 순종의 증거들이 포함되어 있다(시 116:1, 시 145:20). 반대로 하나님은 사람들, 특히 자기 백성 이스라엘을 사랑하신다(신 4:37, 사 43:4, 말 1:2). 주님은 또한 시온의 문들(시 87:2), 정의와 공의(시 33:5), 성전(말 2:11)과 같은 것들을 "사랑하신다". 여호수아는 여호와를 사랑하라고 한다(수 22:5).[413]

$$\text{וְאָהַבְתָּ אֵת יְהוָה אֱלֹהֶיךָ בְּכָל־ לְבָבְךָ וּבְכָל־ נַפְשְׁךָ}$$
$$\text{וּבְכָל־ מְאֹדֶךָ}:^{414)}$$

필자 사역

(신 6:5) "그리고 너는 사랑해야 한다,

네 하나님 여호와를,

네 모든 마음으로,

네 모든 생명으로,

네 모든 힘(혹은 전 존재의 총량)으로."

'아하브'(אָהֵב)는 구약성경 안에 216회 나오는데 주로 가족관의 사랑에서 출발한다.

---

413)　이병철, *op. cit.*, 157.
414)　원어성서원, *op. cit.*, p. 1131.

부자간의 사랑을 말할 때 '아하브'(אהב)라고 말한다. 아브라함이 시험을 받을 때 이삭을 가리켜 "네 아들 네 사랑하는(아하브) 독자"(창 22:2)라고 했으며, 야곱은 노년에 얻은 아들 요셉을 "깊이 사랑(아하브)하여"(창 37:3)라고 했다.

부부간의 사랑도 '아하브'(אהב)라고 한다.

(창 24:67) "이삭이 리브가를 사랑(아하브)하였으니"

(삼상19:20) "사울의 딸 미갈이 다윗을 사랑(아하브)하매…"

친구간의 사랑도 '아하브'(אהב)에서 출발한다.

(삼상 20:17) "요나단이 다윗을 사랑하므로 그도 다시 맹세케 하였으니 이는 자기 생명을 사랑함 같이 그를 사랑하였더라."

좋아하고 즐기는 것도 '아하브'(אהב)라고 한다.

이삭은 "즐기는(아하브) 별미"(창27:14)를 먹고 야곱에게 축복을 하였다. 인간이 행하는 최고선은 사랑인데 '아하브'의 사랑으로 족하다.

그러나 하나님께서는 '헤세드'의 사랑이나 '아하브'의 사랑 모두 쓰인다.

하나님께는 인애와 사랑 두 가지 모두 다 있기 때문이다. 하나님은 택한 이스라엘을 위하여 "인애(헤세드)를 베풀고 사랑(아하브)하시

며 복을 주신다"(신7:12-13).[415]

כִּי נַעַר יִשְׂרָאֵל וָאֹהֲבֵהוּ וּמִמִּצְרַיִם קָרָאתִי לִבְנִי:[416]

(호 11:1) "이는 이스라엘이 소년이었을 때에,

내가 그를 사랑하였고,

이집트로부터 내가 내 아들을 불러냈다."

자기 백성을 향한 하나님의 뜨거운 사랑이 본 장 전반이 드러나고 있다. 이 중 먼저 1-4절은 하나님께서 이스라엘 과거 종노릇 하던 애굽 땅에서 건져 주시고 그들을 사랑하는 자식처럼 양육했지만 그들이 하나님을 배신하였음을 지적한다. 그리고 5-7절에서는 이처럼 배은 행위를 고수하는 선민들이 이방 세력에 의하여 멸망당하고 그들에게 복속될 것을 경고하고 있다. 여기서 '어렸을 때에'에 해당하는 '키 나아르'(כִּי נַעַר)는 문자적으로는 '청소년의 때에'라는 의미이다. 이는 은유적 표현으로서 이스라엘이 하나의 큰 민족을 이루기 전 애굽 땅에서 노예생활을 하던 때를 지칭한다. 그때에 그들은 아무런 소망도 없이 하루하루 압제와 고난 속에 절망의 나날을 보냈을 뿐이다.

당시 그들은 사람으로서 기본적으로 누려야 할 삶조차도 기대할

---

415)　이병렬, *op. cit.*, pp. 133-134.
416)　원어성서원, *op. cit.*, p. 1729.

수 없는 형편이었다. 바로 그때 여호와께서 그들을 찾아 가셨다. 본문에서 '내가 사랑하여'에 해당하는 '와오하베후'(וָאֹהֲבֵהוּ, 와우 계속법-칼 미완 1인 공성 단수-3인 남성 단수)의 원형 '아하브'(אָהַב)는 절친한 벗, 또는 부부가 서로를 인격적으로, 그리고 감정적으로 진솔하게, 뜨겁게 사랑하는 것을 의미하는 동사이다. 이 같은 표현을 통해 하나님께서는 당신 자신이 이스라엘에게 얼마나 큰 호의를 베푸셨으며 얼마나 큰 사랑으로 그들을 사랑하셨는지를 드러내주신다. 하나님께서 그처럼 지극한 사랑을 베푸신 이유는 그들의 조상 아브라함과 이삭과 야곱에게 주신 언약 때문이었다(창 15:16; 26:3; 28:13).

한편 본 절은 신약에서 마리아와 요셉이 헤롯 왕의 대학살을 피해 아기 예수를 데리고 애굽으로 피난하였다가 다시 가나안으로 돌아온 사실과 관련하여 마태가 구약 예언이 성취되었음을 밝히기 위하여 인용한 구절이기도 하다(마 2:14, 15).

본문에서 여호와께서 그처럼 이스라엘을 애굽으로부터 밖으로 불러내셨다는 것은 그들을 애굽의 압제에서 구원하시며 그들에게 자유를 주셨다는 의미, 또 그들을 구원하시기 위해 구원자 모세를 보내어 피 재앙을 비롯하여 장자 재앙에 이르기까지, 또 홍해를 가르고 은혜로운 역사를 행하셨다는 의미 등을 함축하는 표현으로 이해할 수 있다.[417]

여호와께 돌아오면 "패역을 고치고 즐거이 저희를 사랑(아하브)하시리니"(호 14:5)에서처럼 하나님의 인애(헤세드)가 패역을 용서해주시고 하나님의 사랑(아하브)이 그들에게 복을 주신다.

---

417) 한성천·김시열, 옥스퍼드 원어성경대전, 075: 호세아 제 1-14장, (서울: 제자원, 2007), p. 480.

   히브리 사상으로 본 주제별 연구 시리즈 1

부부간의 사랑, 부자간의 사랑, 골육친척의 사랑, 친구간의 사랑만큼 이웃과 고난받는 자를 사랑하면 그 이상 큰 사랑(아하브)은 없다.

바울은 고린도전서 13장의 사랑장도 '아하브'의 사랑이다. 헤세드의 사랑이 아니다. 부활하신 예수께서 시몬 베드로에게 말씀하신 사랑도 '아하브'이다.

> (요 21:15-17) "…예수께서 시몬 베드로에게 이르시되 요한의 아들 시몬아 네가 이 사람들보다 나를 더 사랑하느냐 하시니 가로되 그러하외다 내가 주를 사랑(아하브)하는 줄 주께서 아시나이다. 가라대 내 어린 양을 먹이라…"

오늘 교회의 사람은 '아하브'의 사랑만으로도 충분하다. '아하브'의 사랑도 그 안에는 희생이 얼마만큼 들어 있는 사랑으로 최고의 인간애를 말한다. 교회 안에서 '아하브'의 사랑으로 연결된 공동체의 책임을 다하면 하나님의 인자(헤세드)가 그 교회위에 머물면서 복을 주신다. '아하브'가 없는 사람이 문제다. 실리적으로 천박한 사랑을 '아가브'의 사랑이라고 한다.[418]

3. '아가브'(עָגַב)

'아가브' עָגַב (5689)는 '연애하다, 과도한 애정을 품다, 연모하다, 욕

---

418)　이병렬, *op. cit.*, p. 134.

정을 품다'의 뜻이다.[419]

관능적이고, 감각적이고, 욕망과 선동적인 천박한 사랑을 '아가브' (עגב)의 사랑이라고 한다. give and take의 사랑이다. '아가브'(עגב)의 사랑은 창녀의 풋사랑이라고도 말할 수 있다. '아가브'(עגב)는 색정과 음욕을 말하며, 뻔뻔스럽고 이기적인 사랑을 말한다. 대가를 요구하는 사랑이며, 언제고 필요치 않으면 외면하는 야만적인 사랑이다. 그리고 도에 지나치며 과도한 행동을 하고 망령된 행실을 자행하는 사랑을 '아가브'(עגב)라고 한다. 이기와 향락과 자기만족만 있을 뿐 도덕과 윤리가 없는 사랑이다. 지극히 저속하며 비인간적인 사랑이 '아가브'(עגב)이다.[420]

וַתִּ֥זֶן אָהֳלָ֖ה תַּחְתָּ֑י וַתַּעְגַּ֤ב עַל־מְאַהֲבֶ֙יהָ֙ אֶל־אַשּׁ֖וּר קְרוֹבִֽים׃[421]

(겔23:5) "그러나 오홀라가 내 아래에서 음행하였고,

자기 연인들에게 집착적으로 탐닉하였는데,

곧 가까이 있는 앗수르 사람들에게였다."

'행음하여' זָנָה (2181, 자나) וַתִּזֶן 와우 계속법-칼 미완 3인 여성 단수, CW. VQIZFS, '간음하다, 매춘하다, 창녀이다, 더럽히다, 음탕하다,

---

419)　김용환, *op. cit.*, p. 493.

420)　이병렬, *op. cit.*, pp. 134-135.

421)　원어성서원, *op. cit.*, p. 1464.

창녀, 음녀, 음행, 기생'의 뜻이다.[422] 구약성경에서 이 단어는 약 100회 이상 나온다. 자나는 문자적 의미와 비유적 의미로 사용된다. 비유적으로 그 개념은 한 민족(특히 이스라엘)이 다른 민족과 교제하는 것에 관한, 금지된 국제적 교섭에 관계된다. 그것은 또한 이스라엘이 거짓 신을 예배하는 것에 관한, 종교적 교섭을 언급하기도 한다. 문자적 의미는 이성간의 불의한 성교이다. 이 단어는 대개 여자에 관해 사용되고, 남자에 대해서는 단지 2번 사용된다(출 34:16, 민 25:1). 분사형은 대개 창녀를 지칭할 때 사용된다(창 34:31). 그러한 사람들은 보수를 받았으며(신 23:19), 신원을 밝혀주는 표시를 지녔고(창 38:15, 잠 7:10, 렘 3:3) 그들 자신의 집을 소유하였다(렘 5:7). 사람들은 그들을 멀리해야만 했다(잠 23:27). 자나와 유사한 어근, 나아프(נָאַף, 5003, 간통하다) 사이에 어떤 차이점이 있다.

나아프는 흔히 여자보다 남자에게 사용된다. 나아프는 결혼한 사람과 그의/그녀의 배우자가 아닌 다른 사람간의 성교를 나타낸다(레 20:10). 이 두 단어는 호 4:13, 호 4:14에서 의미심장하게 대조되어 나오는데, '딸들'이 '행음하며'(자나), '배우자(며느리)들'이 '간음했다'(나아프)고 한다. 몇몇 경우에 그러한 행위를 행한 여자는 분명히 결혼한 여자로 밝혀진다(레 20:10, 렘 29:23). 그 사람이 결혼하지 않았다고 결코 언급되지 않는다. 이 단어들은 완전히 병행되어 있으니 동일한 사람에 사용될 수 있는 것이다(호 3:1, 호 3:3, 고멜에 관하여, 겔 16:32-36, 불성실한 나라로서의 이스라엘에 관하여).

마지막으로 '나아프'(נָאַף)는 전문적인 매음을 지칭하는 데 사용되

---

422)　김용환, *op. cit.*, 181.

지 않는다는 점이 자나와 다른 점이다. 이 두 어근들의 비슷한 점은 이들이 문자적 의미뿐만 아니라 비유적으로도 사용된다는 사실과 또한 비유적인 용법에서 이 두 어근들이 동일한 기본적인 개념에 대해 사용된다는 사실이다.[423]

'아가브'를 이스라엘이 하나님을 버리고 우상숭배에 빠져 이방신을 섬기는 것으로 보았다. 처녀 이스라엘이 타락하여 이방 남자를 사랑했다는 것이다. 즉, 우상 숭배는 이방신과 사랑(아하브)의 행위에 빠져 간음했다는 것을 의미했다. 죄 중의 죄가 이방신과 행음하는 아가브의 작태이다. 배은망덕한 이스라엘이 하나님을 사랑하지(아하브) 아니하고 이방 나라 앗수르의 신인 우상을 사랑(아하브)했다고 에스겔은 규탄하고 있는 것이다.

> (겔 23:7, 9, 12) "이스라엘이 행음하는 연애(아하브) 그 연애하는 앗수르의
> 사람의 손에 붙였더니… 그가 앗수르 사람과 연애(아가브)하였나니…"

이스라엘이 여호와의 종교를 버리고 앗수르 신과 연애에 빠져(아가브) 행음하다가 하나님께 버린 바 되어 B.C. 722년 앗수르에게 철저하게 멸망당했다. 당연한 죄의 대가였다.

예레미야는 말했다. 예루살렘이 하나님을 버리고 창녀가 되어

> (렘 4:30) "…네가 붉은 옷을 입고 금장식으로 단장하고 눈을 그려 꾸밀지
> 라도 너의 화장한 것이 헛된 일이라 연인들이(아가브) 너를 멸시하며 네 생

---

423) 이병철, *op. cit.*, 2181.

명을 찾느니라."

유다와 예루살렘도 여호와를 버리고 이방신(우상숭배)과 행음하다가 결국 바빌론에 의해서 B.C. 586년에 멸망했다.

'아가브'의 사랑은 이토록 무서운 것이다. 하나님보다 물질을 더 사랑하면 그것이 곧 '아바그'이며, 예수보다 명예를 더 좋아하면 그것이 다름 아닌 '아가브'이다.

교회의 사랑은 '아하브'의 사랑이어야 한다. 받는 것보다 주는 데 더욱 힘을 쏟아야 한다. 어떤 대가를 노리며, 세속적인 일을 즐기는 사랑, 아가브의 사랑이 오늘 교회 안에 들어왔는지 깊이 살필 때가 온 것이다.

우리는 저속하고 공리적이며 인간의 성품을 병들게 하는 '아가브'의 사랑을 버리고 '아하브'의 사랑이 차고 넘치는 교회, 하나님의 '헤세드'가 지배하는 교회를 만들기 위해서 예수님이 베드로에게 하신 말씀 "네가 나를 사랑(아하브)하느냐… 내 어린 양을 먹이라"는 말씀을 귀담아 들어야 할 것이다.[424]

'헤세드'는 인애, 자비, 신실한 사랑이요, 언약에 근거한 변치 않는 사랑이며, 감정이 아니라 관계적 충성(loyal love)이다.

헤세드는 단순한 "친절"이나 "사랑"이 아니라, 언약 관계 안에서 요구되고 지속되는 사랑이다.

헤세드는 구속사의 기초 구조가 되며, 인간의 실패에도 불구하고,

---

424)　이병렬, *op. cit.*, pp. 134-136.

언약은 깨지지 않고, 구속은 중단되지 않는다.

헤세드는 하나님의 구속을 끝까지 밀고 가는 언약적 사랑이다.

그리스도 안에서 십자가는 헤세드의 절정을 이룬다.

"우리가 아직 죄인 되었을 때" 사랑하신 언약의 완성을 이룬다.

'아하브'는 사랑, 애정, 선택적이다.

인간 대 인간, 인간 대 하나님, 하나님 대 이스라엘이다.

아하브는 감정과 의지와 선택이 결합된 개념이다.

아하브는 언약 안에서 요구되는 사랑이다.

그러나 인간의 아하브는 불완전하고 실패가 가능하다.

아하브는 언약 백성에게 요구되는 사랑의 책임이 있는 것이다.

구속사의 관점에서 보면,

인간의 아하브는 실패했으며, 하나님의 헤세드로 보완하여 완성이 된다.

아가브는 정욕적 집착이요, 통제되지 않은 욕망이며, 우상 숭배적 열정이다.

아가브는 도덕적으로 중립이 아니라 부정적이다.

인간은 아하브로 하나님을 사랑해야 하나 실패할 수밖에 없다.

인간은 아가브로 우상을 사랑하기 때문이다.

하나님은 헤세드로 언약을 포기하지 않으시며, 그 결과 메시아적 구속이 필요해 그리스도 안에서만이 아하브가 완전해지고 헤세드의 성취되고, 아가브의 심판이 동시에 이루어진다.

헤세드는 하나님 편의 사랑이고, 아하브는 인간에게 요구된 사랑이며, 아가브는 타락한 인간이 하나님을 대신해 붙드는 왜곡된 사랑이다.

27장
'베소라'(בְּשׂוֹרָה)와 '바사르'(בָּשַׂר)

(사 40:9) "아름다운 소식(בָּשַׂר, 바사르)을 시온에 전하는 자여 너는 높은 산

에 오르라 아름다운 소식(בָּשַׂר, 바사르)을 예루살렘에 전하는 자여 너는 힘

써 소리를 높이라 두려워하지 말고 소리를 높여 유다의 성읍들에게 이르

기를 너희의 하나님을 보라 하라."

복음福音, 유앙겔리온(εὐαγγέλιον)은 '좋은 소식, 복되고 기쁜 소식'
이라는 뜻이다.

유(εὐ)는 부사로 '잘, 좋게, 행복하게'이며 '앙겔로스'(ἄγγελος)는 명
사로 '천사, 사신, 사자'이다.

'유앙겔리온'(εὐαγγέλιον)은 합성어로 '가장 좋은 소식'이란 뜻이
며, '하나님 나라에 대한 기쁜 소식'(마 4:23, 26:13)이 된다. 신약성경
의 복음은 예수 그리스도이고, 예수를 믿는 것이 복음의 내용이다.

그러나 구약성경은 처음부터 다르게 표현하고 있다.

구약성경이 말하는 복음은 '베소라'(בְּשׂוֹרָה, 1309)이며, '베소라'
(בְּשׂוֹרָה)는 '기쁜 소식, 좋은 소식, 기별하다' 등의 의미가 있으나 이
'베소라'(בְּשׂוֹרָה)가 내포하고 있는 것은 '토브'(טוֹב, 선한 것과 좋은 것)이

다. 즉, "하나님이 보시기에 심히 좋았더라(토브, טוֹב)"(창 1:31)의 '좋았다, 선하다, 베소라(בְּשׂוֹרָה)'안에 포함되어 있는 것이 좋은 소식이다.

히브리어 명사 "베소라"(בְּשׂוֹרָה,1309)를 "바사르"(בָּשָׂר, 1320)로 모음 변화를 시키면 '살, 육체, 생물(형체와 피가 있는), 창조물, 몸 전체'가 된다.

그래서 구체적인 몸, 즉 몸속에 있는 육체를 "바사르"(בָּשָׂר, 1320)라고 한다.

다시 히브리어 동사로 변화시키면 "바사르"(בָּשַׂר, 1319)인데 뜻은 '공명정대한, 깨끗한, 훌륭한, 즐거운 소식을 전하다, 기쁜 소식을 전하다, 상쾌한 소식이다' 등이다.[425]

עַל הַר־ גָּבֹהַ עֲלִי־ לָךְ֙ מְבַשֶּׂרֶת צִיּוֹן֙ הָרִימִי בַכֹּחַ֙ קוֹלֵךְ֙ מְבַשֶּׂרֶת יְרוּשָׁלִַם הָרִימִי֙ אַל־ תִּירָאִי֙ אִמְרִי֙ לְעָרֵי יְהוּדָה הִנֵּה אֱלֹהֵיכֶם:[426]

필자 사역

(사 40:9) "높은 산 위로 올라가라,

기쁜 소식(מְבַשֶּׂרֶת / בָּשַׂר)을 전하는 자여, 시온아.

힘으로 네 목소리를 높여라,

기쁜 소식(מְבַשֶּׂרֶת / בָּשַׂר)을 전하는 자여, 예루살렘아.

높여라, 두려워하지 말라.

---

425) 이병렬, *op. cit.*, p. 45.

426) 원어성서원, *op. cit.*, p. 922.

유다의 성읍들에게 말하라:

"보라, 너희의 하나님이시다!"

이 구절은 포로기 이후 회복의 복음의 선포이자 신약적으로는 '복음'(εὐαγγέλιον)의 원형적 선언으로 이해된다.

"보라 너희의 하나님"(הִנֵּה אֱלֹהֵיכֶם, 힌네 엘로헤이켐)은 단순한 정보 전달이 아니라 하나님의 임재와 통치의 도래를 선포하는 언약적 외침이다(롬 10:15).

'베소라'(בְּשׂוֹרָה) 좋은 소식이 '바사르'(בָּשָׂר)가 되면 육체 또는 "구체적인 몸"이 되고 다시 동사"바사르"(בשׂר)가 되면 "기쁜 소식을 전하다"가 된다.

다시 사전적인 정의를 보면, '베소라'는 בְּשׂוֹרָה(1309, 베소라), '기쁜 소식, 좋은 소식, 좋은 소식에 대한 보답, 소식, 기별'의 뜻이다.[427] '베소라'는 בָּשַׂר(1319, 바사르)에서 유래했으며, '기쁜 소식으로 즐겁게 하다, 기쁜 소식을 받다, 전하다, 선포하다, 소식을 전하다, 전파하다, 공포하다'의 뜻이다.[428]

1. '바사르': 좋은 소식을 가져오다(전하다)

'바사르'는 아들의 출생(렘 20:15)에 대한 좋은 소식을 전하는 것에

---

427)　김용환, *op. cit.*, p. 111.
428)　*ibid.*, p. 112.

대해 사용되었다.

'바사르'는 승리에 대한 좋은 소식을 전하는 것에 대해 사용되었다.

역사 문헌에서는 '바사르'가 두 가지 사건들, 즉 사울의 죽음(삼상 31:9, 삼하 1:20, 삼하4:10), 그리고 압살롬의 패배와 죽음(삼하 18:19 이하)을 둘러싸고 사용되었다. 비록 다윗이 이 소식들을 다르게 받아들였지만, 이 두 사건을 전한 사자들은 모두 좋은 소식이라고 생각했다. 전장에서 갓 출발한 사자에 관한 이 개념은 이사야와 시편에 나오는 보다 신학적으로 중요한 용법의 핵심에 있다. 여기에서 원수들을 이기신 분은 여호와이시다. 이런 승리에 힘입어, 그는 이제 포로들을 구출하러 오신다(시 68:11). 삼상 4:17에서 나쁜 소식에 대해 사용되었다: "소식을 전하는 자가 대답하여 가로되 이스라엘이 블레셋 사람 앞에서 도망하였고 백성 중에는 큰 살육이 있었고 당신의 두 아들 홉니와 비느하스도 죽임을 당하였고 하나님의 궤는 빼앗겼나이다." 왕상 1:42에서 아도니아는 요나단이 좋은 소식을 가져오는 것으로 생각했으나 나쁜 소식을 가지고 왔다.

2. 바사르: 좋은 소식을 가져오는(전하는) 자

좋은 소식은 하나님의 구원에 대한 소식이다. 파수꾼은 이 좋은 소식을 가져올 자를 기다린다(사 52:7, 참조: 삼하 18:25 이하). 처음에는 시온에 전하며, 시온만이 그 진실을 안다(나 1:5, 사 40:9, 사 4:27). 그러나 결국에는 열방이 이것을 알고 여호와의 찬송을 전할 것이다

(사 60:6). 시인은 대회 중에서 하나님의 의의 좋은 소식을 전하며(시 40:9), 매일 하나님의 구원을 전파하라고 한다(시 96:2). 사 61:1에 의하면 메시아 종이 가난한 자에게 좋은 소식을 전한다. 이 개념의 실재는 궁극적으로는 비로소 그리스도 안에서 이루어지게 된다(눅 4:16-21, 고전 15:54-56, 골 1:5, 골 1:6, 골2:13-15).[429]

'바사르'가 모음이 변하면, בָּשָׂר(1320, 바사르)이며, '살, 몸, 육체, 생물, 혈육, 고기, 육신'의 뜻이 있다.[430] '바사르'(בָּשָׂר, 1320)는 바사르(명남)는 바사르(בָּשַׂר, 1319)에서 유래했으며, '살, 육체flesh'를 의미한다. 구약성경에서 이 단어는 약 270회 나온다.

'바사르'(בָּשָׂר, 1320)는 그 기본적인 의미로 자주 나오는데, 특히 오경과 희생제사 관례에 관한 문헌(예, 레 7:17), 그리고 피부 질환을 다루는 규정들에서 그러하다(레 13장 등). 이 단어가 흔히 에쳄(עֶצֶם, 6106, 뼈 bone)과 병행되어 "몸"이란 개념을 나타내주는데, 이는 이 단어의 핵심적인 의미를 분명하게 보여주는 것이다(참조, 욥 2:5 등).그러나 바사르(בָּשָׂר, 1320)는 뼈에 대한 아무런 언급이 없을 때에도, 그 의미가 확장되어 '몸body'을 의미하기도 한다(민 8:7, 왕하 4:34, 전 2:3 등). 그렇기 때문에 이 단어는 단순히 '사람의 외모eternal form of a person'를 가리킨다. 이것은 인간의 구성 요소들 중의 하나로 간주되며, 다른 요소들로는 특히 레브(לֵב, 3820, 마음heart)와 네페쉬(נֶפֶשׁ, 5315, 혼soul)가 있다(시 16:9 등).[431] 헬라 철학처럼 인간을 이론적으로 분리할 수 없는 것이 히브리 사상이다. 영체靈體와 육체肉體 등으로 분리

---

429) 이병철, *op. cit.*, 1219.

430) 김용환, *op. cit.*, p. 112.

431) 이병철, *op. cit.*, 1320.

할 수 없다. 몸 안에서 생명이 있으며, 영이 있고, 정신이 있으며, 구체적인 존재를 증명하는 육체가 있다. 영혼 따로 육체 따로 분리는 구약신앙이 아니다. 인간 자체에 목적을 두고 있다. 구원도 '바사르'인 인간이 받는 것이며 멸망도 인간자체가 받는 것이다. 그런고로 복된 소식인 '베소라'도 인간자체에게 임하는 것이다. 병들고, 고통받고, 탄식하며, 배고프고, 갈증을 느끼는 인간, 즉 육체 자체에게 오는 소식이 복음이다. 영혼과 육체를 분리해서는 안 된다. 바로 영혼과 육체가 인간이 되기 때문이다.[432]

מַה־ נָּאווּ עַל־ הֶהָרִים רַגְלֵי מְבַשֵּׂר מַשְׁמִיעַ שָׁלוֹם מְבַשֵּׂר טוֹב

מַשְׁמִיעַ יְשׁוּעָה אֹמֵר לְצִיּוֹן מָלַךְ אֱלֹהָיִךְ:[433]

필자 사역

(사 52:7) "얼마나 아름다운가, 산들 위에 있는

기쁜 소식(מְבַשֵּׂר / בָּשַׂר)을 전하는 자의 발이여!

평화를 들리게 하며,

선한 소식(מְבַשֵּׂר / בָּשַׂר)을 전하며,

구원을 들리게 하며,

시온에게 말하기를:

"네 하나님께서 통치하신다!"

'좋은 소식을 전하며'에 해당하는 '메밧세르'(מְבַשֵּׂר)의 원형 '빠사르'

---

432)   이병렬, *op. cit.*, p. 46.

433)   원어성서원, *op. cit.*, p. 976.

(בָּשַׂר)는 주로 전쟁과 관련 하여 전령이 승전 소식을 전하는 것을 의미한다(삼하 18:19, 26, 31). 여기에서는 일차적으로 바벨론 압제하의 이스라엘 자손이 해방되어 곧 시온으로 귀환할 것이라는 소식을 전하는 것을 의미하며, 보다 근본적으로는 그리스도 탄생과 관련 된다. 그리스도가 탄생하실 때 천사는 베들레헴 지경의 목자들에게 '보라 내가 온 백성에게 미칠 큰 기쁨의 좋은 소식을 너희에게 전하노라'라고 선언하였는데 이는 본문 내용과 깊은 관련을 가진다(눅 2:10).[434]

포로 귀환의 복음이자 동시에 하나님 왕권 회복의 선포이다.

"보라, 너희의 하나님"(사 40:9)이, "너희 하나님이 통치하신다."(사 52:7)는 것이다. 하나님이 오셨고, 하나님이 왕이 되심이 복음이다.

본문은 또한 궁극적으로 사탄의 세력에 포로된 자들에게 영적 구원의 기쁜 소식을 전하는 복음 전파자들의 사역을 칭송하는 의미로 이해할 수 있다. 이러한 사실은 본문을 인용한 사도 바울의 말에서도 확인할 수 있다(롬 10:15).[435]

구약성경에서 '베소라'(בְּשׂוֹרָה)가 나오는 곳을 생각해보면 구약의 '베소라'(בְּשׂוֹרָה)가 무엇인지를 알 수 있다. 북조 이스라엘과 아람 시리아 전쟁은 수십 년간 계속되었다.

아람 벤하닷이 전쟁을 일으켜 강력한 군대를 동원하여 사마리아 성을 완전 포위했다. 사마리아 성이 장기간 포위되자 성내는 식량이 고갈되었다.

---

434)   한성천·김시열, 옥스퍼드 원어대전, 060: 이사야 제45-56a, (서울: 제자원, 2006), p. 428.
435)   한성천·김시열, op. cit., p. 430.

사마리아가 거의 패망 직전에 하나님의 도우심과 엘리사의 기적으로 수많은 아람 군대를 물리쳤다. 어두운 밤 아람진영에 갑자기 요란과 군마 소리가 들려오기 시작했다. 헷 사람의 군마소리와 애굽군의 마병소리에 기마병이 없는 아람군대는 정신이 나간 채 모조리 앞을 다투어 후퇴했다. 그런데 갑자기 군마소리가 요란스럽게 들린다는 것은 이스라엘의 구원을 요청받고 애굽과 헷 나라에서 특공 마병부대가 도착한 것으로 착각했다. 그래서 아람군은 싸울 수 없음을 깨닫고 밤에 도주한 것이다.

엘리사는 가만히 앉아 말발굽 소리만 들리게 해서 이스라엘을 구원한 것이다. 하나님의 음성(군마 소리)만으로 아람군을 이스라엘에서 몰아낸 것이다.

이 엄청난 사건을 사마리아성에서는 아무도 몰랐다. 여전히 아우성 소리, 굶주림의 탄식 소리, 서로 서로 자식을 잡아먹는 광경이 전개되고 있었다.

이때 사마리아 성문 밖 한적한 계곡에 사마리아 문둥병자 네 명이 있었다. 이들은 죽기로 작정하고 아람군 진영으로 찾아가서 도움을 청하기로 생각했다.

나병 환자를 '메쪼라아트'(מְצֹרָעַת)라고 해서 구약에서는 하나님이 버린 사람으로 취급, 산송장으로 간주했다. "문둥병"(צָרַע)을 "짜라"라고 해서 '때려눕히다, 벌주다, 채찍질하다, 괴롭히다'의 뜻으로 신이 내린 벌로 생각하고 누구도 그들을 동정하지 않았다. 이토록 버림받은 나병 환자 네 사람이 아람진영으로 들어가니 그토록 당당하던 군인들은 한 사람도 없었다. 그리고 흩어진 군영에는 금은보화(노략질한 것)와 아람나라의 의복, 먹을 것이 깔려 있었다. 나병 환자들로서는 처음 보는 광경이었다. 사마리아성에서는 굶어 죽고 있는데 성 밖에는 먹을 것, 보화가 넘쳤다.

이 나병 환자들은 보화를 감추고, 배불리 먹고 정신이 들자 양심의 소리가 들려왔다.

"우리의 행동이 옳지 못하다" 하고 "오늘은 이 아름다운 소식이 있는 날이거늘(하욤 하제 욤 베소라, הַיּוֹם הַזֶּה יוֹם־בְּשֹׂרָה)오늘은 좋은 소식의 날이다. 우리가 침묵하고 있도다. 만일 밝은 아침까지 기다리면 벌이 우리에게 미칠지니 이제 떠나 왕궁에 가서 알리자"(왕하 7:9) 하고 성문 앞에 가서 이 사실을 고했다. 이들이 전한 "이 아름다운 소식"이 곧 "베소라"(בְּשֹׂרָה)이다.[436]

성 안에서 굶주리고 있는 '바사르'(בָּשָׂר)들에게 가장 기쁘고 즐거운 소식인 '베소라'(בְּשֹׂרָה)를 전한 것이다.

처음에는 혹시 복병술(伏兵術)인가 하고 믿지 못했으나 그 후 이 사실을 확인한 후 사마리아성은 구원을 받았다. 그러나 엘리사의 말을 불신한 '한 장관'은 구원을 받지 못하고 백성들에 의해서 성문에서 밟혀 죽었다. 이것은 엘리사가 전한 '베소라'(בְּשֹׂרָה)를 믿지 않았기 때문이다.

이처럼 구약성경의 '베소라'(בְּשֹׂרָה)는 이토록 엄청난 '기쁜 소식'이다. 죽음 직전에 있던 인간들에게 구원의 소식을 전한 것, 이것이 '베소라'(בְּשֹׂרָה)이다.

이 '베소라'(בְּשֹׂרָה)를 나병 환자들이 전했다.

예수께서는 나병 환자인 '바사르'(בָּשָׂר, 육체)를 살리셨다(마 8:1-4).

---

436)　이병렬, *op. cit.*, p. 48.

하나님의 말씀(דָּבָר, 다바르)이 구체적인 '바사르'(בָּשָׂר, 육체)가 되어 이 세상에 보내신 분이 예수 그리스도이다. 예수가 '바사르'로 오셨기 때문에 같은 '바사르'인 인간에게 좋은 소식, '베소라'가 된 것이다. 예수의 오심은,

(눅 4:18-19) "가난한 자(바사르)에게 복음(베소라)을 전하게 하시려고 내게 기름을 부으시고 나를 보내사 포로된 자(바사르)에게 자유를, 눈 먼 자(바사르)에게 다시 보게 함을 전파하며 눌린 자(바사르)를 자유케 하고 은혜의 혜(라쫀)를 전파하게 하려 하심이라."

이처럼 예수는 '바사르'로 유대 땅에 오셔서 굶주린 '바사르'에게는 먹이시고, 병든 '바사르'에게는 건강을, 고통 받는 '바사르'에게는 하늘의 평강을 죽은 '바사르'에게는 다시 살 수 있게 만들어주셨다.

분명이 복음(베소라)은 인간 '바사르'에게 기쁜 소식이며 영원한 소식이다. 이것이 복음이요, '베소라'이다. 그래서 베소라(복음)가 '바사르'(인간)에게 올 때 '바사르'(아름다운 소식)가 된다.[437]

하나님의 '베소라'는 죽을 자리에 있는 인간을 살리시며, 예수의 '베소라'는 나병환자 같이 버림받은 죄인들을 살리신다.

오늘 '바사르'를 지닌 인간들은 예수의 복음을 받아 드려 우리의 '바사르'가 구원을 받아야 한다. 하나님의 택한 사람이 구원을 받아야 한다. 이 놀라운 소식이 '베소라'이다.

---

437) 이병렬, *op. cit.*, p. 46.

28장

선교(미션, Mission, שָׁלַח)

1. 보냄을 받은 자(실로암), 사자, 대사, 파견, 임무, 사명, 사절단,

2. 선교(미션Mission, 선교사missionary, 보내다Missile),

3. 그리스도의 가르침과 복음을 전파하는 교회(복음의 등대)활동

1. 선교의 개념적 정의

구약성경에서 선교의 개념은 '기쁜 소식을 전하다'라는 단어를 통해서 그 출발점을 찾을 수 있다.

사 40:9, 사 52;7, 사 61:1 등을 통해서 '바사르'(בָּשַׂר, 1319)라는 단어가 나타난다.

'복음'이라는 뜻을 가지고 있는 '베소라'는 בְּשׂוֹרָה(1309, 베소라), '기쁜 소식, 좋은 소식, 좋은 소식에 대한 보답, 소식, 기별'의 뜻이다.[438] '베소라'는 בָּשַׂר(1319, 바사르)에서 유래했으며, '기쁜 소식으로

---

438) 김용환, *op. cit.*, p. 111.

즐겁게 하다, 기쁜 소식을 받다, 전하다, 선포하다, 소식을 전하다,
전파하다, 공포하다'의 뜻이다.[439]

단어의 의미는 좋은 소식, 승전 소식, 구원의 기쁜 소식을 선포하고 하나님의 구원의 행위를 널리 "알려 퍼뜨리는" 행위이다.

이것이 신약의 '유앙겔리온'($\epsilon\dot{\upsilon}\alpha\gamma\gamma\dot{\epsilon}\lambda\iota o\nu$)의 직접적 배경이 된다.

구약에서 선교는 "보내어 가는 행위"보다 "복음을 선포하는 행위"로 먼저 정의된다.

רוּחַ אֲדֹנָי יְהוִה עָלָי יַעַן מָשַׁח יְהוָה אֹתִי לְבַשֵּׂר עֲנָוִים שְׁלָחַנִי
לַחֲבֹשׁ לְנִשְׁבְּרֵי־לֵב לִקְרֹא לִשְׁבוּיִם דְּרוֹר
וְלַאֲסוּרִים פְּקַח־קוֹחַ:[440]

필자 사역

(사 61:1) "주 여호와의 영이 내 위에 계시니,

이는 여호와께서 나를 기름 부으셨기 때문이다.

가난한 자들에게 기쁜 소식을 전하게 하시려고,

나를 보내셨다.

마음이 부서진 자들을 싸매게 하시고,

사로잡힌 자들에게 자유를 선포하며,

결박된 자들에게 눈 뜨임(해방)을 선포하게 하시려고."

'기쁜 소식을 전하게 하시려고' בָּשַׂר (1319, 바사르) לְבַשֵּׂר 레바세르,

---

439) *ibid.*, p. 112.
440) 원어성서원, *op. cit.*, p. 1004.

전치사-피엘 부정사 연계, P. VPNG, 이 단어는 사 40:9과 52:7과 동일하며 메시아의 사역 핵심은 복음 선포에 있다는 것을 알 수 있다.

'나를 보내셨다' שָׁלַח (7971, 샬라흐) שְׁלָחַנִי 슐라하니, -칼 완료 3인 남성 단수-1인 공성 단수, VQAZMS-XCS, '보내다, 뻗치다, 쫓아내다, 내보다다'의 뜻이 있다.[441]

'샬라흐'는 사람이 타인을 모처에 보낸다든지(창 28:5, 창 37:13) 또는 사람이 공물이나(삿 3:15) 편지를 보낸다(왕상 21:8, 왕하 5:5)는 표현에 사용된다. 그와 마찬가지로 하나님도 종종 사람들을 '자기의 사자, 대리자'로서 어떤 공적 임무에 보내는 것으로 묘사된다.

예컨대 하나님께서 자기의 선지자들로 하여금 이스라엘을 경고하도록 커다란 열심을 가지고 그들을 보낸다는 말이 자주 나온다(참조: 사 6:8, 렘 1:7, 렘 25:4, 렘 26:5, 렘 35:15, 겔 2:3-4, 삿 6:8). 거짓 선지자들은, 하나님이 보내지 않았다(렘 14:14-15). 모세는 하나님의 대리자였고(출 4:28, 신 34:11) 기드온도 그러하였다(삿 6:14). 선지자들의 메시지도 마찬가지로 하나님으로부터 보냄 받은 것으로 간주된다(슥 7:12, 사 9:8). 그리고 그 메시지는 하나님의 뜻을 성취할 것이다(사 55:11). 가장 중요한 것은 하나님께서 구주를 보내어 마음이 상한 자들을 싸매 주고 갇힌 자들을 해방시켜 준다는 사실이다(사 61:1). 하나님은 이스라엘을 애굽에서 구해낼 때 표적과 기사를 보내었다(시 135:9).[442]

이사야 61:1은 메시아께서 성령의 기름 부으심을 받아 복음을 들

---

441) 김용환, *op. cit.*, pp. 678-679.
442) 이병철, *op. cit.* 7971

고 세상으로 보내심을 받은 구약 선교 신학의 정점이다.

2. 구약의 선교적 '핵심 개념들'

1) 열방 개념(גּוֹי, גּוֹיִם, 고이, 고임)

이스라엘은 선교의 대상이 아니라 매개체로 사용되고 열방은 처음부터 하나님의 구원 계획 안에 포함되어 있다.

'고이'(גּוֹי)는 '민족, 집단, 공동체'를 의미하며 혈통, 언어, 문화로 구성된 역사적 실체이며, '고임'(גּוֹיִם)은 '여러 민족들, 열방'을 의미한다.

이스라엘은 '고이'(גּוֹי)중의 하나이며 거룩하게 된 고이(גּוֹי)이다.

성경은 처음부터 이스라엘 vs 열방의 구조가 아니라 열방 가운데 한 민족으로서의 이스라엘 구조를 전제하고 있다.

창 12:3은 "땅의 모든 족속들(כֹּל מִשְׁפְּחֹת הָאֲדָמָה)이 너로 말미암아 복을 받을 것이다"라고 말하고 있다.

여기서 중요한 구조는 '하나님-아브라함-이스라엘-열방'이다.

이스라엘은 종착지destination가 아니라 통로mediator이다.

열방은 하나님을 찬양해야 할 대상(시 67:2-4, 시 96:3, 시 117:1)이며 배제 대상이 아니라 예배 초청 대상이다.

구약에서 '열방'이란 하나님께서 창조하시고, 흩으시고, 마침내 메시아를 통해 다시 부르실 구속의 대상 공동체이다.

　히브리 사상으로 본 주제별 연구 시리즈 1

2) 제사장 나라 개념

וְאַתֶּם תִּהְיוּ־לִי מַמְלֶכֶת כֹּהֲנִים וְגוֹי קָדוֹשׁ אֵלֶּה

הַדְּבָרִים אֲשֶׁר תְּדַבֵּר אֶל־בְּנֵי יִשְׂרָאֵל:[443]

필자 사역

(출 19:5-6) "너희는 내게

제사장들의 왕국,

곧 거룩한 민족이 될 것이다."

'나라' מַמְלָכָה (4467, 마므라카) מַמְלֶכֶת 맘레케트 - 명사 여성 단수 연계, NFSG, '왕국, 통치권, 통치, 열방, 만국, 국가, 왕위'의 뜻이다.[444]

'마므라카'는 말라크(מָלַךְ, 4427)에서 유래했으며, '다스리다, 왕이 되다, 치리하다, 통치하다, 즉위하다, 임금이 되다, 권세, 통치'의 뜻이다.[445]

'맘레케트'(מַמְלֶכֶת)는 단순한 직업 집단이 아니고 국가 전체의 정체성을 규정하는 의미이다.

'제사장들'(כֹּהֲנִים, 코하님)은 하나님 앞에서 대표이고, 백성 앞에서 대언 자들이며, 속죄와 중보와 가르침을 담당하는 자들이다. 따라서 "제사장 나라"는 국가 전체가 제사장적 사명을 가진 공동체라는 의미이다.

---

443) 원어성서원, *op. cit.*, p. 449.

444) 김용환, *op. cit.*, p. 377.

445) *ibid.*, p. 374.

제사장 나라의 방향성은 "열방을 향하여"이다. 따라서 이스라엘은 하나님께만 집중하는 폐쇄공동체가 아니라 열방을 하나님께로 인도하는 매개 공동체, 개방 공동체이다.

'하나님-이스라엘(제사장 나라)-열방'의 구조이다. 그러므로 이스라엘은 대리자representative이다.

구속사적인 의미에서 제사장 나라는 하나님과 열방 사이에 서서 하나님의 거룩과 은혜를 세상에 드러내는 공동체로서의 정체성을 가지고 있다. 제사장 나라는 하나님과 열방 사이에서 중부와 증언의 사명을 맡은 언약 공동체라는 선언이다.

3) 하나님의 왕권을 선포(הַמֶּלֶךְ יְהוָה)

시 96편, 시 97편, 시 99편, 사 52:7에서 말하는 선교의 본질은 하나님이 왕이시라는 사실을 열방에 선포하는 것이다. 선교는 하나님이 계신다는 것과 그 하나님이 왕으로 통치하신다는 선언을 열방에 알리는 것이다.

종의 노래(사 42·49·53장)로 불려지는 말씀을 통해서 메시아의 종은 선교의 주체가 되어 '이방의 빛'이 되시는 것이다.

וַיֹּאמֶר נָקֵל מִהְיוֹתְךָ לִי עֶבֶד לְהָקִים אֶת־שִׁבְטֵי יַעֲקֹב
וּנְצִירֵי יִשְׂרָאֵל לְהָשִׁיב וּנְתַתִּיךָ לְאוֹר
גּוֹיִם לִהְיוֹת יְשׁוּעָתִי עַד־קְצֵה הָאָרֶץ:[446]

---

446) 원어성서원, op. cit., p. 963.

필자 사역

(사 49:6) "그가 말씀하셨다:

"네가 나의 종이 되어

야곱의 지파들을 일으키고,

이스라엘의 보존된 자들을 돌아오게 하는 것만으로는

너무 작은 일이다.

그러므로 내가 너를

열방의 빛으로 세우겠다.

이는 내 구원이

땅끝까지 이르게 하려 함이다."

'이방의 빛=열방의 빛'(לְאוֹר גּוֹיִם, 오르 고임)은 창조 질서의 빛 이미지이며 계시, 구원, 생명의 전달자이다.

이스라엘/메시아는 빛의 소유자일 분만 아니라 전달자이다. 구원의 주체는 철저히 하나님(나의 구원)이시며 종은 매개 도구이다.

땅끝까지 전달하는 것이다.

이는 공간적 보편성이며 민족·지리·문화의 경계를 초월하는 것이다.

하나님의 구원계획은 이스라엘의 회복으로 끝나지 않고 열방을 향해 열려 있는 것이다.

"너를 이방의 빛으로 삼아 땅끝까지 내 구원을 이르게 하리라."

메시아의 사명은 이스라엘 내부 개혁이 아니라 열방 확장에 있으며, 열방은 메시아 사역의 필수 목적지이다. 이스라엘의 정체성은 "선택된 민족"이지만 "독점 민족"이 아니다.

선교란 열방이 여호와의 왕권을 알게 되는 과정이며, 하나님의 왕권과 구원을 열방에 '선포하고 드러내는 것'이다.

3. 보냄을 받은 자(שָׁלַח, 실로암, 쉴로아흐)

(창 19:1) 저녁때에 그 두 천사가(מַלְאָךְ, 말아크) 소돔에 이르니 마침 롯이 소돔 성문에 앉아 있다가 그들을 보고 일어나 영접하고 땅에 엎드려 절하며

מַלְאָךְ(말아크, 4397) '사자messenger, 하나님의 사자, 천사, 선지자, 제사장, 교사, 대사, 특사, 전령, 왕, 신현적 천사(그리스도, 예슈야), '하나님의 뜻과 메시지를 언약 백성들과 모든 민족에게 전달하는 종'이라는 뜻으로 "대리로 파견하다"라는 어근에서 온 말이다.

(창 22:11) 여호와의 사자(מַלְאָךְ, 말아크)가 하늘에서부터 그를 불러 이르시되 아브라함아 아브라함아 하시는지라 아브라함이 이르되 내가 여기 있나이다 하매,

12) 사자(מַלְאָךְ, 말아크)가 이르시되 그 아이에게 네 손을 대지 말라 그에게 아무 일도 하지 말라 네가 네 아들 네 독자까지도 내게 아끼지 아니하였으니 내가 이제야 네가 하나님을 경외하는 줄을 아노라

סֻלָּם (쑬람) "계단(성전, 번제 단)", 사다리

(창 28:12) 꿈에 본즉 사닥다리(סֻלָּם 쑬람: 계단, 사다리)가 땅 위에 서 있는데 그 꼭대기가 하늘에 닿았고 또 본즉 하나님의 사자들(מַלְאָךְ, 말아크)이 그 위에서 오르락내리락하고

(창16:7) 여호와의 사자(מַלְאָךְ, 말아크)가 광야의 샘물 곁 곧 술 길 샘 곁에서 그를 만나
8) 이르되 사래의 여종 하갈아 네가 어디서 왔으며 어디로 가느냐 그가 이르되 나는 내 여주인 사래를 피하여 도망하나이다.

보냄을 받은 자(실로암)이다.

(히) שִׁלֹחַ (7975, 쉴로아흐) 실로암(실로아)
(헬) Σιλωάμ (실로암)

שָׁלַח (7971, 샬라흐) "보내다, 발송하다, 내던지다"
שְׁלַח (7972, 셀라흐) "보내다, 배달시키다, 보내지다, 놓다" 기원: 7971과 일치
שֶׁלַח (7973, 셀라흐) "공격용 무기(창)을 던지다, 자라나는 햇 싹, 어린 가지(식물)"
שִׁלֹחַ (7975, 쉴로아흐) "실로암(실로아), 예루살렘 샘, 시내" 기원: 7971에서 유래.
שְׁלֻחָה (7976, 셀루하) "어린 가지, 햇가지" 기원: 7964의 여성형

실로암 못과 연결된 수로의 길이는 직선으로 269m, 실거리 533m 이다.

기혼 샘 부근의 윗 못(왕하 18:17), 옛 못(사 22:11), 만든 못(느 3:16), 아래쪽 셀라 못(느 3:15), 포위당함을 예비한 지표수구, 천천히 흐르는 실로아 물(사 8:6), 치즈제조골짜기 아래 못(사 22:9-10), 성 안쪽으로 물길을 끌어온 새 터널수로(왕하 20:20), 기혼 샘 소도공사(대하 32:30)

하나님으로부터 '보냄을 받은 자들'은 다음과 같다.

① 여자의 후손(그리스도),

② 선지자들

③ 제사장 나라(12지파)

④ 사도들(제자들)

⑤ 교회들(성도, 복음의 등대)

⑥ 모든 성도들은 남녀노소 모두가 다 복음을 전할 만인 제사장들이다.

⑦ 만인 제사장들은 복음을 전파하는 만인 선교사들이다.

만인 제사장인 성도들은 각자에게 주신 은사(달란트, 재능)를 가지고 각자의 직업과 사업의 영역과 위치에서 복음을 가르치고 함께 지킴으로 다음세대들을 마지막 그날의 주님이 재림하시는 그날까지 멈추지 않고 지속적으로 복음을 전파할 선교사missionary로 양육하고 세워가는 것이다.

4. 보냄을 받은 자(실로암)의 목표와 이유는 탕자(잃어버린 양)

① 아버지가 가르친 생명의 말씀을 버리고 영원한 샬롬과 안식을
주시는 언약의 말씀을 벗어나 죄와 사망에 빠져 지옥 같은 고
통 속에 갇힌 탕자들에게 보냄을 받았다.
② 그리스도(여자의 후손)가 이 땅에 오신 목적에 대하여 이렇게 말
씀하셨다.

"아버지의 뜻대로 나 자신을 만백성을 죄와 사망에서 구원하기 위한 대속
의 제물이 되어 십자가에 못 박혀 죽기 위해서 왔다"

③ "내가 부패하고 타락한 이 세상에 보냄을 받은 이유는 의인과
건강한자들을 만나고 부르려고 온 것이 아니라 죄인들과 온갖
저주 속에서 고통당하고 있는 병자들을 구원하고 회복시켜주
려고 왔다."

5. 보냄을 받은 선교의 원칙

① 반드시 파송하신 왕의 계획과 메시지와 뜻대로 준비하고 목적
지에 파송되고 출동해야 한다.
② 파송자의 뜻(바른 복음) 안에서 선교활동을 행하는 자에게 반드
시 성령의 기름 부음(불세례)과 성령의 권능이 재림의 그날까지
함께 하신다는 약속의 원칙이다.

③ 성령의 권능은 바른 복음이 바르게 전파되고 기억나고 바르게 깨달아 바른 복음을 신앙 고백하도록 도우시고 또 다른 바른 복음의 선교사가 세워지게 도우시는 능력의 열매가 성령의 권세가 함께하시는 목적이다.

④ 자의적 결정이 아니라 왕이나 주인으로부터 직무나 중요한 업무를 명령받고 그 왕(주인)의 메시지와 계획과 뜻에서 벗어나지 않고 그대로 시행하는 것이 보냄을 받은 자가 반드시 지켜야 할 사명의 원칙이다.

Missile(미사일)은 '던지는, 쏘아 보내는, 유도탄'이란 의미이다. 미사일의 원칙은 발사(파송)자의 계획과 뜻에서 벗어나지 않고 발사자의 계획대로 정확하게 목표지점까지 날아가 목적을 달성하는 사명이다. 미사일이 파송자의 뜻과 상관없이 룰을 벗어나서 제멋대로 날아가 아무데나 떨어져 폭발하면 물질적 시간적 피해 보상적 역효과만 발생한다.

⑤ 복음의 대상인 탕자를 구원하기 위해 탕자를 죄의 종으로 잡고 있는 마귀를 쫓아(파괴, 멸할)내고 무력화시킬 강력한 무기는 복음의 말씀(왕의 이름으로 선포한 탕자자유선언문)이다.

⑥ 포로는 살려내는 전쟁의 승리는 최후의 목적을 달성하기 위해 미사일 머리에 장착한 핵폭탄보다 더 강력한 복음의 탄두가 선교사를 파송한 왕이신 예수님의 계획한 경로대로 바르게 날아가 바른 복음이 터져야 한다.

⑦ 발사(파송) 자가 유도(뜻)한 대로 복음(왕)을 위해 폭발하는 순교의 피가 흘려질 때 비로소 사탄은 치명적인 손상을 입고 하나님의 나라가 세워지고 우리 왕 예수님께 만백성들이 경배하

는 열매가 맺는다.

자동차 미션은 멈춤과 출발을 통제하고 속도와 강약을 선택하고 조절하고 운영하는 기어변환기(기어 콘트롤 박스)이다.

⑧ 미션은 개인의 자의적 신념과 메시지를 자신의 소견의 방식대로 전파하는 행위가 아니다.

⑨ 기독교 선교의 대원칙은 대속의 제물이신 그리스도가 자신의 피 값으로 온 땅의 탕자들의 죄와 사망의 문제를 해결하사 모든 죄악을 탕감해주시고 자유하게 하사 구원하셨다는 이 기쁜 소식인 탕자해방선언문(복음)을 온 땅 감옥에 갇혀있는 죄인들에게 알리고 전파하는 선교활동이다.

⑩ 이 다양한 복음전파의 활동을 통해 종노릇 하는 죄인들의 철창문을 부수고 자유하게 하고 하나님의 자녀가 되는 권세를 얻게 하는 것이 선교(미션)이다. 복음을 전파하는 일은 애초부터 복음 전파할 제자로 세울 목적으로 복음을 가르치는 것이 왕의 명령의 원칙이고 이에 복종하는 선교의 원칙이다.

⑪ 그리스도의 복음을 전파하는 제자(미션어리)로 세우는 일들이 기독교가 말하는 미션(선교)이다.

6. 바른 복음을 장착한 missionary들을 Missile처럼 땅끝까지 파송하는 Mission

① 바른 복음을 땅끝까지 전파하기 위해 부름받은 제자들은 오순절 성령의 불세례를 받고 나서 사도행전 1장 8절의 예수님

의 말씀 그대로 Missile처럼 온 땅으로 보냄(미사일처럼 날아가서)받았다.

② 세상이 감당치 못할 '다이너마이트'와 같은 영적 권능(왕이신 예수님의 이름의 권세)을 가지고 복음의 폭발적인 장악(정복)능력을 나타냈고 영혼을 죄에서 구출해 내고 제자로 세우는 풍성한 열매를 맺었다.

③ 태초에 하나님의 형상과 모양대로 첫 번째 로 지으신 아담과 그 후손들이 생육하고 번성하고 온 땅을 정복하고 다스리는 왕 같은 통치를 통해 온 땅에 하나님의 거룩하고 선하신 형상을 가진 사람으로 충만 하라는 미션(사명)을 축복하고 명하셨다.

④ 구약시대에는 아브라함과 이삭과 야곱이라는 족장들을 부르시고 선택하사 언약 백성과 제사장 나라로 세울 것을 언약하셨다.

⑤ 하나님이 아브라함과 맺은 언약대로 야곱의 열두 아들들(12지파)을 이스라엘국가로 세웠다. 그리고 지극히 높고 위대하신 창조주 하나님을 제사장 나라 이스라엘 백성들을 통해 모든 민족에게 알리고 나타내는 활동을 한다.

29장

'요탐'(יוֹתָם)과 '마샬'(מָשַׁל)

'아비멜렉'(אֲבִימֶלֶךְ, 나의 아버지는 왕이다)은 사사 '기드온'의 서자 출신 아들이다.

이스라엘이 대적의 침략으로 위기에 직면할 때, '하나님의 영'이 기드온에게 임하였다. 기드온은 분연히 일어나 소명을 받은 후 그의 용감한 지휘로 이스라엘을 미디안의 수중에서 구출했다. 이 한판 전쟁으로 기드온은 국민적 영웅으로 존경을 받았다. 심지어 기드온에게 왕이 되어 줄 것을 간청하면서 세습적으로 이어서 다스려 달라는(삿 8:22-23) 간곡한 요청에도 불구하고 기드온은 끝까지 사양했다. 그는 넘어가기 쉬운 권력욕에 현혹당하지 않고 조용히 물러서면서 '여호와가 너희를 다스릴 것'이라고 했다.

יְהוָה יִמְשֹׁל בָּכֶם (예흐와 이므숄 빠켐) "여호와가 너희를 다스릴 것이다."

그러나 그의 아들 '아비멜렉'(אֲבִימֶלֶךְ)은 그렇지가 않았다. 그는 첩의 아들로 태어나 야심이 만만치 않은 인간이었다. 기드온이 죽자 아버지가 사양하고 물러난 권력욕에 눈이 어두워 이성을 잃었다.

그의 방탕하고 경박하며 깡패기질이 발동하여 골육이며 친형제인 70명을 쳐 죽이고 '세겜'에 들어가 자칭왕이 되었다. 이때 '요담'(יוֹתָם)은 기드온의 막내아들인데 위기일발에서 난을 피하여 구출되었다.

그 후 '요탐'(יוֹתָם, 하나님은 바르시다)은 분하고 원통한 마음을 이기지 못했다. 그래서 어느 날 단숨에 '그리심산'(868m) 꼭대기에 올라갔다.

그리고 소리를 높여 하늘에 호소하면서 "세겜 사람들아!" 하면서 피를 토하는 연설을 하였다(삿 9:7).

'요탐'(יוֹתָם)의 연설은 우화로 시작된다.

우화의 내용에는 천금 같은 교훈이 들어 있다. 구약성경에서 단 1번 나오는 우화로 나무들의 이야기로 시작되는 잠언이다.

'우화' מָשָׁל(4912, 마샬)는 '속담, 격언, 비유 담, 잠언, 속담거리, 비유, 풍자, 조롱하는 시, 수수께끼, 노래'의 뜻이다.[447]

'마샬'은(מָשַׁל, 4911)에서 유래했으며, '비유를 사용하다, 격언을 이용하다, 속담을 말하다, 비교하다, 조롱 섞인 노래를 하다'의 뜻이다.[448] '마샬'을 단순히 '격언'으로 번역하는 것은 이 단어의 광범위한 영역을 이해하지 못하는 것으로, 이 단어에 대한 많은 역어에 의해 시사된다. 우리들은 격언을, 금언적인 진리의 내용을 지니는 짧고 함축적이며 풍자적인 말로 생각하곤 한다. 그러나 구약성경에서 '마샬'은 광범위한 비유(따라서 70인 역본은 종종 '파라볼레'로 번역함)의 동의어가 될 수 있다. 겔 17:2과 겔 2-24, 겔 20:49과 겔 45-49, 겔 24:3

---

447) 김용환, *op. cit.*, p. 411.

448) *ibid.*

과 겔 3-14). 이 단어는 광범위한 교훈적인 이야기를 언급할 수 있다 (예: 잠 1:8-19). 한 개인(사물, 삼상 10:12, 욥, 욥 17:6) 혹은 사람들의 집단(이스라엘, 시 44:14)은 하나의 '마샬'로 기능할 수 있다. 이러한 결정적인 관계에서 삼상 10:12의 구절을 살펴보자.

"그러므로 속담이 되어 가로되 사울도 선지자들 중에 있느냐 하더라."

여기에서 포함된 것은 공개적인 본보기의 창작인데, 이 경우에는 하나의 실례, 즉 왕의 공적인 기괴한 행동이 문제가 된다. 따라서 '속담'은 비정상적인 행동을 하는 사람에게 적용될 수 있을 것이다.[449]

'요탐' יוֹתָם(3147, 요탐) לְיוֹתָם 전치사-고유명사 P. NE. '요담'의 뜻이다.[450]

'요탐'은 예호와(יהוה, 3068)와 탐(תָּם, 8535)에서 유래했으며, '여호와는 완전하시다, 여호와는 정직하시다'를 의미한다.[451]

유일의 생존자인 '요탐'(יוֹתָם)의 유명한 우화는 감람나무, 무화과나무, 포도나무, 가시나무순이다.

여기에서 가시나무만 제외하고 세 나무는 이스라엘에서 가장 소중하며 필요한 나무들이며, 곧 이스라엘의 상징이기도 하다. 이스라엘의 백성들을 배부르게 하며 윤택하게 하는 귀중한 나무들이다.

하루는 나무들이 모여서 회의를 소집하고 기름을 부어 왕을 삼으려고 한다.

---

449)　이병철, *op. cit.*, 4912.

450)　김용환, *op. cit.*, p. 263.

451)　이병철, *op. cit.*, 3147.

'기름을 부어'(לִמְשֹׁחַ עֲלֵיהֶם, 리므쇼아흐 알레헴) 직역하면, '그것들 위에 기름을 부으려고'이다. '리므쇼아흐'의 원형 '마쇠흐'(מָשַׁח)는 기름을 붓는 행위를 나타내는 동사로서 구약에 약 140여 회 사용되었다. 그리고 이 단어는 '기름 부음을 받은 자'란 뜻을 가진 명사 '메시아'(מָשִׁיחַ, 4899, 마쉬아흐)의 어근이기도 하다.

본 절(삿9:8)부터 15절까지에 보면 나무가 나무에게 기름을 붓고, 나무들이 말하는 내용으로 되어 있다. 이는 나무를 의인화시킨 것으로서 요담의 연설이 동. 식물을 등장시켜 교훈적. 풍자적인 내용을 전달하는 '우화'임을 보여준다.[452]

이것은 이스라엘이 하나님 대신 인간을 왕으로 세우려는 시도를 상징하고 있다.

제일 먼저 감람나무에게 왕이 되어 주기를 요청했다(삿 9:8). 그러나 감람나무는 왕이 될 것을 사양했다. 그 이유는 다음과 같다.

> "나의 기름은 하나님과 사람을 영화롭게 하나니 내가 어찌 그것을 버리고
>
> 가서 나무들 위에 요동하리요 한지라"(삿9:9).

감람나무는 히브리어로 '자이트'(זַיִת)라고 한다.
'자이트'(זַיִת, 2132)는 '감람나무, 감람 열매, 감람 가지, 감람 앞'의 뜻이 있다.[453]

---

452) 한성천·김시열, <u>옥스퍼드 원어성경대전</u>, 018: 사사기 제1-10a, (서울: 제자원, 2003), p. 585.
453) 김용환, *op. cit.*, p. 177.

창 8:11에서 처음으로 '자이트'가 나오는데, 비둘기가 방주에서 나가 갓 딴 감람(나무) 잎사귀를 물고 돌아왔다. 올리브는 약속의 땅에서 받을 "축복"의 하나였다.

감람나무는 토지가 많지 않은 산기슭에서 자란다. 올리브는 고대나 오늘날 근동에서 흔하면서도 가치 있는 나무로서, 열매와 기름과 목재로도 유명하다. 올리브유는 특히 중요 산물이었으며 음식물에 쇼트닝으로 사용되었으며(레 2:4-6), 등불을 밝히는 기름으로(출 27:20), 그리고 기름 붓는 의식에서 관유로(출 29:7) 사용되었다. 왕과 제사장은 감람유로 기름 부음을 받았다. 엘리야는 엘리사를 자기의 뒤를 잇는 선지자로 세울 때 그에게 감람유를 부었다. 이 기름은 또한 의약으로도 사용되었으며 향수로도 사용되었다.(참조: 시 104:15, 겔 16:9). 왕에게 기름을 붓는 관습은 이스라엘 밖에서도 드물게 나타나는데, 드박스(devaux)는 헷 족속의 왕을 예로 든다. 왕에게 기름을 붓는 행위는 분명히 하나님의 영이 임함을 상징하는 것이다(참조: 삼상 10:1, 삼상 10:10, 삼상 16:13). 그러한 상징은 제사장의 기름 부음에도 적용된다.[454]

'올리브나무'를 가리키는 감람나무는 열매와 기름과 목재가 모두 귀중하게 사용되는 팔레스틴 지방에서 가장 유용한 나무 중의 하나이다. 특히 감람유는 제사장, 선지자를 임직하는 의식에서 기름을 바르는 데 사용되었을 뿐만 아니라, 연료용(마 25:3), 의약용(눅 10:34), 음식용(대하 2:10)으로도 쓰였다.

왕으로 세우기 위해 붓는 기름 역시 감람유였다. 나무들을 의인

---

454)　이병철, *op. cit.*, 2132.

화한 이 우화에서 감람나무는 스스로 감람유를 만들어내는 식물이 니 그를 왕으로 삼는 것은 너무나도 당연한 것이었다. [455]

이스라엘에서 가장 많은 나무가 감람나무이다. 구약시대에 감람 나무는 매우 소중한 역할을 하였다. 그 기름을 짜서 밤에는 등잔불 로 사용하여 어두움을 몰아냈으며, 그리고 성소가 있는 회막과 법 궤 앞에는 주야로 감람나무 기름으로 불을 밝히고 있어야 했다. 이 것은 모세가 명한 것이다(출 27:20-21). 성전의 등불과 가정의 등불은 모두 감람나무 기름으로 사용되었다. 성전도 밤새 불이 있어야 되지 만 이스라엘의 가정들은 아무리 어려워도 밤에 불을 끄고 자는 법 이 없다.

이토록 감람나무 기름은 하나님과 사람을 영화롭게 하였다(삿 9:8). "영화롭게 하다"의 히브리어 동사는 "카바드"(כָּבֵד)인데 '풍부하 다, 강성하다, 중하다, 존귀하다, 영광을 나타내다' 등으로 감람남무 는 하나님을 영화롭게 하며 사람들에게 풍부하게 해주는 귀중품이 다.[456]

한글 성경에 번역되지 않은 단어 '삐'(בִּי)가 '카바드' 앞에 나온다. '삐'는 '나를 가지고with me,' 혹은 '나를 통해서through me'라는 뜻이다. 본문에서는 강조 능동형(piel)으로 쓰여서 '영화롭게 하다'는 뜻이고, 미완료 남성 3인칭 복수로 쓰여서 '그들이 영화롭게 한다.'는 뜻이다. 따라서 본문을 직역하면, '그들(일반 사람들을 지칭)이 나를 가지고 영 화롭게 한다'이다. 이 나무는 자기의 기름을 가지고 사람들이 다른

---

455)　한성천·김시열, *op. cit.*, p. 585.
456)　이병렬, *op. cit.*, p. 19.

사람들에게 기름을 부을 때 하나님이 영광을 받으시고 기름 부음을 받은 사람들 또한 영광을 받는다는 것을 상기시키고, '이 귀중한 일을 더 이상 하지 않고 왕이 되어 어떻게 나무들 위에 군림할 수 있겠는가?'라고 말함으로써 자신을 왕으로 추대하려는 다른 나무들의 제의를 극구 거절하고 있다.[457]

그뿐만이 아니다. 올리브유가 들어가지 않으면 사람을 아름답게 꾸미는 화장품을 만들지 못한다. 사람을 아름답게 만드는 데 올리브유가 들어가야 한다. 한국에서 생산되는 각종 화장품도 진품은 올리브유가 들어간 것이다.

옛날 이스라엘 귀부인들의 피부를 이 올리브기름이 보호해주었다. 아열대성 더운 나라에서 여성의 피부를 보호해주는 중요 역할을 이 올리브기름이 해준 것이다.

그리고 올리브는 이스라엘 모든 가정에 필요한 식사 반찬에 사용되었다. 식사 시 올리브 반찬은 참으로 일품이다. 우리나라 젓갈류로 생각하면 비슷할 것이다. 짭짤하면서 고소한 맛이 일품이다. 이토록 감람나무 열매는 다양하게 사용된다. 성전과 가정의 등불, 종교의식에 절 대 필요한 것이다. 이스라엘의 하루는 올리브 등불이 있는 저녁부터 시작되기 때문이다. 그리고 부인들의 피부를 보호해주며, 모든 가정에 식품으로 없어서는 안 될 귀중품이다.

이토록 일상생활에 필요한 것이 감람나무 열매이다.

그리고 감람나무는 축복의 상징이기도 하다.

---

457)　한성천·김시열, *op. cit.*, p. 586

(시 52:8) "오직 나는 하나님의 집에 있는 푸른 감람나무 같으리니 하나님

의 인자하심이 영영히 의지하리로다."

감람나무는 말한다. 이토록 귀중한 사명을 버리고 "내 어찌 나무
들 위에 요동하겠느냐".[458]

'요동하다' נוּעַ (5128, 누아) לָנוּעַ 라누아, 전치사-칼 부정사 연계, P.
VQNG, '흔들리다, 떨다, 비틀거리다, 방황하다, 이리 저리 움직이다,
과일을 떨어지게 하다, 어그러지다'의 뜻이다.[459] "내가 어찌 하나님
과 사람을 영화롭게 하는 기름을 버리고 나무들 위에서 흔들리겠느
냐?"라고 한 감람나무는 자신의 고유사명인 감람기름으로의 기름
부음, 성전, 제사의 기능과 하나님과 사람을 섬기는 사명의 자리를
버리고 왕이 될 수 없다는 단호한 거절이었다.

이로써 참된 영적 지도자는 권력욕을 거절함을 상징하고 있다.

두 번째, 나무들이 무화과나무에게 왕이 될 것을 요청했다(10절).
무화과나무도 역시 거절했다. 그 이유는,

(삿 9:11) "…나의 단 것, 나의 아름다운 실과를 내가 어찌 버리고 가서 나무

들 위에 요동하리라 한지라."

'무화과나무'는 알렉산더의 군대가 팔레스틴을 침범(B.C. 334년경)

---

458)   이병렬, *op. cit.*, p. 20.
459)   김용환, *op. cit.*, p. 434.

하기 이전까지 설탕 대신 단맛을 내게 했던 과일을 맺는 나무로서 감람나무와 함께 귀중한 나무에 속하였다. 성경에서 무화과나무와 포도나무가 많은 소출을 얻었다고 말할 때는 풍요를 나타내는 한편 이 나무들에서 소출이 줄고 더 이상 열매를 맺지 않았다고 하면 곤궁이나 하나님의 심판을 의미하는 것으로 여겨지고 있다(시 105:33, 렘 5:17, 호 2:12). 따라서 근동 사람들에게 있어서 감람나무도 귀중한 나무지만 무화과나무 역시 그에 못지않게 유용한 나무였던 것이다.[460]

'무화과나무'는 תְּאֵנָה(8384 테에나) הַתְּאֵנָה 관사-명사 여성 단수, D. NFS, '무화과나무, 무화과열매, 무화나'의 뜻이다.[461]

'테에나'는 אָנָה(579, 아나)에서 유래했으며, '(제때에) 만나다, 시간을 어기지 않다. ~이 일어나게 하다, 미치다, 기회를 찾다, 슬퍼하다, 한탄하다'의 뜻이다.[462] 무화과나무Ficus carica는 서아시아가 원산지이며, 팔레스틴에, 특히 역사적 기록을 통하여 보면, 구릉 지대에 많이 자랐다. 팔레스틴은 무화과의 산지였다(민 13:23, 신 8:8). 사탕수수가 알렉산더 대제 시대에 비로소 팔레스틴에 도입되었던 까닭에 무화과는 구약시대 동안 꿀과 마찬가지로(삿 14:18) 팔레스틴 지방(그리고 서쪽으로 멀리 북부 이집트 지방, 시 105:33)에서 단맛의 중요한 원료였다. 이스라엘 백성이 광야에서 무화과 등이 없다고 불평했다(민 20:5). 구약성경에서 무화과는 포도덩굴과 함께 자주 언급되어 있다. 무화과나무는 감람나무와 달리 가을에 잎을 내고 봄(3월 하순)에 꽃

---

460) 한성천·김시열, *op. cit.*, p. 587.
461) 김용환, *op. cit.*, p. 709.
462) 최현기, *op. cit.*, p. 37.

을 피운다. 이른 무화과는 3월에 열리기 시작하여 5월에 익는다(참조: 사 28:4). 새 가지에 열리는 늦은 무화과는 늦은 여름에 익으며, 8월 중순에서 10월까지 수확한다.

최초의 옷은 손바닥 모양의 질긴 무화과 나뭇잎을 함께 엮어서 만든 것이었다. 아담과 하와는 그들의 벗은 몸을 무화과나무 잎을 엮어 치마를 하여 가리었다(창 3:7). 그러나 이 사실이, 몇몇 학자들의 주장하는 바와 같이 선악을 알게 하는 나무 실과(창 2:17, 창 3:5 이하)가 무화과였다는 것을 반드시 의미하지는 않는다. 그러나 에덴에 무화과나무가 존재했다고 예상된다. 사실상 무화과나무는 그 명칭이 언급된 유일한 나무다. 무화과는 시장에서 팔았으며, 어떤 사람이 안식일에 팔다가 경고를 받았다(느 13:15). 무화과는 약제로 사용되었다(왕하 20:7, 사 38:21).[463]

'테에나'는 감람나무처럼 흔하지는 않지만 가장 귀중한 과실나무이다. 무화과나무는 곧 이스라엘을 의미하며 토라(모세율법)을 상징하기도 한다.

무화과나무는 무성한 잎이 피면서 동시에 열매가 달린다. 무화과 열매는 곧 씨며, 꽃이며, 과실이다. 그래서 꽃 따로, 씨 따로 있는 것이 아니다. 과실 속에 전체가 들어 있다. 참으로 특색 있는 과실이다. 그리고 무화과 열매는 하나도 버리지 않고 모두 먹기 때문에 뒤끝이 깨끗하다. 남는 것이 없다. 그래서 토라에 비유한다. 토라가 완전한 하나님의 법이 듯이 무화과도 완전하며 모두 먹는다는 것이다.

무화과 과실은 무척 달다. "나의 단 것, 나의 아름다운 실과"라고

---

463) 이병철, *op. cit.*, 8384.

하였다.

"달다"는 히브리어 "메테르"는 '착하고 즐거움'이라는 뜻도 숨어 있다. 그리고 "나의 아름다운 실과"는 "나의 선한(토브) 열매"라고 볼 수 있다.[464]

"나의 단 것"은(מָתְק, 4987, 모테크) מָתְקִי 모트키, 명사 남성 단수-1인 공성 단수, NMS -XCS. '단맛, 감미로움, 단 것'의 뜻이다.[465]

'모테크'는 마토크(מָתֹק, 4985)에서 유래했으며, '빨다, 즐겁게 하다, 달다, 맛이 있다, 달게 여기다, 재미있다'의 뜻이다.[466]

그뿐 아니다. 무화과는 구약시대에는 약품으로도 사용했다. 히스기야가 종기로 앓고 누워 있을 때 선지자 이사야는 무화과를 찧어 발라주었다(왕하 20:7).

무더운 나라 팔레스틴은 별로 숲이 없다. 그늘진 곳이 필요한 나라에서 무화과나무의 숲은 안식의 최적소이다. 숲이 무성해서 무화과나무 그늘 아래 앉아 휴식을 취하고 열매를 먹으면서 평화를 노래했다. 여호와의 날에는 택함을 받은 자들이 포도나무와 무화과나무 아래로 서로 초대하여 평화를 노래 부를 것이다(슥 3:10). 그리고 아무도 그들을 두렵게 할 자가 없을 것이라고 하였다(미 4:4).[467]

무화과나무는 우화와 비유의 주제로 사용되었다.

첫째, 요담의 우화(삿 9:10, 삿 9:11)에서 감람나무, 무화과나무, 포도나무는 여러 과목 가운데서 고귀한 위엄을 처음으로 선언했다(삿

---

464)　이병렬, *op. cit.*, p. 21.
465)　김용환, *op. cit.*, p. 417.
466)　*ibid,*
467)　이병렬, *op. cit.*, p. 21.

9:7-15). 여기서 요점은 겸손히 자기 사명에 충실하는 것이다.

둘째, 예레미야의 비유[환상](렘 24:1-5)에서 좋은 무화과는 바벨론으로 사로잡혀 간 유다 백성이며, 악한 무화과는 예루살렘과 팔레스틴에 남아 있는 자와 애굽으로 도망한 자이다. 무화과나무는 비유 및 상징적 표현으로 사용되었다.

① 번영과 평안, 과거 회상에서나(왕상 4:25, 참조: 마카베오일서 14:12) 장래 종말론적 소망에서(미 4:4, 슥 3:10), 자신의 포도나무와 무화과나무 아래 앉을 수 있다는 말은 하나님의 평화, 번영, 안전의 축복에 참여한다는 말이다.
② 생업의 안정을 무화과를 먹는 것으로 표현하고 있다(왕하 18:31, 사 36:16).
③ 회복의 기미로서 무화과나무가 힘을 내는 것이라고 한다(욜 2:22).
④ 무화과나무의 첫 열매를 이스라엘의 열조를 봄같이 했다(호 9:10).
⑤ 무화과와 포도가 부족하거나 전혀 산출되지 않을 때, 그것은 인간의 고난이나 하나님의 심판의 표징이었다.(시 105:33, 렘 5:17, 렘 8:13, 호 2:12, 욜 1:7, 욜 1:12, 합 3:17, 학 2:19).[468]

이토록 무화과나무의 과실은 귀중하다. 무화과는 토라의 상징이고 무화과나무는 모든 사람들에게 안식처를 제공해주며, 종말의 날

---

468)　이병철, *op. cit.*, 8384.

에 무화과나무 아래서 구원의 감격의 노래를 부를 것이다. 무화과
나무는 열매와 나무 모두 필요한 것이다. 이것이 무화과나무의 사명
이다. '이 귀중한 자리를 내가 어찌 버리고 흔들리겠느냐?'라고 하였
다.[469]

무화과는 언약의 풍요와 생명과 열매를 제공한다.
사사기 문맥에서 정상적 삶의 축복을 의미한다.
생명을 낳는 사명은 권력보다 우선한다는 의미이다.

세 번째, 포도나무에게 가서 왕이 되어 줄 것을 요청했다(12절).
'포도나무'는 גֶּפֶן(1612, 게펜) לַגֶּפֶן 전치사-관사-명사 여성 단수, P.
D. NFS, '포도나무, 포도, 포도송이, 들포도 덩굴, 포도송이'의 뜻이
다.[470] '게펜'은 גָּפַן 에서 유래했으며, '휘어져 있다, 굽어져 있다, 구
부러져 감아올리다, 구부리다'의 뜻이다. [471]
'게펜'은 '덩굴 포도나무vine, vine tree'를 의미한다.
포도나무는 환상(창 40:9, 창 40:10)과 요담의 우화(삿 9:12 이하)에서
나타나는데, 이는 포도나무의 탁월성을 시사한다. 포도나무에 해를
끼치는 것은 우박(시 78:47, 시 105:33), 돼지와 들짐승(시 80:14)이며, 대
적에 의해 파멸되기도 한다(렘 48:32).
나실인은 포도나무 소산을 절대로 먹어서는 안 된다(민 6:4).포도
나무는 비유 및 상징적으로 안정된 생활(왕상 4:25), 자식이 많은 아

---

469) 이병렬, *op. cit.*, p. 21.
470) 김용환, *op. cit.*, p. 135.
471) 최현기, *op. cit.*, p. 159.

내(시 128:3), 번영(호 14:7)을 묘사한다. 포도나무는 상징적으로 이스라엘(시 80:8, 시 80:14, 렘 2:21, 호 10:1), 바벨론에 속국이 된 유다(겔 17:6, 겔 17:8)에 대해 사용되었다. 노아는 홍수 이후에 포도를 키운 첫 번째 사람이었다. 그렇지만 이와 관련하여서는 이 단어가 사용되지 않는다. 포도는 왕조 이전의 애굽에서 경작되었으며, 포도가 매달려 있는 포도나무 그림을 볼 수 있다.

포도원에 나무를 심고 돌보는 것은 사 5:1-6에 묘사되어 있는데, 여기에서는 포도가 좋은(단) 포도일 수도 있고 들(신) 포도일 수도 있다고 시사한다. 토지는 돌들을 모아서 마련되었으며, 그중 큰 돌은 벽을 둘러치는 데 사용되었다. 때로 포도원은 유일한 수입원이 되기도 했다. 나봇이 아합에게 포도원 팔기를 거절했다는 사실이 이를 설명해주는 것이다(왕상 21:1-4).

여호와의 은총의 포도나무와 포도원의 선물로 표현된다(호 2:15[H14, 17]). 포도나무는 환상(창 40:9-10)과 비유(삿 9:12)에서 나타나는데, 이는 포도나무의 탁월성을 시사한다. 포도나무는 자식이 많은 아내를 상징한다(시 128:3). 포도원은 임대될 수 있었다(포도원은 게펜이 아니다). 포도는 포도주로 만들어졌을 뿐만 아니라 건포도로 저장되었다.[472]

이와 관련하여 '포도원'은 כֶּרֶם (3754, 케렘), '포도원'의 뜻이다.[473] '케렘'은 כָּרַם 에서 유래했으며, '고귀하다, 구부러지다, 잘 경작된, 가장 잘 경작된 땅의 곡식'의 뜻이 있다.[474]

---

472) 이병철, *op. cit.*, 1612.
473) 김용환, *op. cit.*, p. 320.
474) 최현기 *op. cit.*, p. 428.

'케렘'(포도원)은 노아와 관련하여 처음으로 사용되었다.

(창 9:20) "노아가 농업을 시작하여 포도나무를 심었더니."

포도를 재배하는 것은 팔레스틴의 농사에 있어서 예전에도 중요하였으며 지금도 여전히 중요하다. '곡식'과 '포도'와 '기름'은 들에서 얻은 세 가지의 특산물이다.

아비가일이 다윗에게 선물한 것으로 판단해볼 때, 포도는 짓이겨 포도즙을 만들고 또한 건조하여 건포도를 만들어 광범위하게 사용하였다(삼상 25:18, 삼하 16:1). 포도즙 틀을 밟는다는 것은 거룩한 하나님의 심판에 관한 강력한 비유였다.

(사 63:3, 참조: 계 14:19) "만민 중에 나와 함께한 자가 없이 내가 홀로 포도
즙 틀을 밟았는데 내가 노함을 인하여 무리를 밟았고 분함을 인하여 짓밟
았으므로 그들의 선혈이 내 옷에 뛰어 내 의복을 다 더럽혔음이니"

팔레스틴의 포도는 그 땅의 풍성한 생산성을 입증하는 증거 중 하나이며(민 13:23), 애굽이 포도를 전문적으로 재배하지 않았기 때문에 포도는 특별히 중요하였다. 포도원의 포도는 완전히 다 거두어 들여서는 안 되며, 가난한 사람들을 위하여 남겨 두어야만 했다.

(레 19:10) "너의 포도원의 열매를 다 따지 말며 너의 포도원에 떨어진 열매
도 줍지 말고 가난한 사람과 타국인을 위하여 버려두라 나는 너희 하나님
여호와니라."

나봇이 선조들의 유산인 포도원을 내어 놓지 않았으나 아합이 강제로 그것을 취하여 멸망에 이르게 되었다는 나봇의 포도원 이야기는 매우 유명하다(왕상 21:1-18).

이스라엘은 하나님의 포도원이다(신 5:1 이하, 렘 12:10). 하나님께서는 그 포도원을 특별한 관심으로 소중하게 보살피셨으나, 그 포도나무는 고약한 열매를 맺었다. 하나님께서 "그들에게 공평을 바라셨더니 도리어 포학이요, 그들에게 의로움을 바라셨더니 도리어 부르짖음이었도다"(사 5:7, N). 포도원은 천년왕국 때에 풍성함과 평화의 상징이다(사 65:21, 암 9:13). 포도나무는 또한 신약성경에서 귀중한 상징으로 사용된다.

(요 15:5) "나는 포도나무요, 너희는 가지니."[475]

이러한 의미가 있는 포도나무도 역시 단연코 거절했다.

(9:13) "하나님과 사람을 기쁘게 하는 나의 새 술을 내가 어찌 버리고 가서 나무들 위에 요동하리요 한지라".

포도나무에 대한 은유적인 표현은 성경에서 매우 다양하게 등장한다(호 10:1, 렘 2:21, 스 15:1, 시 80:9). 특별히 포도나무는 하나님으로부터 부름받은 선민을 상징할 때가 많이 있다. 이스라엘 백성들은 하나님이 애굽에서 가져다가 특별히 고른 땅에 심은 포도나무로 비

---

475)　이병철, *op. cit.*, 3754.

유되고 있는 것이다(시 80:8-14, 삼하 16:1). 또한 실제적으로도 포도나무 열매는 팔레스틴 지방의 주요 음료수이며, 제사 특히 전제를 드릴 때도 사용되었으며(출 29:40, 을 1:5,9), 상처를 치료하는 치료제로도 사용되었다(눅 10:34). 이처럼 포도나무는 팔레스틴 사람들의 생활에 없어서는 안 될 필수적인 나무였다.[476]

이스라엘 땅에 포도원 없는 곳이 없다. 이스라엘은 처음부터 공동체에서 출발했으며, 시내 산에서 율법도 공동체에게 주어졌다. 포도는 낱알들이 함께 붙어 있어 한 송이를 이루기 때문에 공동체를 말한다. 호세아는 이스라엘은 열매 맺는 무성한 포도나무라고 했다(호10:1). 그리고 이사야도 "대저 만군의 여호와의 표도원은 이스라엘이다"(사5:7)라고 했다.

이처럼 포도나무는 이스라엘을 상징하기 때문에 하나님과 사람을 기쁘게 만들어 주어야만 했다. [477]

'기쁘게 하는' שָׂמַח(8055, 사마흐) הַמְשַׂמֵּחַ 하메삼메아흐, 관사-피엘 분사 남성 단수, D. VPPAMS, '기뻐하다, 즐거워하다, 즐겁다, 기쁘게 하다'의 뜻이다.[478] '사마흐'는 마음(참조: 출 4:14, 시 19:8, 시 104:15, 시 105:3), 영혼(시 86:4)과의 관련성이 지적해주듯 성질 전체로 기뻐하거나 즐거워하는 것을 의미한다. 그리고 눈의 밝은 것(잠 15:30)이 마음을 기쁘게 하기도 한다. '사마흐'는 여러 이유와 대상들이 사람을 즐겁게 하는 것을 묘사한다. 포도주(시 104:15, 삿 9:13, 전 10:19), 기름과 향(잠 27:9), 지혜로운 아들(잠 15:20, 잠 10:1, 잠 27:11), 친절한

---

476) 한성천·김시열, *op. cit.*, p. 588.
477) 이병렬, *op. cit.*, p. 22.
478) 김용환, *op. cit.*, p. 686.

말(잠 12:25), 사랑하는 자를 만남(출 4:14), 하나님의 율법(출 19:8), 의인의 증가(잠 29:2), 하나님의 절기(느 12:43).

그러나 기쁨의 이유로서 가장 빈도 높게 열거되는 것은 여호와와 그의 구원이다(대하20:27, 시 5:11, 시 9:2, 시 16:9, 시 32:11, 시 40:16, 시 63:11, 시 64:10, 시 86:4, 시 90:15, 시 92:4). 참으로 여호와께 대한 기쁨은 인간의 힘이다(느 8:10). 나아가서 이러한 구절들의 다수가 이 기쁨에 동참하도록 인간을 부르고 있다. 예컨대 이스라엘은 절기 때에 그리고 중앙의 성소에서 기뻐하라는 부탁을 받는다.(신 12:7, 신 14:26, 신 16:11, 신 26:11, 신 27:7). 이스라엘의 기쁨은 그들의 회복과 함께 완성될 것이다(시 14:7, 시 126:2, 사 9:2, 사 25:9, 사 35:10, 사 51:3, 사 51:11, 사 65:14-19, 슥 2:10). 한편 때로는 악인이 의인의 고통을 보고 못된 마음으로 즐거워한다(시 35:15).[479)]

본문은 '기뻐하다, 즐겁다'는 의미 즉, 마음과 영혼이 기뻐하는 것을 묘사하는 동사 '사마흐'(שָׂמַח)의 강조능동(piel) 분사 형에 정관사 '하'(ַה)를 접두한 분사구문으로서, 하나님과 사람을 지속적으로 기쁘게 한다는 의미를 내포하고 있다. 이스라엘인에게 있어서 포도주는 철분과 여러 가지 미네랄을 제공하는 중요한 식료품이었다. 그러므로 포도주는 히브리인들에게 기호품인 동시에 건강을 유지시켜주는 역할을 했다. 또한 포도주는 하나님께 전제로 드려지는 제물이었다(레 23:13). 그런 의미에서 포도주는 항상 하나님과 사람을 기쁘게 해주는 역할을 한다고 했던 것이다. 이러한 표현 역시 포도나

---

479)　이병철, *op. cit.*, 8055.

 히브리 사상으로 본 주제별 연구 시리즈 1

무가 꼭 필요한 나무라는 것을 잘 보여준다.[480]

이토록 포도열매는 하나님과 인간에게 쉬지 않고 기쁨을 공급해주고 있다. 유대 종교의식에서는 포도주가 빠져서는 안 된다. 모든 종교의식과 이스라엘의 모든 축제 시에는 필히 포도주가 등장한다. 이스라엘에서 포도주 없는 잔치(축제, 하그)는 있을 수 없다. 모든 가정에서 '솨바트'(안식일이 시작되는 저녁)가 시작되는 저녁식사와 기도회 시에는 포도주가 올라온다. 포도주는 종교생활에 가장 필요한 물건이다. 포도주가 없는 이스라엘은 생각할 수 없다.

하나님께 예배드릴 때도 포도주는 필요하고 하루의 일과가 끝나고 피곤을 풀 때도 포도주 한 잔(작은 잔, 과음하지 않는다)으로 푼다. 친한 벗과 즐거운 정담을 나눌 때도 포도주는 있어야 한다. 취하라고 마시는 술이 아니라 예의로 마시는 술이다. 피차 포도주를 마시면서 대화가 시작되면 대화의 내용이 진지해지며, 옷에 젖은 땀 냄새와 입에서 풍기는 냄새를 막아준다. 항상 우리는 이스라엘이 더운 나라임을 잊어서는 안 된다. 더구나 약이 별로 없던 구약시대에는 과로에서 생긴 병이나 더위에서 발생한 병은 포도주를 마시면서 치료를 받았다. 이스라엘의 일상생활에서 없어서는 안 될 것이 있다면 포도주다. 그래서 전도서에서도 이렇게 말했다.

(전 10:19) "포도주는 생명을 기쁘게 하는 것이다."

포도나무는 말한다.

---

480)　한성천·김시열. *op. cit.*, pp. 588-589.

하나님이 기뻐하시고 사람의 생명을 윤택하게 하는 나의 사명을 버리고

내 어찌 흔들거리겠느냐?[481]

'버리고' חָדַל (2308, 하달) הֶחֳדַלְתִּי, 의문사-칼 완료 1인 공성 단수,
T. VQAXCS, '그치다, 그만두다, 중지하다, 끝내다, 끊어지다, 멈추
다, 버려두다, 포기하다, 잠잠하다'의 뜻이다.[482] '하달'(동사)은 기본어
근이며, '그치다, 그만두다, 중지하다, 끝내다cease'를 의미한다. 구약
성경에서 이 단어는 55회 나오며, 칼형과 호팔형으로 사용되었다.

① 하달은 가장 흔히 '어떤 일을 하는 것을 중지하다'라는 의미로
　사용되었다(창 11:8, 삿 15:7, 욥 3:17, 삼상 12:23, 렘 44:18, 렘 51:30).

② 하달은 욥 16:6에서처럼 어떤 일을 하는 것을 '억제하다forbear',
　혹은 '그만두다refrain'를 의미할 수 있다. 왕상 22:6에서 선지자
　에게 던질 질문은 "내가… 가서 싸우랴 말랴"이다.

③ 하달은 대하 25:16에 나오는 명령 "중지하라stop"(RSV), "조용하
　라be quiet"(JB)를 의미한다.

④ 삿 9:9, 삿 9:11, 삿 9:13의 나무에 대한 비유에서 하달은 '나는
　포기할 것이다'를 의미한다.

⑤ 하달은 민 9:13에서 '소홀히 하다neglect' 혹은 '~하기를 게을리
　하다fail'를 의미한다(한글개역, '아니하다').[483]

---

481)　이병렬, *op. cit.*, pp. 22-23.

482)　김용환, *op. cit.*,

483)　이병철, *op. cit.*, 2308.

본문은 이 단어의 완료 1인칭 단수형에 의문사 '하'(ㄲ)가 결합되어 있어서 포도주를 제공하는 일을 내가 어떻게 중단할 수 있겠느냐는 뜻을 가진다. 즉 본문은 결코 그럴 수 없다는 반어적인 표현이다.

이렇게 포도나무도 거절하였다.
포도주는 기쁨, 언약 잔치, 축복을 의미한다.
포도주는 하나님과 공동체를 기쁘게 하는 사명이 있다.
지도자의 참된 통치는 섬김과 기쁨을 낳게 한다는 것이다.

감람나무, 무화과나무, 포도나무는 모두 왕의 자리를 거절하였는데, 그것은 지금의 자기의 직분이 왕의 직분과 바꿀 수 없을 정도로 귀하다고 생각했기 때문이다. 또한 자신이 지금 하고 있는 일은 사람들과 하나님에게 봉사하는 일로서 절대적으로 필요한 일이기 때문에 이 일을 중단한다면 그 일을 대신 맡을 자가 없어지므로 이 나무들은 왕의 자리를 극구 사양하고 있는 것이다. 충분한 자질이 있었음에도 불구하고 남들 위에서 군림하고 권력을 행사하려 하기보다는 타인을 섬기고 기쁘게 하는 것을 택한(마 20:25-28) 이 나무들의 행동은 기드온과 그의 70인의 아들들이 왕위에 대해 취한 태도를 암시한다.[484]

네 번째, 가시나무에게로 가서 왕이 되어 줄 것을 청하였다.
나무들은 할 수 없이 마지막으로 가시나무에게 말하니 가시나무

---

484) 한성천·김시열, *op. cit.*, p. 589.

는 기다렸단 듯이

> (삿 9:15) "나를 왕으로 삼으라. 내 그늘에 피하라. 그렇지 아니하면 불로 태
> 워 버리겠다."

이처럼 공갈과 위협을 하면서 대들었다.

'가시나무'는 הָאָטָד (329, 아타드) הָאָטָד 관사-명사 남성 단수, D. NMS, '가시나무, 들장미, 털 갈매 나무'의 뜻이다.[485] '아타드'는 טָבַע (2883, 타바)에서 유래했으며, '(물이나 진흙 속에) 가라앉다, 익사하다, 놓다, 빠지다, 침몰하다, 관통하다, 확고하다'의 뜻이다.[486] '아타드' (אָטָד) '가시나무, 들장미, 털갈매나무' 등을 지칭하는 단어이다. 그러나 구약성경에서는 모두 부정적인 의미를 가지는 '가시나무'로만 번역되어 있다(삿 9:14, 15; 시 58:9). 본문에 나오는 요담의 우화에서도 가시나무는 무가치한 것으로 표현된다.

이 나무는 열매가 없고 기름을 내지 않으며, 도리어 날카로운 가시로 주위에 피해를 줄 뿐이다.

감람나무와 무화과나무와 포도나무가 하나님과 사람에게 기쁨을 주는 반면 가시나무는 그렇지 못하다. 주위에 해(害)만 줄 뿐, 아무런 유익을 주지 못해서 꺼리는 것이 바로 가시나무이며, 본문에서는 아비멜렉을 상징한다.[487]

'아티드'는 칼형에서 '가라앉다, 빠지다'를 의미한다. 타바의 중요한

---

485) 김용환, *op. cit.*, p. 31.
486) 최현기, *op. cit.*, p.313.
487) 한성천·김시열, *op. cit.*, pp. 589-590.

의미는 '어떤 것 속으로 가라앉다'이다. 이 문자적 의미는 골리앗의 머릿속으로 들어간 돌에 의해 분명하게 묘사되고 있다.

(삼상 17:49) "손을 주머니에 넣어 돌을 취하여 물매로 던져 블레셋 사람의 이마를 치매 돌이 그 이마에 박히니 땅에 엎드러지니라."

렘 38:6에서 예레미야가 구덩이 진흙에 빠졌다. 애 2:9에서 예루살렘 성문이 붕괴될 때 그것이 땅에 묻혔다. 비유적 의미로 타바 즉, 곧 '빠진다'는 것은 고통과 재앙에서의 좌절이든(시 69:2, 시 69:14), 죄의 궁지(국가가 구덩이에 빠지는 것, 시 9:15)이든 주어진 환경 속으로 빠져 들어간 사람들을 묘사한다. 푸알 형에서 '익사하게 되다'를 의미한다. 출 15:4에서 애굽 군대가 홍해 바다로 빠져 죽은 파멸을 묘사한다. 히필형에서 비유적으로 발이 진흙 속으로 '가라앉다, 빠지다'를 의미한다.

(렘 38:22) "곧 유다 왕궁에 남아 있는 모든 여자가 바벨론 왕의 방백들에게로 끌려갈 것이요 그들은 네게 말하기를 네 친구들이 너를 꾀어 이기고 네 발이 진흙에 빠짐을 보고 물러갔도다 하리라"

여기서 발이 진흙에 빠진다는 것은 '분규와 난국'을 의미한다.[488]
시 58:9에서는 "가시나무 불이…"라고 하였다.
태워 없애버리고 고통과 재앙과 좌절에 빠트리고 침몰시키는 가시

---

488)　이병철, *op. cit.*, 2883.

나무이다. 아무런 도움이 되지 못하고 쓸모없는 나무가 가시나무로 표현된다.

자기도 죽고 남도 찌르면서 타죽게 하는 가시덤불이다.

וַיֹּאמֶר הָאָטָד֙ אֶל־הָעֵצִ֔ים אִם בֶּאֱמֶת אַתֶּם מֹשְׁחִים אֹתִ֤י לְמֶ֙לֶךְ֙ עֲלֵיכֶ֔ם בֹּ֖אוּ חֲס֣וּ בְצִלִּ֑י וְאִם־ אַ֕יִן תֵּ֤צֵא אֵשׁ֙ מִן־הָ֣אָטָ֔ד וְתֹאכַ֖ל אֶת־ אַרְזֵ֥י הַלְּבָנֽוֹן:[489]

(삿 9:15) 가시나무가 나무들에게 말하였다.

"만일 참으로 너희가 나를 너희 위에 왕으로 기름 부었다면,

와서 내 그늘 아래로 피하라.

그러나 만일 그렇지 않다면,

가시나무로부터 불이 나와

레바논의 백향목들을 삼킬 것이다."

בֹּ֖אוּ חֲס֣וּ בְצִלִּ֑י (뽀우 하쑤 베칠리) "와서 내 그늘에 피하라."

본문은 요담의 우화 중에서 백미(白眉)라고 하겠다. '와서… 피하라'로 번역된 '뽀우 하쑤'는 명령형이 연속으로 쓰인 반복 명령구문이다. 그런데 특이한 것은 이 두 명령어가 '와우'(ו)접속사로 연결되어 있지 않다는 점이다. 따라서 '뽀우 하쑤'는 '오라! 피하라!'는 의미로

---

489) 원어성서원, *op. cit.,* p. 1513

서, '와서… 피하라'라는 한글 개역 성경 번역의 어감보다 그 명령의 강도가 훨씬 강하다. 여기서 '피하라'는 의미로 번역된 '하쑤'의 기본형 '하싸'(חסה)는 '위험을 피해 보호를 받는다'는 의미를 지니고 있는 단어이다(시 7:1, 삼하 22:31, 잠 30:5). 가시나무에는 태양의 뜨거운 빛을 가릴 만한 넓은 나뭇잎이 없다. 그래서 그늘을 조성할 수 없다. 그런데도 자기 그늘에 괴하여 보호를 받으라는 가시나무의 말은 이치에 맞지 않는, 그야말로 언어도단이다. 오히려 주위 나무들이 그에게 가서 피한다면 열기를 식히기는커녕 온몸이 가시에 찔려 상처투성이가 될 것이다. 결국 어와 같은 우화는 세겜 사람들이 아비멜렉을 자신들의 왕으로 세운 것이 얼마나 어리석은 일인가를 고발한다.[490]

가시나무는 열매도 없고, 그늘도 없다. 찔리면 상처를 주고 파괴를 상징한다.

가시나무는 다름 아닌 '아비멜렉'을 지칭한다.

아비멜렉은 눈이 뒤집혀 골육 형제를 죽인 패륜아다. 사람을 대량 살상한 살인자다.

아비멜렉의 자기 폭력적 통치 예고하고 있다.

열매 맺는 나무들은 왕권을 하나같이 거절하였는데, 열매 없는 가시나무만 왕이 되려 하고 있다.

요탐의 메시지는 분명하다.

"하나님이 세우지 않은 왕은 반드시 백성을 파괴한다."

---

[490]   한성천·김시열, *op. cit.*, p. 590.

이는 곧 아비멜렉과 세겜의 공모는 언약 위반이라는 선언이다.

아비멜렉과 세겜 사이에 서로 멸망의 저주가 일어나고 불로 서로를 삼키게 된다(삿 9:20, 45, 49).

결국 죄의 대가로 아비멜렉의 최후는 비참하게 끝났다. 아비멜렉이 자칭 왕위에 오르자 그의 반대세력과 전투가 시작된다. 전투 시에 앙갚음으로 무죄한 사람 일 천명을 세겜에서 또 죽였다.

아비멜렉은 세겜 성 망대에서 한 여인이 던진 맷돌에 맞아 머리가 깨져 처참하게 죽임을 당하였다. 그 형제 70인을 죽이고 자기 아비에게 행한 악을 이렇게 해서 하나님이 갚으셨고 요탐의 저주가 그대로 응했다(9:56-57).[491]

참 왕권은 하나님께 속한 것이다.

(삿 8:23) "여호와께서 너희를 다스리실 것이다."

'요탐'의 우화는 사사 시대의 왕정 시도가 왜 실패할 수밖에 없는지 설명하고 있다.

요탐의 우화는 "가시 면류관을 쓴 거짓 왕"과 "십자가로 통치하는 참 왕"의 대비되는 구조이다. 예수께서 말씀하신 구조와 일치한다.

"나는 포도나무요, 너희는 가지라."

"가시나무에서 포도를 거둘 수 있느냐."

---

491)　이병렬, *op. cit.*, p. 23.

　　히브리 사상으로 본 주제별 연구 시리즈 1

요탐의 우화는 열매 없는 권력욕이 불러오는 파괴를 폭로하며, 참
된 왕은 섬김과 생명을 낳는 존재임을 드러내어, 궁극적으로 메시아
왕권을 향해 시선을 들어 올리는 구속사적 경고의 말씀이다.

30장

'나사렛'(נָצְרַת)과 '베이트레헴'(בֵּית לֶחֶם) 

예수님이 태어나신 곳 '베에트 레헴'(בֵּית לֶחֶם)과 자라나신 곳 '나사렛'(נָצְרַת)의 지명이 나타내는 의미를 구속사 관점에서 살펴보도록 하겠다.

1. 나사렛 사람(אִישׁ נָצְרַת)

(마 2:23) "나사렛이란 동네에 가서 사니 이는 선지자로 하신 말씀에 나사렛 사람이라 칭하리라 하심을 이루려 함이러라."

구약 어디에도 "그가 나사렛 사람이라 불릴 것이다"라는 직접적인 예언은 찾을 수 없다. 이것은 단수 예언 인용이 아닌 '선지자들'(복수)의 말을 종합, 인용한 것이다.

즉, 어느 특정 한 구절을 인용한 것이 아니라 사 11장, 사 53장, 시 22편, 미 5:2 등을 복합적으로 인용한 말이다. "메시아는 낮아지고, 숨겨지고, 멸시받는다"는 선지자의 흐름 전체를 요약한 것이며 그 요약어가 "나사렛 사람"이라는 것이다.

'나사렛'이란 말은 구약 지명으로는 등장하지 않는다. Ναζαρέθ (3478, 나자레드) Ναζαρέτ· 명사 대격 여성 단수, NAFS, '나사렛'의 뜻이다.[492] 나사렛은 하부 갈릴리의 마을로 언덕 위에 건설되었으며, 매우 아름다운 지역에 있다. 그리고 예루살렘으로부터는 3일, 디베랴에서는 8시간 걸리는(혹은 그 이하) 거리였다. 이 나사렛은 탁월한 인물을 낼 수 없는 것으로 알려졌으며(요 1:46) 구약성경에서나 요세푸스Josephus의 기록에서나 『탈무드』(만일 『탈무드』에서 예수 그리스도께 붙여준 벤 네체르라는 호칭에서 본 단어를 인지할 수 없다면)에서도 한 번도 언급되지 않은 비천하고 궁벽한 마을이다. 이곳의 현재의 명칭은 엔 나자라흐이다.

① 이 나사렛에서 예수님의 부모가 살았으며(마 2:23), 마리아가 천사의 고지를 받았다(눅 1:26-1:38). 마리아는 정혼한 요셉과 함께 나사렛에서 베들레헴으로 호적하러 갔으며(눅 2:4, 눅 2:5), 예수님이 태어난 후 다시 나사렛으로 돌아왔다(마 2:23, 눅 2:39).

② 예수님은 소년 시절에 부모와 함께 나사렛에 사셨으며(눅 2:29-2:51, 눅 4:16), 요한에게 세례(침례)를 받으시고(막 1:9), 나사렛으로 돌아와서 고향 나사렛에서 배척을 당하셨다(눅 4:16-4:30).

③ 무리가 예수님을 '나사렛에서 온 선지자'(마 21:11)라고 불렀다. 예수님의 제자들이 예수님을 '나사렛 예수'(요 1:45, 행 10:38)라고 불렀다.[493]

---

492)　김용환, *op. cit.*, p. 1070.
493)　이병철, *op. cit.*, 3478

‘나자레드’는 히브리사고에서 구약 히브리어에서 그 어근을 찾을
수 있다.

1) 나지르(נָזִיר)

נָזִיר(5139, 나지르) נָזִיר 명사 남성 단수, NMS, ‘나실인, 선별된(봉헌
된) 자, 분리된 것, 하나님께 바쳐지다, 뛰어난 자, 존귀한 자’의 뜻이
다.[494] ‘나지르’는 נָזַר(5144, 나자르)에서 유래했으며, ‘분리하다, 봉헌하
다, 성별하다, 신성하게 하다. 구별하다, 근신하다’의 뜻이다.[495]

나자르는 2가지 의미를 가진다.

① 나자르는 ‘분리하다’는 의미로 사용되었다.

② 나자르는 ‘성별하다, 성별하여 바치다’라는 의미로 사용되었다.
나실인이 여호와께 성별하여 드리는 것을 묘사한다(민 6:2, 민 6:5, 민
6:6, 민 6:12).[496]

마 2:23의 ‘나조라이오스’(Ναζωραῖος, 나사렛사람)를 ‘성별된 자, 구
별되어 바쳐진 자’라는 의미의 히브리어 ‘나지르(נָזִיר)’와 관계된 단어
로 보는 것이다. ‘나지르’는 하나님께 자기 몸을 구별하여 거룩하게
바치겠다고 서원하여 머리털을 자르지 말고, 포도주를 멀리하며, 시
체를 가까이하지 말아야 하는 나실인으로서의 규례를 지켜야 할 사
람을 가리킨다(민 6:1-8). 이러한 입장을 취한다면 나사렛 사람이란
호칭은 예수께서 여호와께 구별된 자라는 사실을 암시하는 표현이

---

494) 김용환, *op. cit.*, p. 435.

495) *ibid.*, p. 436.

496) 이병철, *op. cit.*, 5144.

된다.[497]

2) 네체르(נֵצֶר)

'네체르' נֵצֶר(5342)는 '싹, 새로 나온 가지'의 뜻이다.[498]

'네체르'는 구약성경에서 4회 나온다(사 11:1, 사 14:19, 사 60:21, 단 11:7).

사 11:1에서 네체르는(메시아 약속 교리에서) 또 다른 전문 용어인 호테르(싹shoot)와 병행되어 사용된다. 둘 다 이새의 쇼레쉬(뿌리root), 혹은 혈통에서 나온 것으로 언급되기 때문에 이사야 선지자는 분명코 하나님께서 다윗에게 약속하신 모든 것을 요약하는 다윗의 핵심적인 후손을 가리키고자 하는 것이다(삼하 7:1 이하). 메시아적 특징을 지닌 이 호칭은 타르굼, 랍비문헌, 쿰란 자료에서 나타난다. 마 2:23에서 예수님이 왜 나사렛 사람이라고 불리었는지를 나타내기 위해 이 호칭을 사용하는 것도 이와 유사하다.

군드리는 마태의 이러한 용법에 대해 두 가지 이유로, 첫째, 언어 기교로서 사 11:1에서의 이 호칭과 나사렛이란 동네와의 음성적 일치, 둘째, 사 11:1의 낮아짐의 주제lowliness motif를 제시한다. 이와 동일한 메시아 약속 교리에 나오는 '종', '씨', 체마흐(가지) 등과 같은 다른 전문 용어들에서 입증되는 집합적인 연대성의 개념을 생각해볼 때 사 60:21에서 나오는 하나님을 믿는 이스라엘의 남은 자를 포함하는 네체르의 용법을 보는 것은 특별한 것이 아니다. 아브라함의

---

497) 한성천·김시열, 옥스퍼드 원어성경대전, 101:마태복음 제1-11b장, (서울:제자원, 2005), p. 171.
498) 김용환, *op. cit.*, p. 456.

언약—다윗의 언약—새 언약이 성취될 때 모든 백성은 의로워지며, 약속의 땅을 영원히 소유하게 되고, 하나님의 심은 '어린 가지', 즉 그의 손으로 하신 것들이 영화롭게 된다(참조: 사 61:3). 따라서 많은 사람들은 그 집단을 대표하는 한 사람의 이름에 의해 불릴 수 있다.[499]

'네체르'는 아랍어 나차르(וְנֵצֶר)에서 유래했으며, '새롭다, 신선하다, 푸르다, 밝다'의 뜻이다.[500]

이사야 선지자가 예언한 이새의 뿌리에서 나오는 메시아라는 가지이며(사 11:1), 다윗왕의 후손이 됨을 암시하는 것으로 이해될 수 있다. 또한 예수는 어렸을 때부터 멸시와 천대를 받으며 자라난 연한 순과 같은 존재였다(사 53:2,3).

וְיָצָא חֹטֶר מִגֵּזַע יִשָׁי וְנֵצֶר מִשָּׁרָשָׁיו יִפְרֶה׃[501]

필자 사역

(사 11:1) "그리고 이새의 그루터기에서

한 가지가 나올 것이며,

그의 뿌리들로부터 한 순이 자라

열매를 맺을 것이다."

---

499)　이병철, *op. cit.*, 5342.

500)　*ibid.*

501)　원어성서원, *op. cit.*, p. 818.

본 절과 2절에서는 어새의 혈통을 통하여 오실 메시아의 탄생과 여호와의 신의 강림이 예언된다. 그중에 본문은 메시야가 이새의 혈통을 통하여 탄생할 것이 예언되고 있다. 앞선 9:6에서는 '한 아기'로만 소개되어 어머니의 태를 통하여 어린아이의 몸으로 성육신하실 것이 예언되었으나 여기서는 한 걸음 더 나아가 어새의 혈통을 통하여 어 땅에 오실 것이 예언된 것이다. 본문에 제시된 '이새'란 어름은 다윗의 부친을 가리킨다. 그런데 여기에서 주목해야 할 사실이 있다. 돋아날 싹이 다윗의 줄기에서 나온다고 하지 않고 이새의 줄기에서 나온다고 말한다는 사실이다. 칼빈을 비롯한 많은 학자들은 이 표현이 다윗의 집을 비하하는 표현이라고 해석했다.

즉 메시아가 이새의 줄기에서 나온다는 예언은 메시아의 비천한 태생과 비천한 삶을 예언적으로 암시한다는 것이다. 다윗은 이스라엘에서 새로운 왕조를 일으켜 세운 위대한 인물이었지만, 이새는 베들레헴이라는 작은 시골에서 양을 치던 이름 없는 목자에 불과하였다. 메시아라는 싹이 그런 이름 없는 목동의 줄기에서 나온다는 것은 사람들이 그를 보고도 메시아로서의 가치를 인식하지 못한다는 것을 암시하는 것이기도 하다(요 1:11).[502]

3) 나차르(נָצַר)

'나차르' נָצַר(5341)는 '지키다, 보호하다, 망을 보다, 보존하다, 언약을 지키다, 관찰하다, 간직하다, 남겨두다'의 뜻이다.[503] '충실하게 지

---

502)　한성천·김시열, <u>옥스퍼드 원어성경대전</u>, 057: 이사야 제11~23장, (서울: 제자원, 2006), pp. 24-25.

503)　김용환, *op. cit.*, p. 456.

킨다'는 개념이 있다. 이 개념은 일반적으로 하나님의 언약이나 율법을 지킨다는 것에 모아진다. 하나님은 성실한 사랑을 천대까지 베푸시는 분이시다(출 34:7). 그러나 필멸의 인간도 언약(신 33:9, 시 25:10)과 하나님의 가르침이나 율법(시 78:7, 시 105:45, 시 119:2, 시 119:22, 시 119:33, 시 119:34, 시 119:56, 시 119:69, 시 119:100, 시 119:115, 시 119:129, 시 119:145)을 지킬 책임이 있다. 심지어 부모의 명령(잠 6:20, 잠 28:7)과 지혜의 훈계(잠 3:1, 잠 3:21, 잠 4:13, 잠 5:2)도 마찬가지로 충실하게 지켜야 한다.

하나님은 위험에서 지켜주시는 분으로 언급되며, 인간의 생명(시 25:20, 시 40:12, 잠 24:12), 왕(시 61:8), 평화(사 26:3), 이스라엘(신 32:10, 사 42:6, 사 49:8), 성실한 자들과 성실한 자들의 생명(시 31:23, 잠 2:8), 지식(잠 22:12)을 보호하시는 분으로 언급된다. 하나님은 또한 이 세대(시 12:8), 환난(시 32:7), 악인의 비밀한 꾀(음모)(시 64:2), 강포한 자들(시 140:2, 시 140:5)로부터 의인들을 보호하신다.[504)

4) 나사렛 동네

앞에서도 언급한 바와 같이 구약성경에서나 요세푸스의 기록에서나 『탈무드』(만일 『탈무드』에서 예수 그리스도께 붙여준 벤 네체르라는 호칭에서 본 단어를 인지할 수 없다면)에서도 한 번도 언급되지 않은 비천하고 궁벽한 마을이다. 이곳의 현재의 명칭은 엔 나자라흐이다. 갈릴리의 한 성읍으로 예루살렘 북쪽 약 90㎞ 지점에 위치해 있으며 비옥하지 못한 모래 땅, 주위의 산들로 인해 경제적으로도 빈약한 성

---

504)　이병철, *op. cit.*, 5341.

읍이었다.

이곳은 구약성경에도 외경外經에도 요세푸스의 고대사에도 나오지 않고 여기에 새로이 등장하는 이름이다. 실로 나사렛은 경멸받던(요 1:46) 성읍의 하나였으나 주후 4세기 이후 기독교의 중요한 중심지가 되었다.

실제로 나사렛은 멸시당하던 곳이었으며(요 7:41, 52), 심지어는 갈릴리 사람들에게조차 경멸당하던 곳이었다(요 1:46). 예수는 '나사렛 예수'라는 놀림을 받으며 성장하였고, 그리스도인들이 '나사렛 이단'(행 24:5)으로 취급되었을 때의 이 '나사렛'이란 단어는 비방과 모욕의 뉘앙스를 가지고 있었다. 예수는 그루터기만 남아 있는 다윗의 왕통에서 나온 줄기였고 조롱과 경멸을 받으며 비천한 환경에서 자란 왕이신 메시아였던 것이다.

이 나사렛에서 예수님의 부모가 살았으며(마 2:23), 마리아가 천사의 고지를 받았다(눅 1:26-1:38).

마리아는 정혼한 요셉과 함께 나사렛에서 베들레헴으로 호적하러 갔으며(눅 2:4, 눅 2:5), 예수님이 태어난 후 다시 나사렛으로 돌아왔다(마 2:23, 눅 2:39).

예수님은 소년 시절에 부모와 함께 나사렛에 사셨으며(눅 2:29-2:51, 눅 4:16), 요한에게 세례(침례)를 받으시고(막 1:9), 나사렛으로 돌아와서 고향 나사렛에서 배척을 당하셨다(눅 4:16-4:30).

무리가 예수님을 '나사렛에서 온 선지자'(마 21:11)라고 불렀다. 예수님의 제자들이 예수님을 '나사렛 예수'(요 1:45, 행 10:38)라고 불렀

다.[505]

> "나사렛 사람"이라는 칭호는 헬라어: Ναζωραῖος (Nazōraios)

> (마 2:23) "이는 선지자로 하신 말씀에 나사렛 사람이라
>
> 칭하리라 하심을 이루려 함이러라."

구약에 "그가 나사렛 사람이라 불릴 것이다"라는 직접 인용 구절은 없다.

앞에서도 언급한 바와 같이 특정한 구절로 예언되고 인용된 것이 아니라 여러 예언의 종합적 성취summary prophecy로 이해된다는 것이다.

예수께서 나사렛 사람이라 불리신 것은, 그분이 이새의 그루터기에서 나온 '네체르', 곧 심판 속에서도 하나님이 보존하신, 낮아진 메시아이심을 선언하는, 구속사적 표지이다.

5) 구속사적 의미

나사렛은 무명한 촌락, 멸시의 대상(요 1:46)이었다.

그러나 "싹(נֵצֶר)"의 이미지와 결합되어, 다윗 왕조가 끊어진 것처럼 보이는 역사 속에서 하나님의 언약은 끊어지지 않고 은밀히 보존(נצר) 되었음을 상징한다.

'나차르'(נצר, 지키다, 보존하다)는 남은 자를 가능하게 하는 하나님의 행위이고, '네차르'(נֵצֶר, 싹)는 그 남은 자가 메시아 안에서 인격화된 결과이며, 예수 그리스도는 '남은 자 사상, 남은 자 신학'의 최종

---

505) 이병철, *op. cit.*, 3478.

완성자가 되신다.

그리스도의 비천한 성육신과 언약의 신실성hidden yet faithful covenant
이 이루어진 곳이며, '메시아 왕권의 은폐된 시작점'을 상징한다.

2. 베이트 레헴(בֵּית לֶחֶם)

1) 지명과 기본의미

בֵּית לֶחֶם (1035, 베트레헴) '베들레헴Bethlehem'의 뜻이다. [506]

베트레헴은 바이트(בֵּית, 1004: 집house)와 레헴(לֶחֶם, 3899: 빵, 떡
bread)이 결합된 것으로서 '떡집'을 의미한다. 이 마을은 현대의 베이
트 라흠Beit Lahm으로, 예루살렘에서 남서쪽 5마일 지점에 위치한 유
대 산지의 마을이다. 이 마음은 에브랏, 에브라다(창 35:16, 19, 창
48:7), 유다 베들레헴(삿 17:7-9, 삿 19:1, 18, 삼상 17:12)이라고도 부른
다. 베들레헴에 대한 성경의 첫 번째 언급은 라헬이 이곳에 장사되
었다는 것이다(창 35:19, 창 48:7).

베들레헴은 유다 지파의 중심지였다. 유명한 가문, 곧 베레스의
후손들이 여기에 살았으며(대상 4:4 이하), 사사 시대에 이 가문에는
다윗의 조상 보아스와 아버지 이새가 속했다. 다윗의 고향(삼상 16:1,
삼상 17:12, 삼상 20:6)이었다. 또한 사사 시대에 미가라는 사람이 베들
레헴에서 온 한 소년을 자기 집의 제사장으로 삼았으며(삿 17:7-9), 에
브라임 지방의 한 레위인의 첩의 고향이었다(삿 19:1, 2). 왕정 시대에

---

506) 김용환, *op. cit.*, p. 90.

자신의 고향인 베들레헴에서 사무엘로부터 기름 부음을 받았다(삼상 16:1-13, 삼상 20:6, 28). 요압의 아우 아사헬이 이곳에 장사되었으며(삼하 2:32), 도도의 아들 엘하난의 고향이었다(삼하 23:24 대상 11:26). 베들레헴에 블레셋의 영체가 있었고(B.C. 10세기경, 삼하 23:14-16, 대상 11:16-18), 르호보암에 의해 이곳이 요새화되었다(대하 11:5-6, B.C. 928-920년). 그다랴의 살인자들이 베들레헴 근처에 피난하였다(렘 41:16-17). 일부 포로 귀환자들의 출신지였다(스 2:1-21 느 7:26).

베들레헴에는 메시아적 특징이 있다.

(1) 전능자의 성막이 이곳에 있다고 예언했다.

(시 132:5-6) "5 여호와의 처소 곧 야곱의 전능자의 성막을 발견하기까지 하리라 하였나이다. 6 우리가 그것이 에브라다에 있다 함을 들었더니 나무 밭에서 찾았도다."

(2) 메시아의 탄생지로 예언되었다.

(미 5:2) "베들레헴 에브라다야 너는 유다 족속 중에 작을찌라도 이스라엘을 다스릴 자가 네게서 내게로 나올 것이라 그의 근본은 상고에, 태초에니라."

베들레헴은 신약성경에서 8회 나오며, 마가복음을 제외하고, 복음서에만 사용되었다.

(1) 마리아와 요셉이 나사렛에서 베들레헴에 호적하러 가 메시아
   를 출산했다.

   (눅 2:4 이하) "요셉도 다윗의 집 족속인 고로 갈릴리 나사렛 동네에서 유대
   를 향하여 베들레헴이라 하는 다윗의 동네로"

(2) 목자들이 베들레헴에 가서 아기 메시아를 뵈옵고 돌아왔다.

   (눅 2:12 이하) "너희가 가서 강보에 싸여 구유에 누인 아기를 보리니 이것이
   너희에게 표적이니라 하더니"

(3) 메시아는 미가의 예언대로 베들레헴에 탄생한 것이다.
   ① 동방 박사들이 베들레헴에 나신 메시아 왕을 찾아 예루살
      렘을 방문하였다.

   (마 2:1) "헤롯왕 때에 예수께서 유대 베들레헴에서 나시매 동방으로부터
   박사들이 예루살렘에 이르러 말하되"

   ② 성경학자들이 메시아의 탄생지에 대한 예언을 증거했다.

   (마 2:5-6) "5 가로되 유대 베들레헴이오니 이는 선지자로 이렇게 기록된바
   6 또 유대 땅 베들레헴아 너는 유대 고을 중에 가장 작지 아니하도다. 네
   게서 한 다스리는 자가 나와서 내 백성 이스라엘의 목자가 되리라 하였음
   이니이다."

(4) 헤롯은 메시아가 탄생한 후 죽이기 위해 베들레헴 남아들을
학살했다.

(마 2:16) "이에 헤롯이 박사들에게 속은 줄을 알고 심히 노하여 사람을 보
내어 베들레헴과 그 모든 지경 안에 있는 사내아이를 박사들에게 자세히
알아본 그때를 표준하여 두 살부터 그 아래로 다 죽이니"

(5) 어떤 사람들이 예수님을 베들레헴에서 나오리라 예언한 그리
스도로 인정하고 지지했다.

(요 7:42) "성경에 이르기를 그리스도는 다윗의 씨로 또 다윗의 살던 촌 베
들레헴에서 나오리라 하지 아니하였느냐 하며"

예수 그리스도는 떡집에서 생명의 떡으로, 다윗의 고향에서 다윗
의 자손으로, 메시아의 탄생지에서 메시아로 나오신 것이다.[507]

2) '바이트'(בַּיִת)와 '뻰엘'(לֶחֶם)의 합성어

(1) '바이트'(בַּיִת)
בַּיִת (1004, 바이트) '바이트'(בַּיִת)는 '집, 가문, 권속, 궁, 궁중, 성전, 궁
전, 성막, 족속, 지파'의 뜻이다.[508]

---

507)　이병철, *op. cit.*, p. 90.
508)　김용환, *op. cit.*, pp. 87-88.

바이트는 어떤 종류의 재료로 만든 고정된, 세워진 구조물을 나타낸다. 이것은 '영구적인 거처'로서, 대개 장막과 구별된다(삼하 16:21, 참조: 삼하 16:22) 바이트는 또한 일시적인 '장막booth'이나 초가but와는 구별된다. 바이트는 많은 구절들에서(특히 이 단어가 '하나님'이란 말과 결합되어 사용될 때) 예배의 장소, 혹은 '성소'를 나타낸다.

다른 구절에서 이 명사는 예루살렘에 있는 하나님의 성전을 의미한다. 바이트는 방이나 가옥의 부속물을 의미한다. 바이트는 종종 어떤 것이나 사람이 거하거나 안식하는 장소를 가리킨다. 그러므로 지하세계(음부[sheol])는 '집'으로 불린다. 바이트는 가끔 한 집에 사는 사람들, 즉 '가족household'의 의미로 사용되었다. 바이트는 몇몇 구절들에서 '영토' 또는 '나라'를 뜻한다.[509]

(삼하 7:16) "네 집(בית)과 네 나라가 내 앞에서 영원히 보전되고 네 왕위가

영원히 견고하리라 하셨다 하라."

(2) לֶחֶם (3899, 레헴)

'레헴' לֶחֶם (3899)은 '먹을 것, 덕, 음식, 양식, 곡식, 식사, 음식물, 열매, 빵, 떡, 진설병'의 뜻이다.[510] '레헴'은 לָחַם (3898, 라함)에서 유래했으며, '먹다, 먹이다, 싸우다, 다투다, 공격하다, 전쟁, 싸움, 전쟁하다, 군대'의 뜻이다.[511] '레헴'(לֶחֶם)은 고기와 구별되는 것으로서의 '떡'을 가리킨다. 초기 히브리인들의 식사는 일상적으로 떡과 고기와

---

509) 이병철, *op. cit.*, 1004.
510) 김용환, *op. cit.*, p. 335.
511) *ibid.*

음료수로 이루어졌다(신 8:3). '떡'은 덩어리로 구워진 것이었다(삼상 2:36). 레헴은 심지어 독립적으로 사용될 경우에도 '떡덩이'에 대해 사용된다(삼상 10:4). 이 단어가 이런 용법으로 사용될 때는 그 단어 앞에 언제나 숫자가 나온다.

> (삼하 6:19) "모든 백성 곧 온 이스라엘 무리의 무론 남녀하고 떡 한 개와 고기한 조각과 건포도 떡 한 덩이씩 나눠주매 모든 백성이 각기 집으로 돌아가니라."

'떡 조각'은 적당한 식사를 나타내는 말이다(창 18:4-5). 삼상 20:27에서 레헴은 전체 식사를 의미한다.

> "이새의 아들이 어찌하여 어제와 오늘 식사에 나오지 아니하느뇨."

'떡을 장만하는 것'은 사실상 '식사를 준비하는 것'을 의미한다(전 10:19). '의뢰하는 양식'은 '생명의 보존'을 의미한다(레 26:26). 성경에는 장막이나 성전의 성소에 하나님 앞에 항상 놓여있는 '면전의 떡' 혹은 '임재의 떡'에 대한 언급이 나온다.

> (출 25:30) "상 위에 진설병을 두어 항상 내 앞에 있게 할지니라."

몇몇 구절에서 레헴은 떡을 만드는 곡식을 나타낸다(창 41:54). '곡식'이라는 의미는 이 단어는 비유적인 표현으로서 사람이 적대자의 '먹이'가 된다는 의미로도 사용된다.

(민 14:9) "오직 여호와를 거역하지 말라. 또 그 땅 백성을 두려워하지 말라. 그들은 우리 밥이라."

시편 기자는 슬픔에 잠겨 자신의 눈물이 '음식'이라고 말한다. 악행은 음식에 비유되어 있다.

(욥 20:14) "[악인의] 식물이 창자 속에서 변하여 뱃속에서 독사의 쓸개가 되느니라."

렘 11:19에 나오는 레헴은 '나무의 열매'를 뜻하며 사람과 그 자손을 묘사한 것이다. 신 8:3에서는 "사람이 떡으로만 사는 것이 아니요 여호와의 입에서 나오는 모든 말씀으로 산다"고 한다.
사람은 먹는 것 자체가 아니다!
그럼에도 불구하고 모든 음식은 하나님의 선물이다.[512]

(출 16:4, 만나) "그때에 여호와께서 모세에게 이르시되 보라 내가 너희를 위하여 하늘에서 양식을 비 같이 내리리니 백성이 나가서 일용할 것을 날마다 거둘 것이라. 이같이 하여 그들이 내 율법을 준행하나 아니하나 내가 시험하리라."

(신 8:3, 말씀) "너를 낮추시며 너를 주리게 하시며 또 너도 알지 못하며 네 조상들도 알지 못하던 만나를 네게 먹이신 것은 사람이 떡으로만 사는 것

---

512)   이병철, *op. cit.*, 3899.

이 아니요 여호와의 입에서 나오는 모든 말씀으로 사는 줄을 네가 알게

하려 하심이니라."

(시 132:15) "내가 이 성의 식료품에 풍족히 복을 주고 떡으로 그 빈민을

만족하게 하리로다."

3) 성경적 근거

(1) 메시아 출생지 예언(떡의 집, 양식의 집)

(미가 5:2) "베들레헴 에브라다야… 이스라엘을 다스릴 자가 네게서 내게로

나올 것이라."

(2) 신약 성취

(마 2:5-6) "5 이르되 유대 베들레헴이오니 이는 선지자로 이렇게 기록된 바

6 또 유대 땅 베들레헴아 너는 유대 고을 중에서 가장 작지 아니하도다 네

게서 한 다스리는 자가 나와서 내 백성 이스라엘의 목자가 되리라 하였음

이니이다."

(눅 2:4-7) "4 요셉도 다윗의 집 족속이므로 갈릴리 나사렛 동네에서 유대

를 향하여 베들레헴이라 하는 다윗의 동네로

5 그 약혼한 마리아와 함께 호적하러 올라가니 마리아가 이미 잉태하였더라.

6 거기 있을 그때에 해산할 날이 차서

7 첫아들을 낳아 강보로 싸서 구유에 뉘었으니 이는 여관에 있을 곳이 없

음이러라."

4) 다윗 언약과의 연결

다윗의 고향이 베들레헴이다(삼상 16:1).

베들레헴은 다윗 왕조 언약의 시작점이다.

메시아는 다윗의 성읍에서 나서야 한다는 것이다.

5) 개혁주의 관점에서 구속사적 의미

(1) 나사렛과 베들레헴의 구속사적 대비

구분	나사렛	베들레헴
이미지	싹, 은폐, 멸시	떡, 공급, 언약
성경 위치	구약 지명 없음	구약 예언 명시
메시아적 의미	비천한 시작	언약적 정통성
구속사	낮아짐(kenosis)	왕권 계승
	숨겨진 언약 보존	명시적 언약 성취
	무영의 촌	다윗의 동네
	멸시의 장소	예언의 중심
	종의 성장	왕의 탄생

(2) 개혁주의 구속사 관점

베들레헴은 언약의 객관적·법적 근거(다윗 언약, 예언의 정확성)가
된다.

나사렛은 언약의 주관적·역사적 방식(비천, 멸시, 은폐)이다.

즉, 그리스도는 베들레헴에서 "언약대로" 나셨고, 나사렛에서 "언약답게" 자라셨다.

이는 하나님의 구속사가 인간의 기대(영광)와 하나님의 방식(겸손) 사이에서 완전한 조화를 이룸을 보여주는 것이다.

1. 국내서

1) 단행본

강문호, 쉐마, 이렇게 입고 기도하라. 이렇게 입고 읽어라, 서울:(주)한국가능성계
　　발원, 1996.

강신권, 인간의 죄를 사하시는 하나님, 서울: 쿰란출판사, 1995.

김현덕, 교회론: 모세오경을 통한 거룩한 공동체의 구속사연구, 경기도: 도서출판
　　헤세드, 2024.

왕대일, 창조신앙의 복을, 창조신앙의 영성, 서울: 기독교서회, 2016.

이병렬, 다트 이스라엘, 서울: 도서출판 교민사, 1982.

______, 아담 너는 누구인가?, 서울: 기독교 대한 성결교 출판부, 1983.

______, 이스라엘의 신앙 고백, 서울: 요단출판사, 1985.

______, 후일에 네 자손이 묻거든, 서울: 기독교 대한 성결교회 출판부, 1984.

이성호, 나도 원전 설교할 수 있다, "무지개 언약을 기억하라", 경기도: 도서출판
　　헤세드, 2021.

______, 나도 원전 설교할 수 있다, "방주는 마지막 구원선", 경기도: 도서출판 헤
　　세드, 2024.

______, 나도 원전 설교할 수 있다, "방주는 마지막 구원선", 경기도: 도서출판 헤세드, 2024.

______, 나도 원전 설교할 수 있다, "왜 불뱀을 장대에 달라 하셨나?", 경기도: 도서출판 헤세드, 2016.

______, 나도 원전 설교할 수 있다, "요셉이 입은 세 가지 옷, 경기도: 도서출판 헤세드, 2025.

______, 나도 원전 설교할 수 있다, "엘리야와 엘리사의 기적", 경기도: 도서출판 헤세드, 2021.

______, 나도 원전 설교할 수 있다, "원어 의미", 경기도 : 도서출판 헤세드, 2016.

______, 나도 원전 설교할 수 있다, "찢어지지 아니하다", 경기도 : 도서출판 헤세드, 2019.

______, 나도 원전 설교할 수 있다, "하나님의 아들들", 경기도 : 도서출판 헤세드, 2020.

2) 성경류

원어성서원, 스테판 성경 (구약, 상), 경기도: 도서출판 원어성서원, 2015.

________, 스테판 성경 (구약, 하), 경기도: 도서출판 원어성서원, 2015.

________, 스테판 성경 (신약), 경기도: 도서출판 원어 성서원, 2015.

3) 사전류

김용환, 스트롱코드 히브리어. 헬라어사전, 서울:도서출판 로고스, 2016.

이동환, 신·구약 원어은유대사전, NO. 1. 서울: 도서출판 로고스, 2003.

______, 신·구약 원어은유대사전, NO. 2, 서울: 도서출판 로고스, 2003

______, 신·구약 원어은유대사전, NO. 3, 서울: 도서출판 로고스, 2003.

______, 신·구약 원어은유대사전, NO. 4, 서울: 도서출판 로고스, 2003.

______, 신·구약 원어은유대사전, NO. 5, 서울: 도서출판 로고스, 2003.

______, 신·구약 원어은유대사전, NO. 6, 서울: 도서출판 로고스, 2003.

______, 신·구약 원어은유대사전, NO. 7, 서울: 도서출판 로고스, 2003

______, 신·구약 원어은유대사전, NO. 8, 서울: 도서출판 로고스, 2003.

______, 신·구약 원어은유대사전, NO. 9, 서울: 도서출판 로고스, 2003.

______, 신·구약 원어은유대사전, NO. 10, 서울: 도서출판 로고스, 2003.

이병철, 성경원어해석 대사전, 바이블렉스 10.0, 서울: 브니엘 연구소, 2019.

최현기, 히브리어 어근 분해사전, 서울: 도서출판, 1995.

4) 주석류

한성천·김시열, 옥스퍼드 원어성경대전, 001:창세기 제1-11장, 서울: 제자원, 2005.

___________, 옥스퍼드 원어성경대전, 002:창세기 제12-25장, 서울: 제자원 2005.

___________, 옥스퍼드 원어성경대전, 004:창세기 제37-50장, 서울: 제자원, 2006.

___________, 옥스퍼드 원어성경대전, 007:출애굽기 제25-40장, 서울: 제자원, 2006.

___________, 옥스퍼드 원어성경대전, 009: 레위기 제18-27장, 서울: 제자원, 2006.

___________, 옥스퍼드 원어성경대전, 013: 신명기 제1-11장, 서울: 제자원, 2006.

___________, 옥스퍼드 원어성경대전, 018: 사사기 제1-10a 장, 서울: 제자원, 2003.

___________, 옥스퍼드 원어성경대전, 029: 열왕기하 제1-8장, 서울: 제자원, 2004.

___________, 옥스퍼드 원어성경대전, 057: 이사야 제11-23장, 서울: 제자원, 2006.

___________, 옥스퍼드 원어성경대전, 060: 이사야 제45- 56a 장, 서울: 제자원, 2006.

___________, 옥스퍼드 원어성경대전, 061: 이사야 제56b-66장, 서울: 제자원, 2006.

___________, 옥스퍼드 원어성경대전, 075: 호세아 제1-14장, 서울: 제자원, 2007.

___________, 옥스퍼드 원어성경대전, 101: 마태복음 제1-11b 장, 서울: 2005.

2. 외서

1) 번역서

Palmer O. Roberton, 김의원 역, 계약신학과 그리스도, 서울: 기독교문서선교회
2015.

W. J. Dumbrell, 최우성 역, 언약과 창조, 서울: 크리스챤 서적, 1990.

2) 재인용

Mishnah, Berakhot 5:1; Babylonian Talmud, Berakhot 30b.

The Babylonian Talmud, Tractate Berakhot 30b, Vilna Edition Vilnius:
Romm Press, 1880.